# 未来を切り拓く
# 女性たちのNPO活動

## 日米の実践から考える

金谷千慧子／柏木 宏
*Kanatani Chieko, Kashiwagi Hiroshi*

明石書店

# はじめに

　２年前、世界は驚きのニュースを耳にした。アメリカの大統領選挙で、共和党のドナルド・トランプが民主党のヒラリー・クリントンに勝利したのである。そのわずか９日後の11月17日、安倍晋三首相は、就任前のトランプに最初の外国の首脳として会談した。貿易問題などで険悪なムードになるのではないかという声があったものの、終わってみれば、満面の笑みで２人が握手している写真が公開された。

　「２人のケミカルがあっている」

　こう評する人もいた。

　ケミカルとは、化学物質のことだ。奇妙に聞こえるかもしれないが、相性がいいことを、英語では、しばしばこう表現する。

　本書のテーマは、女性とNPOである。この２つをキーワードとする書物の書き出しに、なぜ、トランプ大統領と安倍首相が登場するのか、と疑問に感じられる人もいるだろう。選挙中に女性蔑視発言や過去の女性に対する不適切な言動が幾度となく指摘されたトランプ大統領に対して、安倍首相は女性活躍推進策を提唱している。

　しかし、「ケミカルがあっている」２人の女性に対する心理には共通点があるように感じる。伝統的な家族観を復活させようとする改憲案を策定した自民党の総裁でもある安倍首相。片やトランプ大統領のイデオロギー的なバックボーンといわれる極右思想のオルトライト（代替右翼）は、伝統的な家族と女性の役割の尊重を重要な価値観に掲げる。

　NPOについては、どうか。「新しい公共支援事業」に象徴されるように、NPOへの支援を打ち出した民主党政権と異なり、民主党政権の前と後に位置づく安倍政権からは、NPOへの支援やNPOとの連携ということばはほとんど聞こえてこない。トランプ大統領の女性や移民、環境などの政策に対しては、アメリカだけでなく、世界中のリベラルなNPOから批判の声が噴出している。

本書の執筆者は、金谷千慧子と柏木宏の2人である。金谷は、1980年代から女性の権利擁護運動にかかわる一方、大学で女性学の教鞭をとってきた。柏木は、1970年代からアメリカで人権や企業の社会的責任に関する活動をNPOなどで取り組んできた経験を生かして、日本にアメリカのNPOの制度や運営を紹介する事業や教育研究に携わってきた。そして、金谷が設立した特定非営利活動法人（NPO法人）「女性と仕事研究所」で、金谷は代表理事、柏木は理事として、女性の仕事、労働に関する調査研究や啓発活動に取り組んできた。したがって、女性とNPOというふたつのキーワードを、日米という枠組みのなかで検討することができるコンビだと自負している。

　このふたりが本書の執筆を考えたのは、3年余り前のことだ。安倍政権の女性活躍推進策の実現可能性や政策の実施にあたりNPOとの連携がほとんど語られないことに疑問を感じていたことが背景にある。本論で詳述するように、NPOは「女性産業」といわれている。実際、NPOの多くは女性のスタッフやリーダーによって成り立っていることに加えて、NPOを利用する人々の多くは女性であり、さらにボランティアや寄付者の多くも女性である。

　安倍政権が女性の活躍を推進していこうとするならば、「女性産業」であるNPOとの連携が不可欠ではないのか。こういう思いもあり、女性とNPOについて日米の状況を並列的に検討、NPOがかかわることで女性の活躍がよりよいものになることを示したいと考えた。執筆の準備に時間がかかっている間に、トランプ政権が誕生し、女性の権利擁護運動の成果が砕かれていきそうな事態がでてきており、それが日本に波及しないという保証はない状況になりつつある。

　この状況にどう対抗し、女性の権利拡張と社会参加を進めていけばよいのか、NPOをキーワードに考えたい、というのが本書の狙いである。そのためには、これまでのNPOを通じた女性の活動を振り返り、成果と課題を整理しておく必要がある。この認識に基づき、本書の第1章と第2章で、金谷が過去半世紀にわたる日本における女性の活動を整理している。

　第1章は、世界の女性たちが差別撤廃を求めて活発に活動を開始した1970年代に立ち戻る。そして、1970年から2000年までを10年ごとに刻みながら、男女共同参画に関する動きを整理、検討している。この30年間の最後には、

男女共同参画社会基本法（1999年）と特定非営利活動促進法（1998年）という本書に重要な関連をもつ、2つの法律が成立した。前者に関連して、国連の女性の地位向上を取り扱う国内の本部機構であるナショナル・マシーナリーも設置された。本章では、こうした国際的な動きについてもふれている。

　第2章は、男女雇用機会均等法の改正（1997年）と施行（1999年）以降、すなわち2000年以降の日本の女性の活動を振り返る。NPO法の成立で、自らのミッションに基づく活動をNPOという法人格をもった団体として展開することが可能になった。「男女共同参画」を活動目的として定款に掲げるNPO法人も、全体の約1割を占める。一方、2000年代以降、格差問題は深刻化しており、次世代への連鎖が懸念されている。そうした状況を踏まえつつ、第5節の「NPOで働く女性」では、NPOの新たな世代というべき女性たちが、積極的にNPOを職場として選択、活躍している姿を紹介する。

　なお、第1章と第2章では、コラムとして金谷の個人史を15項目、本文に関連させながら年代順に盛り込んでいる。過去30年余り、金谷は、国際的な潮流のなかで、女性の再就職支援や女性の活躍の活動にかかわってきた。これは、日本の女性運動の歴史の一部だという考えから、本文とは別にエピソード的な読み物として、コラムにすることにした。

　では、現在、日本のNPOと女性は、どのような状態にあるのか。この問いに答えようとしたのが、第3章である。この章は、第1節を柏木、第2節と第3節を金谷が担当した。第1節で日本のNPOの現状をジェンダーの視点から検討し、第2節で女性がどのような思いからNPOにかかわっているのかなどについてみていく。最後の第3節は、NPOのパイオニア、カリスマと呼ばれる女性やユニークなソーシャルビジネスを開始した女性、あわせて9団体、8人を紹介する。

　柏木が担当した第4章から第6章では、アメリカの女性とNPOについてみていく。日本のNPOの制度や運営のあり方の多くは、アメリカを参考にしてつくられてきたという理由からだけではない。NPOをツールとした、女性の権利擁護や社会進出が19世紀から進められてきたアメリカの歴史と現状、成果と課題を提示することで、日本のNPOと女性を考えるにあたり、複眼的思考をもってもらいたいという意図も含んでいる。なお、第4章は主として歴史

はじめに｜5

的観点、第5章はトランプ政権下の現状からの考察となる。第6章は、「女性産業」であるNPOにおいて、アメリカの女性がどのような役割や位置を占め、また課題を抱えているのかについて、検討していく。

最後の第7章は、本書の全体を締めくくるにあたり、先に述べた本書の問題意識である、「女性の権利擁護運動の成果が砕かれていきそうな事態」に対して、女性がNPOをどのように活用していくことが望まれるのかについて、考えていく。その際、第4章から6章で示したアメリカの女性とNPOの経験を踏まえ、ひとつのセクターとしてのNPOが、個々のNPOの強化とセクター全体の底上げのために何が求められるのか、という視点も含めて、論じていく。

本書の目次をみていただくと感じられるかもしれないが、第1章と第2章は、内外における女性の政策の流れとともに金谷がかかわった活動の個人史ともいえる。また、第3章のメインである第3節はNPOにかかわる女性への聞き取り集である。いずれも、比較的気軽に読める内容になっている。一方、柏木が担当した第3章の第1節や第4章から第7章までは、統計データなども多用しながら、政策や制度を検討するなど、硬いトーンのところが多い。

これは、2人の執筆者の個性を反映したものである。とはいえ、それだけではない。女性とNPOを語る際、政策や制度を踏まえ、統計データも用い、きちんと整理して理解する必要性とともに、NPOにおける女性というリアルな現場を少しでもわかりやすく伝えたいという思いを反映させたためだ。このため、章ごとに文体などに違いが感じられるかもしれない。しかし、こうした思いが背景にあることを理解いただきたい。

なお、第4章から第6章の執筆に関連して、柏木は、2016年3月のロサンゼルスとサンフランシスコ、2017年8月のシカゴと首都ワシントンで聞き取り調査などを行った。これらの章を歴史や政策、制度を中心に構成したこともあり、文章上は聞き取り内容を引用していないが、全体の構想を考えるうえで、参考になる点が多かったことをつけ加えておく。

特に、ロサンゼルスでは、Little Tokyo Service Center の Vivian Lee さん、サンフランシスコでは California Association of Nonprofits の Jan Masaoka さんと International Action Network for Gender Equity and Law の Cecilia Ripp さん、Women's Foundation of California の Nikole Collins-Puri さん、シ

カゴでは Midwest Academy の Kate Barthelme さんらには、お世話になった。この場を用いて、お礼を申し上げたい。また、首都ワシントンの議会図書館や Belmont-Paul Women's Equality National Monument やシカゴの Jane Adams Hull House Museum を訪問し、調査を行う機会があった。

　本書の5章と7章を中心にふれているように、トランプ政権の誕生以降、女性に関する政府の政策は大きく後退しつつある。しかし、アメリカの女性の多くは NPO に結集し、この動きを止め、そして逆転させようと努力している。11月6日（現地時間）に行われた中間選挙で、連邦下院で与党が少数派に転落した。このトランプの政策に「待った」をかける結果の背景には、投票者の53％が女性で、そのうち60％が野党の民主党に投票したという出口調査の結果（ABC ニュース）が示す、女性のエネルギーに負うところが大きい。

　最後に、本書の発行に当たり、明石書店の編集部部長、神野斉さんと本郷書房の古川文夫さんには大変お世話になった。この場をお借りして、お礼を申し上げたい。そのうえで、本書が、NPO と女性について考え、実践している人々だけでなく、NPO と女性を別の世界のことと思っていた人々にも手にしてもらい、その意義を感じてもらえることを願っている。

アメリカ中間選挙の翌日

2018年11月7日

金谷　千慧子

柏　木　宏

# 目 次

はじめに　3

# 第1章　地域での保育所づくりから国際的活動、
## 　　　　そして NPO との出会い……………金谷 千慧子

## 第1節　ジェンダー平等をめざして　16

（1）女性が輝くとは、自ら「光源」となること　16

（2）フェミニズムは意識変革を求める　18

（3）女性が働くことと労働組合運動　19

（4）生活者としての女性と住民運動　21

　　　コラム1　「なければつくる」をスローガンに保育所を開設　22

## 第2節　1980年代、「女性差別撤廃条約」に結集して　23

（1）「国連女性の10年」と女性運動の広がり　23

　　　コラム2　「働くことを譲り渡してはいけない」（女性差別撤廃条約）24

（2）ナイロビ将来戦略と女性運動の変化　25

　　　コラム3　ナイロビ大会でみた、「焼かれる花嫁」（インド）の衝撃　26

　　　コラム4　「主婦の再就職センター」の立ち上げ　27

（3）差別撤廃条約批准に必要だった「男女雇用機会均等法」　28

　　　コラム5　欧米や豪州への女性の再就職視察　29

（4）男女雇用機会均等法　31

　　　コラム6　女性学と女性学教育ネットワーク　35

## 第3節　1990年代、男女共同参画への道　37

（1）「女性の権利は人権！」を継承した第4回世界女性会議　37

　　　コラム7　ワークショップ「M字型を超えて」　38

（2）NGO の役割が拡大した北京会議　39

（3）女性センターの設立　40

（4）男女共同参画社会基本法　41

## 第4節　住民運動から NPO へ　46

（1）NPO の発見と参加の拡大　46

（2）NPO の揺籃期をつくった女性センター　47

コラム8　ＮＰＯ学習会で「ネットワーキング」を知る　48

コラム9　カタリスト（Catalyst）をモデルにしよう！　49

コラム10　女性と仕事研究所・国際交流基金主催「国際パートシンポジウム」　50

（3）女性と市民活動　51

（4）NPO と女性のリーダー　51

# 第2章　バックラッシュに抗しつつ、期待したい N 女の今後…………………………金谷 千慧子

## 第1節　バックラッシュの波　58

（1）バックラッシュの経緯と時代背景　58

（2）「基本法」そのものの問題　60

（3）現代の「魔女狩り」　62

コラム11　「みなと NPO ハウス」が消えた　62

コラム12　ある日突然、「女性のための」はだめだ、と　64

コラム13　企業の評価基準をつくる　64

## 第2節　経済のグローバル化と女性労働の変貌　66

（1）男女共同参画法下での女性の貧困　66

（2）子づれシングルの貧困　68

（3）ひとり親世帯の貧困率の国際比較　68

## 第3節　男女格差の国際比較　70

（1）ジェンダー・ギャップ指数、111 位（2017 年度は 114 位）　70

（2）研究者・大学教員の女性比率の低さ　71

（3）やり直しのための職業教育　72

コラム14　NPO の継承問題　73

コラム15　キャリアアドバイザーとコミュニティカレッジの夢　75

## 第4節　アベノミクスで女性は輝くのか　78

（1）「女性の活躍」はアベノミクス（Abenomics）の中核　78

（2）アベノミクスの背景になった2つのレポート　79

（3）日本型雇用慣行では女性活躍は進まない　80

## 第5節　NPOで働く女性　84

（1）2016年、「N女」の登場　84

（2）「N女」がNPOを選ぶ背景　85

（3）「N女」の今後　86

# 第3章　ジェンダー平等をめざす日本のNPOの実像

………………………………金谷 千慧子・柏　木　宏

## 第1節　NPOの経営とジェンダー　91

（1）経営課題の中心、「資金」と「人材」　92

（2）「女性代表NPO」の経営課題　93

（3）財政規模が大きい「女性代表NPO」　94

（4）大規模NPOの運営能力をもつ女性　96

## 第2節　女性NPOの機能と類型　97

（1）「自分のことはさておき」という姿勢の実態　97

（2）フロントランナーから経営強化へ　99

（3）NPOのもつ特異な能力　101

## 第3節　ジェンダー平等をめざして活躍する女性NPO　103

（1）女性関連のサービス提供型NPOの事例　104

事例1　NPO法人しんぐるまざあず・ふぉーらむ・関西　104
　　　　事務局長の声　山口絹子

事例2　NPO法人日本フェミニストカウンセリング学会　108

事例3　ウィメンズカウンセリング京都　110
　　　　代表者の声　井上摩耶子

事例4　特定非営利金融法人「女性・市民コミュニティバンク」　114
　　　　代表者の声　向田映子

（2）指定管理者制度でサービスを提供するNPOの事例　119

　　　　事例5　NPO法人男女共同参画フォーラムしずおか　119

　　　　事例6　NPO法人姫路コンベンションサポート　122

　　　　代表者の声　玉田恵美

（3）女性に関連するアドボカシー型NPOの事例　126

　　　　事例7　ワーキング・ウィメンズ・ネットワーク（WWN）　126

　　　　代表者の声　越堂静子

（4）女性関連NPOを資金支援するNPOの事例　131

　　　　事例8　NPO法人グループみこし「藤枝澪子基金」　131

　　　　事例9　公益財団法人パブリックリソース財団「あい基金」　133

　　　　事務局長の声　岸本幸子

# 第4章　アメリカの女性の権利擁護運動の歴史とNPO

……………………………………………柏木　宏

## 第1節　18世紀から20世紀初頭までの女性の運動　142

（1）女性による女性のための教育の促進　143

（2）移民支援の隣保館と労働運動における女性の役割　145

（3）社会を変えた女性篤志家　148

## 第2節　男女同権運動にみるNPOの多様性　151

（1）婦人参政権からERAへ　151

（2）ERAに反対した女性の運動　153

## 第3節　女性・少女向けの伝統的なNPO　154

（1）YWCAの成立と発展　155

（2）少女を対象にしたNPO　156

# 第5章　トランプ政権下のNPOと女性……柏木　宏

## 第1節　反トランプを掲げた女性大行進　161

（1）ひとりの女性のフェイスブックでの呼びかけから　161

（2）数々の課題を乗り越え実現した行進　162

（3）きめ細かい配慮とNPOの専門性の活用　164

（4）多様な課題に取り組む団体を糾合した運動　165

## 第2節　トランプのNPOに関する政策　167

（1）トランプ財団を通じたNPOへの支援の実態　167

（2）「熱烈なフィランソロピスト」への疑念　169

（3）新政権によるNPO関連予算削減　171

（4）ジョンソン修正廃止案に異論続出　172

## 第3節　トランプ政権の女性政策　174

（1）選挙公約に盛り込まれた働く女性への支援策　174

（2）伝統的な家族観を重視するオルトライトの影響　176

（3）閣僚人事における女性の少なさ　177

（4）女性に関する行政執行措置の問題点　179

## 第4節　トランプに対する女性とNPOの姿勢　181

（1）クリントンを支えた女性の政治献金　182

（2）NPO関係者や女性団体の財政支援　183

（3）閣僚候補の承認問題への女性団体やNPOの対応　185

（4）ニール・ゴーサッチの最高裁判事指名反対の活動　187

（5）トランプ政権とNPO、女性の今後　188

# 第6章　アメリカの女性の現状とNPOにおける　ジェンダー問題　………………柏木　宏

## 第1節　政治面における女性の進出　194

（1）参政権獲得後も少ない女性連邦議員　195

（2）半数を超える州で誕生した女性知事　196

## 第2節　経済面におけるグラスシーリングと女性の貧困　197

（1）男性に比べ高いパートの割合と低い給与水準　198

（2）大差ない男女間の学歴　199

（3）グラスシーリングと女性の貧困 200

## 第3節　NPOにおける女性のボランティアと理事 201

（1）ボランティア活動における男女差 201

（2）NPOの理事や企業の取締役の男女差の問題性 204

（3）NPOにおける女性理事の現状 204

## 第4節　NPOの有給職員におけるジェンダー問題 206

（1）NPOの有給職員数や給与水準 207

（2）NPOのトップにおける男女の給与差 208

（3）格差是正に求められる理事の役割 210

# 第7章　社会変革に向けてNPOに求められる政策力と経営力……………………柏木　宏

## 第1節　NPOに必要な力、政策力と経営力 216

（1）政策力と経営基盤からみた4分類 217

## 第2節　日米のNPOの政策力に関連する活動 218

（1）日米のNPOの政策関連活動の比較 218

（2）法律をテコに社会変革をめざすリーガル・アドボカシー 219

（3）調査研究を通じて公共政策に影響を与える活動 221

（4）選挙への取組みの重要性 222

## 第3節　NPOの経営力の強化に向けた活動 224

（1）人材育成を進める経営指導組織 224

（2）女性によるNPOへの資金確保の取組み 226

おわりに 229

参考資料 233

索　引 236

〔凡例〕
＊本文中に掲載されている写真は、クレジットのあるもの以外は
　著書の提供によるものである。

# 第1章
# 地域での保育所づくりから国際的活動、そしてNPOとの出会い

金谷 千慧子

1995年 第4回世界女性会議〔北京〕(中央筆者)

1999年 NPO法人カタリスト(NY)訪問。前列中央筆者とプレジデントのシーラ・ウェリントン(当時)

1980年代から90年代の日本におけるジェンダー平等の活動を振り返る。「コペンハーゲンからナイロビへ、そして北京へ」という国連の男女平等への動きに呼応し、日本でも女性の活動は活発になっていった。国連がはたした役割はとても大きい。国連の取組み（詳細は後述）が成功したのは、GO（政府機関）とNGO（非政府機関・NPOを含んで）が歩調をあわせて男女平等の実効性を確保したからである。日本においても、女性団体は、国連が提唱する「平等・開発・平和」の実現に向け、「国際婦人年連絡会」としてまとまりをみせ、その後の前進につながった。

　日本の女性の活動といえば労働組合の婦人部（後に女性部）と、各地域での地域婦人会の活動が、それぞれ異次元ともいえる世界で活動していた。そこに国連の男女平等への動きと新しい住民運動の発展が組み合わさって、それぞれの活動は歯車がかみ合い始めてきた。日本の女性活躍史ではもっとも華やいだ時期かもしれない。

　1998年には特定非営利活動促進法（以下、NPO法）、1999年には男女共同参画社会基本法が成立し、21世紀を迎えた。筆者は十代の頃から「働き続けたい。夫がいても、子どもがいても、目いっぱい力を尽くして、お金も稼ぎたい、社会で尊敬を勝ちえたい。女性が不利にならない社会変革に関わりたい」と思ってきた。NPOとして、女性の再就職支援や働く女性の就労応援に挑戦してきた。またこれも始まったばかりの女性学の講義も30年余続けた。典型的な女性活躍史を刻んできた人生だと思う。そこで本章と次章で、コラムとして個人史を少し刻んでいる。

# 第1節　ジェンダー平等をめざして

### （1）女性が輝くとは、自ら「光源」となること

　「女性が輝く」とはどういう状態だろうか。そのひとつは平塚らいてうの発刊した雑誌『青鞜』（1911年）の巻頭文にある。「元始、女性は実に太陽であった。真正の人であった。今、女性は月である。他に依って生き、他の光によって輝く、病人のやうな蒼白い顔の月である」と。しかし、もはや女性は月ではない。女性は太陽となり、自らが光を放つ光源であることが、女性が輝くということで

あるといっている。百年以上前の発言であるが、女性が自ら光源になるという目標は、今なお現実にはなりえていない。

もうひとつは、「女性がエンパワメント（Empowerment）する」ということである。エンパワメントは、集団・民族に政治権力を与えるとか、能力を高めるという意味である。1995年の第4回世界女性会議（北京会議）で、「女性のエンパワメント」として、改めて定義された。ノイリーン・ヘイザー国連女性開発基金代表（当時）は、以下の4つの段階を女性のエンパワメントとして定義した。このうち①が、80%の比率を占めるという。

① 自分自身の価値を高く認める能力
② 自分で選択できる能力
③ 家の内と外での自分自身の生活をコントロールする能力
④ 社会変革の方向に影響を与え、国内、国際的に公平な社会秩序を創造する能力

これは20年以上前の定義であるが、これが女性の人権や自立のスタートになった。この「エンパワメント」がフェミニズムの底流にある。

女性が輝くとは、自らが光源となり、自分に自信をもち、自分の力でものごとを選択し、仕事上・家庭での生活を自分でコントロールでき、社会変革に力を発揮できるということだ。自分自身を仕事や家庭や地域社会で充実させ、自分に近い周囲だけでなく、遠い地の女性たちのためにも変革への行動を起こせる女性になるということである。

女性は「男は仕事、女は家庭」という役割分業の下、公的分野、政治や職業社会から実質上追放されてきた。しかし、自らが光源となりエンパワメントするには、公的分野で職を得て「働く」ということが最も基本的で意義あることだ。働く権利は、女性のエンパワメントに直結した権利であり、人権そのものであり「女性が輝くこと」に直結している。人として自立し、人間として社会的尊厳を保持するために「働く」ことは、経済的な目的だけでなく、精神的自立や自己実現をはかり、政治・経済・文化・学問などを構築するために不可欠な行動である。社会の公正で健全な発展の基盤でもある。

第2次安倍政権は、「すべての女性が輝く社会づくり」の実現を打ち出した。「女性が輝く」という同じ文字面が、はたして「女性自ら光源になる」、「女性

第1章　地域での保育所づくりから国際的活動、そしてNPOとの出会い　17

のエンパワメント」と同じ質なのかを検証しなければならない。もちろん、女性が活躍できるのは悪いことではない。しかし、育児や介護、気候変動、原発・放射能汚染など生活には困難が山積みしているなかで、簡単なことではない。経済成長のために女性を利用するだけなのではないか。経済が好調なときは「女性は家庭に入り、男性が働く」という伝統的性役割分業観を押しつけ、少子化で労働力が少なくなり経済成長が厳しくなると女性を安価な非正規労働に投入しようとするだけではないか。女性は経済成長のために利用される政策の対象ではなく「自ら生きる主体」である。女性は「自ら光源になること」と「利用されること」の違いに気づき、怒りを感じている。

## (2) フェミニズムは意識変革を求める

1970年代からのフェミニズム運動は、個人的なことは政治的である（The Personal is Political）をスローガンとしている。家事負担、性的被害、職業的な差別などは、個人的な事柄として扱われてきたが、実は社会的に強いられてきた政治的な事柄なのだ、という意味である。私的な事柄はより大きな社会構造のなかに組み込まれており、そこに目を向けなければ、矛盾や困難は解決しない。

またフェミニズムは、理論的・論理的に正しいかどうかだけではなく、自分の感性・感覚に合致するかどうかに問いかけることを重視する。女性の感性や経験を掘り起こすことが、既存の当たり前を崩すきっかけをつくるのである。たとえば、「女の幸せは結婚にある」「女は出産や育児が中心だから賃金は低くて当然」という従来の社会通念は、「何だか変？」「何だか損！」という女性の直感・感性が働かなければ変化は起こらない。自分でも気づかないうちに内面化し、「どうしようもないことだ」「それでいいんだ」というワナにはまっている状態から抜けだせないのである。

女性は歴史的に周辺や底辺に置かれてきた反面、そこで培われた独特の能力も育んできた。女性の味覚や嗅覚、聴覚など感覚の鋭さや感情に対する鋭敏さ、共感する能力、言語的能力、態度やしぐさ、表情、言葉にならない合図を読みとる能力、先天的なネットワーク形成能力や交渉力などがそれである。それらの優れた能力が現状の疑問に気づき、回復をめざすきっかけをみつけるのである。感性・感覚を大切にしなければ気づきはない、ということだ。

生物学的性別ではなく、「文化的・社会的につくられた性別」という意味でのジェンダーという概念が広がったのは、1970年前後からである。文化的・社会的につくられる「女性らしさ」は、公的分野にそぐわないものとされ、女性を社会的に排除する理由になってきた。性差別の多くはこのジェンダーに由来し、性差別的慣習や文化を生みだし、人間の意識が壁面を塗り固め、巨大な社会構造にまでなった。ジェンダーは女性を男性と区別するだけではなく、男性による女性の支配構造をつくる。この社会構造の存在を浮き彫りにし、批判的に分析し、変革の道筋を見出すことがフェミニズムの役割である。

　フェミニズムの流れは、第一波と第二波に分けられるが、第一波は主に男性と平等の権利を求める運動で、欧州やアメリカの奴隷解放運動に携わった女性たちから生まれた女性の参政権獲得運動をいう。19世紀終わりから20世紀にかけて、各国で女性参政権が獲得されていった。日本は第二次世界大戦直後の1945年で、世界では30番目ぐらいで早い方ではない。

　第二次世界大戦後、戦時中一旦職場へ進出した女性は、家庭に押し戻され「家庭」という「私的領域」に再び閉じ込められていった。これに対して、「女の居場所は家庭か？」という問いかけが始まる。「否、それは神話である」というのがフェミニストの答えであった。これがフェミニズムの第二波の始まりである。1963年に出版されたベティ・フリーダンの著書『新しい女性の創造（*The Feminine Mystique*）』は、アメリカのフェミニズムの導火線の役割をはたした。

　この動きは、やがて国連の「国際女性年」（1975年）につながり、「国連女性の10年」、1979年国連第34回総会で採択され、1981年に発効した「女性差別撤廃条約」（女子に対するあらゆる形態の差別の撤廃に関する条約）として結実した。「女性差別撤廃条約」は「ジェンダー平等をめざすこと」が貫かれている。本書では、男性と女性との平等な社会を構築することを、あえて男女共同参画ではなく、「ジェンダー平等をめざす」という表現にする。

## （3）女性が働くことと労働組合運動

　日本では第二次世界大戦後、男女平等の理念が広がり、女性の生き方の選択肢が広がった。しかし、男性が外で働いて家族を養い、女性は家で子どもと高齢者のケアをし、男性の庇護のもとで生きるという考え方が続いていた。女性

## 図1 働く女性に関わる時代変化

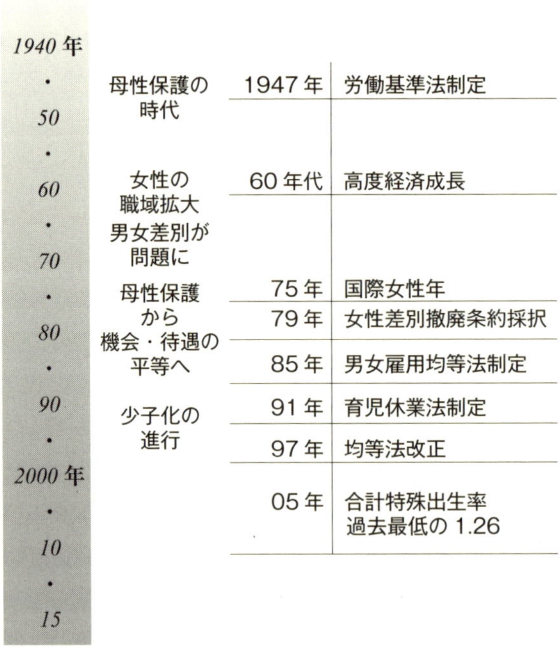

| 1940年 | 母性保護の時代 | 1947年 | 労働基準法制定 |
| --- | --- | --- | --- |
| ・50・60 | 女性の職域拡大 男女差別が問題に | 60年代 | 高度経済成長 |
| ・70 | 母性保護から機会・待遇の平等へ | 75年 | 国際女性年 |
| ・80 | | 79年 | 女性差別撤廃条約採択 |
| | | 85年 | 男女雇用均等法制定 |
| ・90 | 少子化の進行 | 91年 | 育児休業法制定 |
| ・2000年 | | 97年 | 均等法改正 |
| ・10・15 | | 05年 | 合計特殊出生率 過去最低の1.26 |

が働いても、家計補助だから賃金が低くて当然とされた。労働組合もこの考え方に基づき、春闘の賃上げ要求には「パートも内職も要らない賃金を」と訴えてきた。男性の賃金だけで家族を養えることを、要求し続けてきたのである。

1970年代後半、高度経済成長から低成長への転換を契機に、労働組合は男性の「賃上げ」ではなく、男性の「雇用確保」へとシフトしていく。女性たちは、組合が女性の働く権利を応援しないのなら、裁判以外に道はないと裁判に訴えて闘ってきた。女性は、「結婚退職制は憲法違反」「男女別定年制は違法」などの画期的な判決を勝ち取ってきたが、女性自らが裁判で闘うことでしか、女性の労働条件の改善はなかった、ということである。

戦前戦後史を通して、日本の労働組合運動は、時代的制約があったとはいえ、働く女性の差別解消に寄与していないという大きな責任がある。その後も労働組合の改革が遅れるのみか、労働運動の退潮が顕著になってきた。とくに1980年代後半の社会主義の崩壊という世界史的できごとは、日本の労働運動に決定的な影響を与えた。この間も働く女性は、低賃金・差別的労働実態に解決の糸口を失ったままであった。しかし、ここで女性労働組合員たちは、「女性差別撤廃条約」を見出す。

## （4）生活者としての女性と住民運動

　高度経済成長期、工業化の拡大と国土の乱開発などにより、自然・生活環境が大きく脅かされるようになった。薬品や食品添加物による健康障害も顕在化してきた。こうした事態に対して、地域の住民が連帯して抗議するようになり、とりわけ反公害運動や大規模な地域開発を伴う幹線道路、空港港湾、火力・原子力発電所、鉄鋼・石油化学コンビナート開発等に対して、住民運動が抵抗運動として起こってきた。これらの高度経済成長がもたらした弊害に対して、加害企業に正当な補償を求める交渉や裁判などを行い、政府や地方自治体に対しては、被害者救済や公害の事前防止措置を求める行動も起こった。

　この時期の住民運動は、労働組合が主体として闘われることが多かったが、特定の地域における問題（困りごと）を解決するということでは、昼間の住民ともいわれる専業主婦層（仕事をしない、あるいはしたくてもできない女性層）の出番となった。

　当時から女性の年齢別就業率は、結婚・出産・育児期に当たる 20 代後半か 30 代後半に就業率が下がる、典型的な M 字型カーブをなしていた。カーブの谷にいたのは専業主婦層である。この M 字型カーブの谷底は、大都市圏・ベッドタウン地域でさらに深くなる。夫の長時間通勤や転勤、保育所など子育ての社会的支援がきわめて不十分な状態のもとで、既婚女性の多くは、出産を契機に職場を離れた。一方、地域で、学校の PTA 活動から始まって、暮らしや生活を守り、公害に反対する活動などを、従来とは違った自由な発想で進めた。

　女性の高学歴化も作用して、古い地域社会のしがらみから脱して新しい運動を生みだしていった。市民の生活を支えるはずの行政の不十分さに、女性は、団結した。新しい生活者として、市民社会の構築をめざしたのである。これを自覚的に謳っているのは、東京・神奈川をはじめとする大都会の周辺で組織された「生活者ネットワーク」運動である。生活者と直結した安全な食品を入手するための主婦たちのネットワークから始まったこの運動は、地域の環境保全運動へと発展した。そのために自治体行政を監視し、またそれに積極的に参加する必要性が高まり、大都市周辺の住宅地域では、どこでも数名の地方議員を送りだすようになった。この女性市民を中心とする生活型市民運動は、女性の社会進出、男女の平等意識の高揚が背景になっている。

第 1 章　地域での保育所づくりから国際的活動、そして NPO との出会い

## コラム 1　「なければつくる」をスローガンに保育所を開設

　大人になったらどんな仕事をするかと夢見るのは、子ども時代の最大の楽しみである。私も天文学者になろうかとか（夏の星空はまばゆかった）、作家がいいなとか、社会派の詩人になろうか、ジャーナリストかなど、日々変わる夢を追っていた。しかし、高校時代には、「結婚したら、子どもができたら、仕事は続けられないらしい」とおぼろげにわかってくる。将来がつながらないとわかると、勉強意欲も下がりがち。だから、母親も専業主婦なのだとわかる。

　女性が仕事を辞めるのは、預ける保育所がないからだと理解する。そして私は、大学院在学中に保育所づくりの真っ只中にいた。育児休業などない時代だ。働く女性は、産前産後休暇の日数にあわせて保育所（産休明け保育）が間に合わない限り、仕事は続けられない。きわめて明白である。自分の人生にピリオドがあるのは耐えられなかった。

　それならどうするか。「ないのならつくればいい！」。当時住んでいた大阪の保育運動は「ないなら自分たちでつくってしまおう」とまっすぐ行動するタイプだった。看護婦（師）さんと保健婦（師）さんと私の子どもの3人を預ける無認可保育所づくりが始まった。月一回の廃品回収やストッキングなどの物品販売で資金をつくり、保母さん（保育士）や調理担当を採用して、市営住宅の一室に廃品回収のベビーベッドを入れて、いよいよ始まった。自分の子どもにやっと間に合った！　この無認可保育所は大阪市内で8番目だった。

　運営主体は父母の会で、資金確保が最大の難題。経費は父母の頭数で割るのだが、それでも年間100万円以上は物品販売で稼がねばならない。利益率のよい米・糸わかめ、セーターなどを仕入れる。夏祭の出店は的屋さんに頭を下げて、「ショバ代」を払って、そこにダンボールで売り場をつくる。

　やることは数限りない。運営の責任者だった私は、経営会議や従業員（保育士）との話し合い、父母会の運営、自治体との交渉、病欠の保母さんの代わり、地域住民との話し合い、ニュースの発行などなど、一息つく日もなかった。開始から6ヵ月、市から目的外使用で立退き請求をされた。住民多数の署名もその根拠になった。近所へお願いに回ったが、「子どもの泣き声がうるさい！」「乳飲み児がいるのに、仕事をしたいとはわがままだ」と怒鳴られた。なぜわかっ

てくれないのだと絶望でふるえた。母親が外で働くことを容認するかどうかは、この時代を分ける分水嶺であったと思う。

　しかし、新しい住民運動で新しい歴史をつくっていると意気込んでいた。いやというほど話し合いを重ねる毎日は、住民運動が民主主義の学校だという思いがしていた。住民運動は社会変革の道だと感じていた。しかし、しばらくして行政への対決姿勢だけでは、解決しないことを痛切に感じ始めた。このやり方では実りが少ないのだ。この無認可共同保育所は立ち退きを強いられたが、その後個人宅を借り、小規模保育所となり半世紀以上、今も働き続ける女性たちを支えている。

## 第2節　1980年代、「女性差別撤廃条約」に結集して

### （1）「国連女性の10年」と女性運動の広がり

　国連は1975年を「国際女性年」と定め、メキシコのメキシコシティで「国連女性年世界大会」を開催した。「世界行動計画」や「メキシコ宣言」など30以上の決議・決定が採択された。1980年に第2回の世界女性会議を開くこと、1976年から1985年を「国連女性の10年」とすることが決定された。

　第2回「世界女性会議」は、デンマークのコペンハーゲンで開催され、「国連女性の十年後半期行動プログラム」が採択された。このプログラムは平等・発展・平和を目標に、雇用、教育、保健を重要なテーマとし、48の決議が採択された。この会議開催中に「女性差別撤廃条約」（1979年第34回国連総会で採択）の署名式が行われ、51ヵ国が署名した。

　日本政府は、批准に必要な国内の制度整備のめどが立たず、署名しない予定だった。このことが新聞で報道されると、女性団体、女性議員などの強い反対運動が盛りあがった。「女性差別撤廃条約批准」がすべての女性運動の焦眉の課題となり、「女性差別撤廃条約を批准させよう！」というひとこと、このひとつの願いが、さまざまな女性運動をひとつに束ねていった。

　低迷する労働組合運動のなかで働く女性たちを支えていた活動家たちも、同じ思いだった。伍賀偕子総評大阪地評婦人協（当時）は、『大阪社会労働運動史第七巻』「条約批准をめざす早い立ち上がり」に、以下のように記している。「女

性差別撤廃条約の仮訳は、1980年の春頃ようやく女性団体も入手でき、その理念や条文が明らかになってきた。『これだ!』という"くらいつき"にも近い立ち上がりだった」と。「女性差別撤廃条約という大きなバックボーンをえて、女性差別撤廃を求める運動は、既成の団体だけでなく、草の根レベルの女性たちの無数の運動を生み出し、つないでいった」（同405頁）。女性差別撤廃条約は、男女の完全な平等の達成に向かって、差別撤廃のために適切な措置をとることを基本理念とした地球レベルの条約だった。

### コラム 2　「働くことを譲り渡してはいけない」（女性差別撤廃条約）

　コペンハーゲンで、女性差別撤廃条約にであった。第11条には、「すべての人類の奪い得ない権利としての労働の権利」とある。「男は仕事、女は家庭という伝統的役割分業の変更」（前文）も明記されていた。

　「働きたい、でも育児は?」という悩みが尽きなかった私。「譲り渡すことのできない権利」（1条）とは「働きたいと思うこと」が、家族に感謝し、謝らなくてもなくてもいいことなのだと知った。「譲り渡してはならない権利」、この言葉、うれしくて涙が止まらなかった。以来私のなかでも、日本の女性たちにとっても、「女性差別撤廃条約」は、共通の資源であり、財宝であり、汲みつくせない湧き水であり、武器でもあった。

　コペンハーゲンでは、一見は百聞にしかずというか、一目瞭然というか、驚きの連続であった。国際会議を仕切っているのは、ラフなセーター姿の若い女性たちで、母乳が終わると父親たちは、ホイと赤ん坊を受け取ってあやしていた。街では乳母車を押す男性が目立つ。「男は仕事、女は家庭でなく、ともに仕事も子育ても」が身についていた。どの会場も大きな声で発言する黒人女性たちで満員。南北問題や地球環境、民族対立など、日本ではみえなかったものが、一気に飛び込んできた。

　第1回のメキシコ会議以来、政府間会議（GO）と並行して、必ずNGO主催の民間フォーラムが開催されており、両者は対立するのではなく、ともに行動していく。「なるほど!」と思った。NGO会議では世界の女性たちが、自分たちの「女性問題」を話し合い、理解し合い、連帯を深め、それを政府間会議に

反映させ、GOとNGO両者がともに解決をめざす。そのために、国内のNGOは力をつける必要があるという。そんな世界のGOとNGOの連携ぶりが、まず驚きであった。「売春は女性の職業だ。私たちは、Bad Girlではない」というプラカードをみて、またびっくり、驚くことばかりだった。

## (2) ナイロビ将来戦略と女性運動の変化

1985年、ケニアの首都ナイロビで、「第3回世界女性会議」(ナイロビ大会)が開催された。NGO代表ニタ・バローさんは「太陽は昇りました」と開会を告げた。このナイロビ大会では、政府間会議には157カ国、NGOフォーラムには約1万5000人、日本からは700〜800人が参加した。

各国の実施上のガイドラインとなる372項目の「ナイロビ将来戦略」が採択され、1995年までにあらゆる分野の指導的地位の女性を30%にするという数値目標が政府間会議で採択された。

実は二〇三〇(にいまる、さんまる)という、2020年までに指導的地位の女性の数字を30%にするという日本政府の目標は、このナイロビ将来戦略が課したものである。ところが日本は、女性の地位が低い現状から国連勧告(1990年)で1995年までにとなっていたのを、日本の実情を考え2020年と四半世紀遅れた目標を打ち出したのだ。それにもかかわらず、2020年の目標達成は無理とみられている。なんという怠慢であろうか。

当時その現場にいた坂東眞理子は、著書『男女共同参画社会へ』で、「その当時は15年も先のことだから、管理職をしっかり育てれば、管理職30%も無理ではないと考えた」とか、「女性差別撤廃条約の日本審査においても、この目標については評価された」、「2020年に30%は日本政府の国際公約である」、「願わくは、2020年頃には、女性管理職30%は当たり前となってほしいものである」と記している。

女性差別撤廃条約批准を契機に、働く女性の労働組合運動も、地域の婦人活動団体もまた日の浅い住民運動も、行政と対立して成果を勝ち取るという従来の運動パターンから、自治体の女性政策と協力支援し自分たちも汗をかき、「女性差別撤廃条約」が政策として定着するよう役割をはたそうという方向へと変化していった。「女性差別撤廃条約」は、確かな展望をもった強力な支柱とし

第1章　地域での保育所づくりから国際的活動、そしてNPOとの出会い

て存在していたからだった。

　自治体も積極的に女性運動や活動団体と力を合わせて政策を推進していった。各自治体は、新しい行動力をもつ女性リーダー育成のために、また国際交流のために、世界女性会議へ多くの女性たちを派遣していた。国際的視野をもち、社会的変革をめざす女性の活動を支援するという明確な目標をもって女性たちを派遣した自治体では、かなりの成果があったようである。

### コラム 3　ナイロビ大会でみた、「焼かれる花嫁」(インド) の衝撃

　「ナイロビって涼しいんだ」とびっくりした。宿舎のナイロビ大学寄宿舎からは、まっかなブーゲンビリアの大木が広がっていた。

　開会式では、女性のエネルギーがふくらみ、世界中に仲間がいるという思いを共有した。なによりも賑やかだった。日本からの参加者のうち、地域の婦人団体の女性は、和装(浴衣)で盆踊りを披露していた。若い団塊世代の女性は、ワークショップを開催。異質な光景であった。アフリカの国々からの参加者は、ちょっとした小旅行といった雰囲気で華やいでいた。大きな身体に、野太くたくましい声、子どもをカンガで背負いながら、いつでも、どこでも、いつまでも歌と踊りが続く。ベールの女性も目立っていた。後ろには、ぴったりと男性がついていた。

　インドのスライド「焼かれる花嫁」(花嫁側からのダウリ〈持参金〉目当てに夫側が焼き殺す)をみた。アフリカやアラブ諸国では、現在も横行している少女の女性器切除 (Female Genital Mutilation：略称FGM) の痛ま

最終日のナイロビ大学キャンパスで、歓声をあげながら『ゼロ度の女』の著者ナワル・エル・サーダウイ (エジプト) の到着を待っているところ。筆者もこの写真のなかのひとり (『あごら』104号(1985年12月10日号)の表紙)

しい実態を知った。

　私たちのグループは、「日本の働く女性と均等法」というワークショップをもったが、反応はもうひとつで、諸外国の参加者からは、先進国の日本の女性はどんな闘いをして、成功したのかを教えてほしかったといわれた。日本でやらねばならないことをやれずに愚痴を言いにきたような、後ろめたい気分になった。自分たちの成果を国際的に共有することこそ必要なのだと自覚した。ナイロビから帰国の飛行機で、日本では主婦の再就職支援が今こそ必要なのだと話し合った。主婦の再就職についての事例集を出版しよう、と決めた。

## コラム 4　「主婦の再就職センター」の立ち上げ

　『主婦の再就職ノート』（金谷千慧子編著・創元社）出版後、「主婦の就職センター」を設立し、すぐさま再就職準備講座を始めた。フランスのル・トラヴァイエ（主婦の再就職支援プログラム）の向こうをはって、3ヵ月にわたる保育つきの女性の意識覚醒をめざす講座で話題にもなった。

　その後、自治体などで主婦の再就職講座がブームになっていく。しかし、講座を修了しても就職先は、パートしかない。それも企業に都合のよい年齢制限があり、2、3、6ヵ月などの雇用期間付きの時間給の仕事しかない。103万円と130万円の壁で、月収は7～8万円程度であった（2018年から改定）。

　しかし、追跡調査では、講座後2年ほどで、ほとんどの女性はフルタイムになる、起業をスタートする、議員になる、学業を追加するなど、新たな進展をはたしていた。講座中に、夫が自立をめざす妻を捜しに来たこともあった。相談活動もスタート。半専従体制を取れるようになった。1993年からは、団体名を「女性と仕事研究所」とし、人生のどんな場面でも女性に寄り添い、仕事のアドバイスをする「キャリアアドバイザー」を養成する資格セミナーを実施するようになった。

## （3）差別撤廃条約批准に必要だった「男女雇用機会均等法」

　均等法の制定は、女性差別撤廃条約の批准において国連から要求されていた必須条件だった。その他男女の家庭科共修と国籍法の改正も、批准の前提条件だった。

　1972年に制定された「勤労婦人福祉法」を改定するために上程されていた「男女雇用機会均等法案」は1985年5月に成立した。同法の施行は1986年4月だが、同法の成立を受け、1985年6月女性差別撤廃条約批准案件が衆議院・参議院で可決され、条約が発効するに至った。

　均等法は、労使双方の妥協の産物として成立したものだ。女性にとって、全く不充分な妥協案だったが、それでも第一歩だと捉え、女性差別撤廃条約の批准という成果をえたことを喜んだ。1985年7月15日から始まったナイロビ（ケニア）での「国連第3回世界女性会議」に、批准が間に合ったからである。

　日本政府代表の森山真弓は、「これで私は日本代表として堂々と報告できる」と語った、という新聞報道をナイロビへ向かう機中でみた。そして森山代表は、与謝野晶子の「山の動く日来る」を日本女性の歌として演説のなかで紹介した。

　均等法の条項については、すでに多くの説明や解説があるので、いくつかの確認をするにとどめる。

　第1に、募集・採用（7条）と配置・昇進（8条）が明確な差別禁止ではなく、努力義務規定にとどめられた。日本の賃金は、配置・昇進に伴うものなので、配置・昇進が努力義務のままでは、男女の差別賃金の改革は相変わらず絶望的であった。さらに総合職・一般職というコース別人事制度が導入され、ごく少数の女性総合職と大多数の一般職という差別的労働条件を固定していくことになった。

　第2に、基本的教育訓練（9条）、一般的福利厚生（10条）、定年・解雇（11条）は、差別的取り扱いを禁止した。しかし、教育訓練、福利厚生に関しては、労働省令で定めるものという限定が付与された。

　第3に、均等規定に関する紛争は、都道府県婦人少年室長による助言・指導・勧告（14条）に加えて、機会均等調停委員会における「調停」の手続が設けられたが（15条以下）、これには強制力がなく調停の開始にあたっては、室長が必要と認め、かつ両当事者が同意することが要件とされており（15条）、実際

上は機能したとはいいがたい。

ただし、歴史的勝利和解（2006年3月）となった住友電工女性差別訴訟のきっかけは、住友金属大阪本社で働く7人の女性が1994年に大阪婦人少年室に差別是正を求めて調停申請し、均等法施行後初の調停が開始されたことだった。

## コラム 5　欧米や豪州への女性の再就職視察

主婦の再就職は諸外国でどうなっているか。この疑問から、まず1989年ニューヨーク市内にある、下記の6つのコミュニティカレッジ（CC）を訪問、視察した。その際京都府のニューヨーク事務所（当時）職員が手配と通訳、ガイドをしてくれた。

　　　・ニューヨーク市立大学ブロンクスCC（Bronx Community College）
　　　　1957年設立
　　　・同クイーンズCC（Queens Borough Community College）1958年設立
　　　・同マンハッタンCC（Borough of Manhattan Community College）
　　　　1970年設立
　　　・同キングスCC（Kings Borough Community College）1963年設立
　　　・同ラガーディアCC（LaGuardia Community College）1968年設立
　　　・同ホストスCC（Hostos Community College）1970年設立

CCは20世紀の米国の最大の発見といわれる。転職・再就職希望者も、シングルマザーも、やり直しができる職業教育システムで、高校と大学の間をつなぎ、さまざまな職業資格の取得ができ就職斡旋も行っている。全米でおよそ2000ヵ所、ニューヨーク市内（人口850万人：2014年）で6ヵ所ある。

全米のCCのデータをみると、フルタイムとパートタイムの学生の比率は、3対7でパートタイムの方が多い。パートタイムのうち、6〜7割は夜間部で、仕事をしながら学んでいる。入学・卒業者数は、膨大（1200万人）だが、授業料は安く、誰でも入学でき、そこから「大学への道」も広がっている。

全米CC協会の推定では、新しく医療関係の仕事に就く半分以上はCC卒業で、看護師資格試験の受験者の6割はCC卒業だという。趣味をやるクラスも

第1章　地域での保育所づくりから国際的活動、そしてNPOとの出会い

## Laguardia Community College 他
写真は筆者（当時）

Laguardiaは大学編入プログラムの他に会計学、ビジネス、起業家教育、コンピュータ、キャリアカウンセリング、幼児教育、看護学などさまざまなプログラムを提供。留学生は150ヵ国以上の国から集まる（学内にもESLを設け、TOEFLが規定に満たされていない生徒もESLを修了することでカレッジに進学可）

ある。留学生では高校卒程度の資格があり、英語力（TOEFL 450～500点）で合格する。CCは地域住民や企業との密着度が高く、ビルのワンフロアの小規模のものから4年制大学なみの広大な規模のものもある。州立大学にCCが設置される場合も多く、そのまま大学に編入できる制度がある。ラガーディアCCは、クイーンズ地区にある公立2年制大学で、市長フィオレロ・ラガーディアの名にちなむ。

CCのコースは、ビジネス、コンピュータ、アート、教育、工学、看護学、栄養学、労働法、数学などで、入学時や就職時だけでなく、随時にカウンセラーが対応する。この訪問中、「カウンセリング」「カウンセラー」ということばを何度聞いたことだろう。当時、臨床用のカウンセラーしか知らなかった私が一番驚いたことだった。その後、日本にキャリアやキャリアカウンセラーということばが入ってきた。

CCには保育所もあり、再就職女性に自信を取りもどすプログラムが用意されていた。コンピュータの初歩を教える教室、面接試験の練習をするセミナー室、カウンセリング・ルームがあり、求人票が壁一杯に貼られており、就職をそこで決定できる。詳しい内容を問い合わせる電話、履歴書を送るファックスも備えられていて無料で利用できる。「アメリカにはもう専業主婦なんていませんよ。みんな働きに出てしまいました」ということばも何度も聞いた。

その後、カナダ、ニュージーランド、オーストラリアのCC（名前はいろいろ）や再就職支援施設を視察した。イギリスや北欧のCCも訪問した。英国のCCの最大の機能は実学主義的職業教育である。アメリカより遅れ1980年代からだ。いつでも、何度でも入学でき、人生のセーフティネットになっている。ロンド

ン市内にもいくつもある。訪問したロンドンのサセックスCCでは、校舎を囲んで真ん中に保育園があり、母親は自分の子どもを覗き込んでいた。

ニュージーランドのポリテックもオーストラリアのテイフ（それぞれCCの別名）も、カナダのCCも当たり前のように街角にあり、頻繁に利用

**ニュージーランドの場合**
**Institute of Technology**
（旧ポリテック）

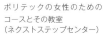

ポリテックの女性のためのコースとその教室
（ネクストステップセンター）

されていた。ニュージーランドのクライストチャーチのポリテックの入り口に「Women can do anything」（女性は何でもできる）というポスターが貼ってあった。「自分の街のどこにポリテックがあるか知らない女性はいません」とスタッフがいっていた（写真は筆者当時）。ポリテックは、実務資格取得を目的とした高等教育機関で、看護師、通訳、保育士、経理、簿記など。学士号から博士号まで取得可能。

日本ではなぜCCができないのだろうか。いかに縦割り行政だとはいえ、また厚生労働省は職業訓練に多額の助成金をだしているとはいえ、非常に不思議に思っている。地域で企業と自治体と住民が連携して、地域の再就職・転職をスムーズにさせるために、いつでも、誰でも、安価に仕事のスキルを獲得し、仕事の、人生のやり直しをスムーズにさせる職業学校はなぜできないのか。一億総活躍、人生100年時代などというのであれば、早く進めるべきだろう。

## （4） 男女雇用機会均等法
### ●均等法前夜

男女雇用機会均等法（以下、均等法）以前にも、労働条件の最低を定める法律として労働基準法（以下、労基法）が存在した。労基法は、「女工哀史」にみられる女性労働の過酷さなどを改善しようと、戦前の「工場法」の改正を目的としたものである。女性については、弱者保護と母性保護が主眼であった。

労基法4条は、「使用者は、労働者が女性であることを理由として、賃金に

ついて、男性と差別的取扱いをしてはならない」と定めている。違反には罰則の規定もある。賃金の男女差別は従来最も広く行われておりこれをなくすために定められたものだった。

一方労基法3条には、「使用者は、労働者の国籍、信条又は社会的身分を理由として、賃金、労働時間その他の労働条件について差別的取扱をしてはならない」と定めている。しかし、「性別」が入っていない。なぜ3条に「性別」が入っていないのか。このため、その後の差別的労働条件撤廃の裁判闘争に困難を極めたのであった。女性に対しては生理休暇や産前産後休暇、時間外労働の規制などの保護規定があり、もとより女性は「優遇」されているから、平等はありえないという解釈がまかり通っていた。母性保護はジェンダー平等の基盤であり、前提であるにもかかわらず、職場ではマイナス要因としてさまざまな性差別の背景となってきた。

裁判闘争を闘った女性は、労基法3条に「性別」禁止の規定のないまま、労基法3条の精神や「法の下の平等」を定める憲法14条や民法90条「公の秩序又は善良の風俗（公序良俗）に反する法律行為は、無効」とする規定に基づき、訴訟を続けてきた。1975年の日産プリンス男女差別定年制勝訴判決、1986年の住友セメント結婚退職制勝訴判決、別定年制勝訴判決なども同様だ。

男女雇用機会均等法制定前夜にもどると、労基法より悪質な均等法をつくらせないため、「労基法の改悪反対」運動が盛り上がっていた。労働組合の婦人部は、①能力主義反対、②機会の平等ではなく、結果の平等を求め積極的平等政策を主張していた。

しかし日本経済連合会（日経連）や経済同友会は、男女雇用平等法に反対を表明していた。そんな中で婦人少年問題審議会婦人労働部会は、1984年12月雇用における男女の機会均等、待遇平等、母性保護見直しの方向で中間報告を提出した（労使対立で両論併記）。労使双方の妥協の産物として均等法成立の準備ができた。財界や企業の猛反対、労働者側からは腰抜けだと激しい非難の的になった法制定だった。

### ●改正均等法（1997年）

ともあれ均等法は、少数とはいえ総合職や技術職の女性の輩出で女性に積極

的な変化の機運をもたらした。「均等法世代」とか「均等法○期生」ともいわれる。1990年代に入るとバブル経済の崩壊、経済状況の深刻化で、女子学生には就職氷河期と呼ばれる就職困難期が訪れた。そんな状況下1997年に均等法の改正（施行1999年4月）があった。この改正は重要である。

第1に、募集・採用、配置・昇進に関する努力義務規定はいずれも差別禁止規定（5条・6条）へ強化された。

第2に、教育訓練に関して労働省令の限定規定がなくなった（6条）。

第3に、積極的平等政策（ポジティブ・アクション）規定が新設された（9条）。

第4に、セクシュアル・ハラスメントに関して、21条で、「職場における性的な言動に起因する問題に関する雇用管理上の配慮」が設けられた。

セクシュアル・ハラスメントに関しては、1989年には新語・流行語大賞・金賞に「セクハラ」が選ばれた。きっかけは、1989年の福岡セクハラ訴訟である。この裁判は1992年に原告女性が全面勝訴し、「セクハラ」は一過性の流行語では終わらなくなった。

しかしそれ以降も、セクシュアル・ハラスメントを性差別として厳罰に処するまでに至っていない。日本の土壌はセクシュアル・ハラスメントを半ば是認することに慣れてしまっているのではないか。

第5に、機会均等調停委員会の調停については、相手方の同意要件が撤廃され、一方による申請が可能となった（13条）。

最後に、この改正で従来のさまざまな法律における「女子」や「婦人」ということばが「女性」に変更された。


● **現行均等法**（2006年改正）

2006年の主な改正（2007年4月施行）は、次の5点である。

1）「配慮義務」から「措置義務」へ
2）男性に対する差別・セクシュアル・ハラスメントも禁止の対象に
3）間接差別規定の導入
4）妊娠等を理由とする不利益取り扱いの禁止
5）ポジティブ・アクションの推進（調停、企業名公表制度の対象範囲の拡大、罰金の増設）

この改正では「男性に対する差別の禁止」も盛り込まれた。また事業主に対しては、「配慮義務」から「措置義務」へ強化された。これは事業主に対して、セクシュアル・ハラスメントの防止や対策に関する体制整備など、具体的な措置を講じることを義務づけた。事業主は就業規則などで、職場におけるセクハラの内容やセクシュアル・ハラスメントがあってはならない方針を文書として定め、管理者を含む労働者に周知・啓発すること、セクシュアル・ハラスメントに関わる性的な言動を行った者に対する対処の方針も文書として明確化することなどを求めた。企業内でのセクシュアル・ハラスメント研修などを定期的に行うなどは指針にいう措置義務である。企業名の公表制度に「セクシュアル・ハラスメント対策違反」も追加された。

2003 年に国連の女性差別撤廃委員会が政府に法制化を勧告した、間接差別規定を導入された。ただし、厚生労働省が定める①募集、採用で仕事と関係ない身長や体重、②総合職の募集で全国転勤、③昇進時の転勤の三要件にする、に限定される。

この間接差別の定義は、諸外国とは違う。これが間接差別といえるのかはなはだ疑問である。間接差別の定義は、諸外国（特定のグループの人びとに不利な結果をもたらす正当性のない基準や条件をいう）とは違う。コース別で女性は、総合職（基幹職とも）がごく一部、一般職がほとんどで昇級や昇進に制限がある場合やパートや派遣労働者に、実質的に女性が多い等、実質的には一方の性に有利になるよう処遇する差別を解消するためのものである。ほとんどの国では、直接差別だけではなく間接差別も禁止するようになっている。

## ●均等法の今後の課題

均等法制定後、女性労働者は増加した。法律が制定された 1985 年には 1548 万人（雇用者総数の 35.8%）だったが、2017 年には 2920 万人（43.6%）に達した。働く女性が増えるなか、均等法に続いて「育児休業法」の制定（1981 年）「パート労働法」（1993 年）、「育児・介護休業法」改正（1995 年）など、法制度は一定整備、改善されてきたが、ジェンダー平等にはまだほど遠い。

国際競争力の強化をめざす財界・政府が推し進める、「規制緩和」「構造改革」による、雇用の多様化・流動化、労働時間の流動化、競争主義の雇用管理など

により、性差別は再編され拡大されてきた。女性の非正規化が急速に進み、今や女性の過半数が非正規労働者であり、女性の賃金は未だ男性の半分に過ぎない。このような女性の劣悪な労働実態は、男女を含む働く者全体の生活を押し下げ、生きにくくしている。また、社会全体の弱体化につながる。

均等法の今後には課題が多い。以下に、改正のための案を提案する。

1)「均等法」は雇用機会の改善を目指すものであり平等の実現には不充分な法律である。「男女雇用平等法」を改めて制定する。

2) なによりも賃金格差を是正する。パートタイム労働者など非正規の賃金格差是正の法改正をする。

3) 均等法に間接差別禁止を明記し、非正規労働（パートなど）の差別をなくす。現状の三例だけでは不適切である。

4) 同一労働同一賃金、同一価値労働同一賃金原則の実現。

5) ワークライフバランス実現に残業規制の強化、労働時間の短縮。

6) ポジティブ・アクションの制度化で女性の登用実現を早める。

7) 他の諸法制度（世帯単位の税制、社会保障制度、保育所制度）の改革。

8) 均等法とは別であるが、人生のやり直しやより有利な職業に就くための職業教育を普遍的なものにする法制定。

## コラム 6 女性学と女性学教育ネットワーク

筆者は、1981年から京都精華大学で女性学（「女性と労働」「女性と家族」）の授業を担当しはじめた。京都精華大学は、関西で最も早く女性学を設置した。日本の大学では1975年、お茶の水女子大学に女性文化資料館ができ、初の女性に関する専門的資料館が誕生した。1990年代になると、大学の女性学の講座も増え、女性学の著作も充実してきた。1993年に女性学の講義担当者の交流を目的に「女性学教育ネットワーク」が結成され、私は事務局を担当した。

日本の女性学の特徴は、自治体の女性政策や女性センターの講座に大学の女性学担当者が深く関わっていることだ。このため、女性学が体制内化したという声もある。女性学教育ネットワークでは、自治体や女性センターとも連携して研究・交流会を重ねた。1995年には、『関西の女性学教育の調査・実践報告』

を自費出版。その後1997年に再度、講座数、学生の声、教師の声、シラバスの実際などを調査し、『女性学教育の挑戦——理論と実践』(渡辺和子・金谷千慧子・女性学教育ネットワーク編著、明石書店、2000年)を出した。

筆者は、京都精華大学から始まって、9つの大学(同志社大学、関西大学、中央大学、平安女学院短期大学、相愛大学・短期大学、梅花女子大学、甲南女子大学、大阪大学)で2012年まで、30年余にわたって非常勤講師として女性学の講義を続けた。

非常勤講師は、パートタイム教師である。大学のパートタイム労働問題は、非常に深刻である。非常勤は圧倒的に女性に多く、大学教育は非常勤講師によって成り立っているにもかかわらず、その待遇は劣悪である。工場パートと同じ構造であるのに、工場パートより陽もあたらず実態調査も少なく、手つかずという状況である。

女性学は学生に意識覚醒を起こすものであり、いわゆる「目からうろこ」現象が多くみられる。多くの感動を授業でえた。それは、フェミニズムの基本的テーマであるCR(Consciousness-Raising 意識を高める)や積極的自己主張(Assertive Training)の手法が、従来の大学教育のなかではえられないものを生み出したからだろう。この手法は、アメリカではやや下火になったともいわれているが、日本では今後とも教育の場に必須だ。大学は、研究の場の前に、学生の教育の場であり、学生の心と身体に浸み込む教育手法を工夫するべきだ。

筆者の経験は、京都での女性学の講師から始まって、京都府の女性政策の行動計画づくりに参加したのが最初で、その後、京都府下の自治体の行動計画づくりに広がり、大阪府下にひろがり、奈良県、和歌山県、滋賀県、三重県へと行動計画づくりへの参加がひろがっていった。1990年には、株式会社を設立、女性行動計画策定や調査の仕事をした。株式会社は、自治体の事業の受注に法人格が必須であり、そのためのものだった。当時、NPO法はなかった。

その後、女性学を導入している大学は、大学全体の過半数になってきたが、女性学専攻の学部や学科はまだ少ない。大学院は、お茶の水女子大学と城西国際大学にすぎない。女性学は、「ジェンダー論」「人間論」「女と男の文化論」などと、女性を強調しない科目名に変化していったのは、女性学の多様化とともに弱体化を反映しているともいわれる。それは、後述するバックラッシュにみられる保守的傾向を敏感に察知して、誕生したばかりの女性学が潰されないよ

うに、守りの姿勢を貫いた結果ではないか。

　女性学は、フェミニズムから生まれた。伝統的学問には女性の情報や知識が少ないことから、女性の視点を重視し既存の学問を問い直す新しい学問として確立した。「女性であること」による不利益、差別の実態を明らかにし、差別意識をなくすことを目的としている。カリフォルニア州サンディエゴ大学が最初で、女性、ジェンダーをめぐるテーマで、女性の歴史、社会学や文学、経済学や法律学、アートなどさまざまな学問領域がある。知識や理論の追究だけでなく、社会の変革を目的とする。カウンセラー、弁護士、福祉職、研究者や教職員も、このような知識を活かせる機会は多い。また、報道機関やマスメディアでも女性の視点から物事を分析する理論を学び多角的に物事をとらえることが重要であり、女性学は職業上も必須アイテムである。

## 第3節　1990年代、男女共同参画への道

### (1)「女性の権利は人権！」を継承した第4回世界女性会議

　第4回世界女性会議は、1995年に北京で開催された。アジアで初めてである。政府間会議(GO)には190ヵ国と国連機関、地域委員など100の機関が参加。参加者はNGO代表、メディア関係者も含めて、1万7000人にのぼった。

　一方NGOフォーラムは、3万人を超え史上最大規模の国際会議となった。日本からは5000人が参加、アメリカの7000人に次いで多かった。そのうち1300人は自治体から派遣され、比較的高齢の女性が多かった。開催国中国からの参加は少なかった。

　冷戦構造の崩壊と南北格差のなかで、女性の人権がクローズアップされた。171ヵ国代表と国際機関代表、NGOなど7000人が参加した1993年のウィーン世界人権会議で強調された"Women's Rights is Human Rights"（女性の権利は人権である）と、

北京行動綱領草案対訳・北京行動綱領日本語訳

1994年のICPD（国際人口・開発会議）における生殖に関して女性は自ら決定する権利をもつ、というスローガンが北京会議に引継がれ、女性の人権は宗教や文化・経済状況にかかわらず普遍的であると再確認された。行動綱領は、満場一致で採択された。

北京会議の大きな成果は、ジェンダー平等と女性のエンパワメントに向けて各国政府が取り組むことを明らかにした「北京宣言」と「北京行動綱領」である。各国政府、国際機関、NGO等が取り組むべき12の重大領域（貧困、教育、健康、女性への暴力、武力紛争、経済活動、政治参加、女性の地位向上、人権、メディア、環境、少女）が定められた。成人女性だけでなく、少女も重視したことが、特徴のひとつである。

### コラム 7　ワークショップ「M字型を超えて」

上は、通りがかったベティ・フリーダンとの記念撮影
下は、第4回NGOフォーラム「開会式」の様子。右はワークショップの様子

筆者のグループは、北京会議での発表に向けて準備を進めてきた。発表のテーマは、「M字型就業形態を超えて――日本の働く女性」。直前に会場が遠くの懐柔県に変更され、やっと着くと、建物の多くは未完成で骨組みだけ。そのうえものすごい大雨。足元はぐちゃぐちゃ。テントの会場にはマイクなし。雨も風も吹き込み、せっかく呼び込んだお客さんも落ち着かない。

私たちは、発表をやめ、女性学の授業のようにグループの話し合いに切り替えた。女性学の教員が4人、フェミニストカウンセラーが3人、女性センター職員などが

いて、彼らが通訳とグループのコーディネーターになった。20人位の4つのグループにわかれた。膝つきあわせて、「どこから来られましたか」から始まり、少しずつ核心に近づいていった。中国の女子高生が「なぜ、日本の女性は結婚したら仕事をやめるのか」と質問する。中国で参加登録がとれた最年少だという。

グループの話し合いのよう。

1995年発行の『女性と仕事ジャーナル』(No.3)より。

後半は、発言したい人が、ずらりと列をつくった。フィリピン、マレーシア、アメリカ(アフリカ系)、ブラジル、中国、台湾など。日本では、発言希望者が列をつくることはまずない。いずれの国でも女性の働きは報いられていないという。てんやわんやの1時間半だったが、世界中でみんながんばっているのだという一体感は十分味わった。

## (2) NGOの役割が拡大した北京会議

ジェンダー問題の解決には、NGOとGO(政府会議)の両者が力を合わせることが重要であるという考えから、NGO側は、できるだけGOに多く関わるようにした。国連に登録されている約500団体以外に、1326団体がGOへの参加が認められた。

NGOフォーラムは、5000以上のワークショップに3万人超が参加した。各国で草の根レベルで活動している女性も、女性団体や全国ネットワークを結成し、政府への提言活動やワークショップ実施の準備をして北京会議に臨んだ。NGOの「フォーラム'95」は、8月31日に閉会した。

オープニングは、約6年の幽閉から解放されたノーベル平和賞のアウンサンスーチーのビデオ・メッセージから始まった。「女性が始めた戦争などあったでしょ

ヒラリー・クリントン
©Wikimedia Commons
撮影：Gage Skidmore

うか。それなのに女性は、戦争で最も苦しんできました。今こそ、世界中の女性が教育をえて、『力』をつけ、人類にとって、もっと愛情深く、寛大で、平和な暮らしを実現しましょう」と締めくくった。

　また、アメリカの代表としてヒラリー・クリントンは、「女性の権利は人権である、人権は女性の権利である」と壇上から訴えた。さらに、女性の人生をより良くするために家庭内暴力、人身売買、強制的妊娠中絶の終結を提唱した。

　「暴力」の会場では、フィリピンや韓国、日本などによる「従軍慰安婦」の問題や、夫の暴力からやっとのがれて、シェルターのボランティアをしているアイルランドの女性の報告、年少の女性たちがレイプでエイズに襲われているアフリカ（ジンバブエ）からの報告があり、会場は悲しみと怒りでいっぱいだった。しかし激しい口論があるかと思うといつの間にか踊りだし、結局は決裂せずにまとまっていく、そんな光景が何度もあった。

### （3）　女性センターの設立

　国内行動計画を受けて、女性政策の充実が本格的になり、「女性行動計画」の策定が府県レベルから市町村レベルへと広がっていった。都道府県レベルでは、1978年に、東京都が「婦人問題解決のための東京都行動計画」を策定。1995年には、女性問題の解決の活動拠点として「東京ウィメンズプラザ」が開館した。行動計画が出揃うと、総合的な政策実行の拠点が必要となり、女性センター（男女共同参画センター）が設立されていったのだ。

　神奈川県は、1982年、神奈川の女性行政の三本柱として、かながわ女性センター、かながわ女性プラン、かながわ女性会議を整え、この年を「かながわ婦人元年」と定めた。後に特定非営利活動法人（NPO法人）になった「かながわ女性会議」は、「かながわ女性プラン」の推進拠点「かながわ女性センター」の運営に携わった。

　大阪府は、1981年に「女性行動計画」を策定、1986年には「女性の自立と参加を進める大阪府行動計画」を策定した。大阪府下で1985年までに女性行動計画を策定していたのは、大阪府と大阪市、堺市と高槻市の3市に過ぎなかったが、その後は急ピッチで増えていった。各自治体は、女性問題に関する懇話会を設置し、学識経験者や委員として女性たちが議論を重ねた。実質的に行動

計画の推進役を務めたのは、女性学の教員・研究者たちであった。大学での女性学の講座の増加もあって、女性学の教員・研究者たちの貢献が大きな力となった。さらに行動計画実行のために、実行の拠点として女性センターが1985年以降に各自治体に設立されていった。

　大阪府は、第2期の女性行動計画（1988年制定）で「婦人総合センターの設置」を決定した。1994年11月にオープンした、愛称のドーンセンターのドーンは英語（Dawn）で夜明けを意味し、公募のなかから選定された。事業として①情報の蓄積と発信、②相談カウンセリング、③女性の文化発信、④学習講座などがある。他の都道府県や市町村も極似した経過で進められた。女性センターでは、専門職員の役割が大きく、事業の企画、コーディネート、交渉、人材育成にも力を発揮した。地域の団体は、環境問題や高齢者へのさまざまなサービス、DV（家庭内暴力）被害者への支援などの力をつけていった。


## （4）　男女共同参画社会基本法
### ●女性の能力開発と少子化対策

　1999年6月23日、男女共同参画社会基本法が施行された。この法律は「基本法」で、国の基本方針を明らかにするものだ。個々の法律はその下位にある。同法の前文には、「社会のあらゆる分野で男女共同参画社会を実現することが21世紀の我が国社会を決定する最重要課題」と位置づけている。

　第1条は目的で、「男女の人権が尊重され、かつ、社会経済情勢の変化に対応できる豊かで活力ある社会を実現するために男女共同参画社会の形成の促進に関する施策を定める」とある。繰り返しになるが、「社会経済情勢の変化に対応できる豊かで活力ある社会を実現する」ために制定されたものである。

　第2条は定義で、「男女間の格差を改善するため必要な範囲内において、男女のいずれか一方に対し、当該機会を積極的に提供することをいう」とあり、積極的改善措置を明記している。しかし、「機会」を提供するだけにとどまっている。第3条から第7条は基本理念が規定されている。

　第3条から第10条は、内閣府作成による図で示すことにする。男女共同参画社会基本法では、「ジェンダー」（社会的、文化的に形成された性別）という文言は使用されていない。「ジェンダー平等」も使用されていない。坂東眞理子の著

**図2 男女共同参画社会基本法の概要**

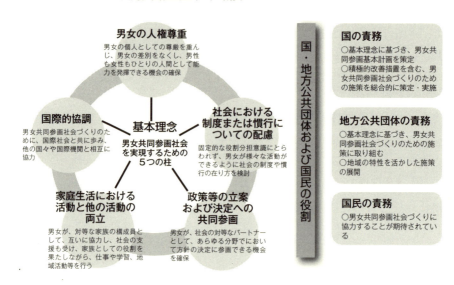

書によると、審議会において一般にまだ理解されていないという意見がでたので使用しないことになった、という。前文の「社会のあらゆる分野において」や「性別にかかわりなく」という表記は、この前文にだけある。このようにして少子化対策と女性の能力開発で経済発展を目的とする基本法が誕生したといえる。

国連特別総会「女性2000年会議」で、日本政府代表の岩男壽美子男女共同参画審議会会長は、男女共同参画社会基本法を大きな成果として報告した。また、2001年4月のDV防止法（配偶者からの暴力の防止及び被害者の保護等に関する法律）では、NGOとの連携を深めて進めていくと報告した。男女共同参画推進本部は、「男女共同参画社会基本法」の成立を記念して、1999年6月23日からの一週間を「男女共同参画週間」としている。

●「共同参画」は「平等」ではない

「男女共同参画」ということばは、1991年4月10日の婦人問題企画推進有識者会議の提言のなかで初めて使われた。坂東真理子は『男女共同参画社会へ』のなかで、「それまでParticipationを『参加』と訳していたが、ナイロビ将来

戦略で使われた Full Participation の訳を『共同参画』とした。これを受けて『参加』を『参画』とし、また『婦人』を法令用語、固有名詞、慣用になって固有名詞に準ずるものを除き、『女性』とするよう通知した」と書いている。さらに、「私はかねがね女性の地位を本当に向上させ、差別や抑圧をなくすには『女性行政』だけ推進していてもゆきづまる、女性は変わったけれど男性は変わっていない。男性も含めた社会システムを変えなければならないと思っていたので、『男女共同参画室』というネーミングは悪くないと思った。平等という言葉は憲法でも使われているが、『結果の平等』『まったく同じ』を連想して反対する人がいたことも『共同参画』という新しい言葉を生む遠因だった」という。

そのうえで、坂東は、「男女共同参画ビジョン 21 世紀の新たな価値の創造」が内閣総理大臣に答申され、「真の男女平等をめざすことが男女共同参画である」と述べている。しかし、「真の男女平等をめざすことが男女共同参画」とは、単なる言葉の遊びにすぎないのではないか。「真の男女平等」は、機会の平等だけでは担保されないからである。

男女共同参画社会基本法が、男女平等法だと断定する意見もあるが、内容的に不十分ではないか。参加を促進すること、または計画段階からの参加を参画と規定するとしても、男女平等（Gender Equality）は、参加とは国語的な意味からも別次元である。女性差別撤廃条約に反することである。

日本の男女平等の進展は世界と比較するとあまりにも遅れているが、その背景に日本初の男女平等法だとするこの法律が、女性の能力を経済の活性化に利用する目的のものであるのにもかかわらず、それを平等とし、差別をなくすことに十分であるとごまかし続けているからではないか。日本は何の留保もなしに女性差別撤廃条約を批准した。完全な実効を成し遂げねばならない立場にあるはずである。

また、次章でテーマとするバックラッシュの波につけ入れられる隙をつくったのも、意識的あるいは無意識的の違いはあれ、その曖昧さと弱腰にあったのではないか。いつまでも「機会の提供」だけでは、世界の歩みからは取り残され、男女平等は遠のく。男女共同参画社会基本法は「男女平等」ということばも避け続けている。「女性差別撤廃条約」や「北京行動綱領」に代表されるグローバル・スタンダードと比較すると、日本政府の保守的な男尊女卑観と平等意識

の遅れが目立つ。

### ●少子・超高齢社会と「育児介護休業法」

　男女共同参画社会基本法の目的は、女性の能力の経済への利用ともうひとつは少子化対策である。女性の非正規の増加で少子化が止まることを期待しているのである。雇用の多様化と称して非正規への誘導・助長が進んでいる。「多様化」とは、非正規化に他ならない。その動きは1990年代以降本格化する。

　非正規就業者の大半は女性であり、仕事と家庭の両立が可能、税制や社会保険で被扶養の範囲内で働けるとの理由から、女性の要望に合致する働き方とされる。しかし、現実はバブル崩壊後、雇用情勢が厳しく、女性が正規の職に就くのは難しく、また正規では長時間労働が常態化しているため、非正規にならざるをえないから非正規が増えるのである。

　均等法以降も、男女の職務分離は解消されず、男女の賃金格差も改善されず、女性労働力率のM字型も継続している。再度仕事をもとうとすると、不利なところへ押しやられるのが実情である。女性の非正規率は高まり、女子学生の「就職氷河期」といわれる就職差別が頻発し、初の就職も派遣や契約社員という非正規で始まるようになった。

　均等法の欠陥は明らかであった。均等法と派遣法（労働者派遣法）が同時（1985年6月）に制定されていることからもわかる。1989年の人口動態統計では、合計特殊出生率（ひとりの女性が生涯に産む平均子どもの数）が1.57となり、「1.57ショック」といわれた。日本では、少子化も高齢化もともに進行速度が速い。少子化の原因は、女性の晩婚化・非婚化にあると、女性を非難した。「子どもをひとりもつくらない女性の面倒を、税金でみるのはおかしい」と発言した総理大臣（2003年）もいたし、「女性は産む機械」と表現した厚生労働大臣（2007年）もいた。厚生労働大臣は少子化対策や女性の雇用環境、保育を整備する責任者である。「子どもの産めない国」をつくり出していることを国民に詫び、懸命に条件づくりをしなければならない立場の大臣の発言である。

　政府は、1991年に少子化対策として「育児休業法」を制定。育児休業法は、1歳未満の子どもをもつ男女労働者が事業主へ申し出ることにより、子どもが満1歳になるまで育児休業がとれる。さらに、1995年にILO156号「家族責任

をもつ男女労働者に関する条約」を批准し、育児休業法を改正、「育児・介護休業法」とした。しかし、少子化も高齢化も止まらず、パートや派遣など非正規就業者の増加に加えて、フリーターやニートなど若年者問題、不安定雇用による格差社会とワーキング・プアの増大といった諸現象が、社会問題となっていった。これらの対策では不十分だということを物語っている。

## ●ワークライフバランス政策

「ワークライフバランス」（Work Life Balance）は、1990年代以降アメリカを中心に使われるようになった概念で、仕事と生活が両立できれば、従業員の能力を引き出すことができ、従業員にも企業にも有益であるとの発想が根底にある。

日本では少子化対策としてのウェイトが高く、「仕事と生活の調和」で、私的な生活にゆとりをもたせることにより、次世代の労働力確保を図りたいということである。「ファミリーフレンドリー」といったり、「ワークライフバランス」といったり、「次世代育成」といったり、政策の名称は変われど、常に女性を経済活性化に利用し、少子化対策（産む機械のフル回転）を合わせてめざしてきたというのが本当のところではないか。

日本では、女性の約7割が第1子出産後の半年間で離職するなど、ワークライフバランスの面では遅れている。育児休業明けにキャリア・ダウンしない仕組み、いったん離職した後に復職する職業スキルトレーニングの仕組み、配偶者の転勤や子育てに配慮した柔軟な勤務制度、出産・育児を支援する多様な施設整備など課題は山積している。

ワークライフバランスを推進する企業では、企業風土の変革と意識改革のほか、次のような取組みを行っている。①所定外労働時間の大幅削減　②年次有給休暇取得の促進　③キャリアや能力に応じた処遇　④職務評価の公表とニュートラル化　⑤仕事と育児・介護の両立支援　⑤心身のヘルスケア、などである。企業、自治体、ＮＰＯや民間が力を寄せ合って保育制度の質と量の充実・子育て支援を急ぐ必要がある。それは、もう待ったなしである。

ディーセント・ワーク（Decent Work）ということばは、ILO（国際労働機関）をはじめとし欧州各国でよく使われている。「働きがいのある人間らしい働き

方」という意味である。ILO は、2009 年、世界のワーキング・プアの 6 割は女性が占めるという事実に直面し、ディーセント・ワーク政策の実践を提唱した。①雇用（起業を含んで）機会の創出、②働く人々の基本的権利の保障、③働く人々が安全かつ安定した職業生活をおくるための社会的保護の拡充（ワークライフバランスを含む）、④労使間の社会対話の促進である。この 4 項目は密接につながっている。貧困の女性化を解決するには、この 4 項目すべてにジェンダー平等の促進が必要となる。男女双方が人間らしいディーセントな働き方や生き方を実現するには、ジェンダー平等が不可欠なのである。

# 第 4 節　住民運動から NPO へ

## （1）NPO の発見と参加の拡大

1998 年 12 月、特定非営利活動促進法（以下、NPO 法）が施行された。NPO とは、Nonprofit Organization の略で、非営利で、社会・公共のために活動する民間団体である。これは従来の日本になかった発想で、NPO という活動形態は 1980 年代後半に、志ある日本の専門家がアメリカで発見したのであり、それまで日本人は知らない活動形態だった。アメリカで NPO を発見した人たちは、すぐさま日本に伝播させ、NPO をつくる実験が始まった、と山岸秀雄は、『アメリカの NPO から日本へのメッセージ』で述べている。

政府や自治体への対決型の住民運動・市民運動では身動きが取れなくなっていた頃、アメリカの NPO 活動は驚異の発見であった。日本の発見者たちはアメリカで始まっていたネットワーキング型活動スタイルやアドボカシー活動にも注目した。

ここで「住民運動」「市民運動」「市民活動」について注釈を入れる。「住民運動」と「市民運動」の違いは、解決したい困りごとが、住民の利害に直接関係するかどうかに関わる。高速道路建設反対や住民の利害に直接関わる企業の公害反対などは「住民運動」、幅広い平和とか環境保護（べ平連：ベトナムに平和を！市民連合など）をめざす活動は「市民運動」かの違いである。新たに生まれた「市民活動」は、政府や自治体に反対し、要望、陳情するばかりの従来の運動とは別の手法で困りごとを解決しようとした活動である。阪神・淡路大震災での地

から湧き出たような市民のボランティア活動を含めて、新しく「市民活動」といういい方がされるようになった。

　善意のボランティアを志望する人々が増えるなかで、善意を活動につなげるシステムをつくる必要があったし、より充実した活動を行うには専任スタッフを雇用できる組織づくりも必要になってきていた。大災害に直面すれば、行政任せでは、必要な援助、適切なサービス提供は困難であり、市民が専門家と協力し合いながら相互扶助的な行動を起こさなければ、自分たちの生命や生活を守ることができないことが認識されてきた。

　日本の福祉サービスは、「措置行政」といわれてきた。措置とは、法律に基づく行政処分である。福祉サービスは、利用者が決めるのではなく、福祉事務所が調査して措置する。保育所づくりの住民運動も「措置の範囲を広げてください」というお願い運動だった。自治体は近年、保育ニーズを待機児童と称しているが、ニーズは桁違いに多いはずだ。保育ニーズは、行政の措置の範囲をはるかに上回り、想像もつかないくらいである。福祉対策としてではなく、すべての女性の雇用対策、すべての子どもの保育・教育問題として解決するまで、ニーズは掘り起こされ続けるだろう。柔軟なサービス内容にするには、規則に縛られないフレキシブルな発想が重要であり、それを有償や無償のボランティア活動が実現していくのである。

## (2) NPOの揺籃期をつくった女性センター

　自分たちの手でサービスを生み出し、必要としている人々に提供できる活動をしたいと思う女性は、女性センターに集い、小さな草の根ボランティアグループとして学び、活動し始めていた。女性センターはわずかながら助成金も出していた。環境問題や高齢者へのさまざまなサービス、DV被害者への支援などで力をつけていった。やがてNPOが育ち、女性センターは女性NPOの揺籃期をつくっていった。

　女性は、巨大な生活協同組合の運営側にも参入し、活動を開始した。多くの女性は、PTAをはじめ、何らかの社会活動を経験していた。企業戦士の男性が職場で精力を使いはたしている都市の住宅地では、地域活動の大半は女性によって担われていた。とりわけ福祉サービスの領域での女性の貢献は大きかっ

第1章　地域での保育所づくりから国際的活動、そしてNPOとの出会い　47

た。老人介護サービス団体は、女性によって成り立っていた。保健医療系の団体も、主に女性スタッフによって運営されていた。このように、女性によるNPO活動の基盤ができあがっていった。

## コラム 8　　NPO学習会で「ネットワーキング」を知る

　奈良市の「一般財団法人たんぽぽの家」（播磨靖夫理事長）で、NPOの学習会が継続されていた。学習会が終わると、理事長手づくりの料理が並び、話が弾んだ。その会でJ・リップナック、J・スタンプス著の『ネットワーキング——ヨコ型情報社会への潮流』（1984年）を知った。市民が自由で自発的な意志に基づいて、社会的連携の網の目（ネットワーキング）をインフォーマルな形でつくり出し、問題克服や、目標達成をめざす活動をネットワーキングと呼ぶこと。共有されている問題意識は経済効率優先・管理強化の社会における女性やマイノリティの抑圧構造を批判し、もうひとつの（Alternative）人間の生き方や社会のあり方を追求するものであること。従来の階層制、機能分化のタテ型の上意下達方式ではなく、参加者が情報の送り手とも受け手ともなるヨコ型の相互連帯を重視する活動方法である。

　活動範囲は居住地周辺の地域中心のものから全国的、国際的な広がりをもつものまである。そこではミッション（使命）を共有していれば、距離は問わない。NPOはこのような「共通の目標や価値観に基づく自主的なグループや団体（NPO）」によって「もうひとつのアメリカ」をつくりだす運動なのだ。講師であった栗原彬（立教大学教授：当時）が強調したのは、「ネットワーキングとはよじれながらWorkをするのです。一人ひとりが自分のできることで汗をかくのです」「ヨコ並びといっても責任を取る人は必要です」と。「組織の形状としてはT型というか文鎮型ですね、円錐形ではありません」といった。

　その後、日本でも多くの市民運動が自分たちのグループ名に「ネットワーク」とか「ネット」をつけて、それまでの活動スタイルでない、新しさや親しさを表現しようとしている。また「ネットワークしましょ」という仲間づくりの軽いのりの呼びかけも多くある。しかし、これでは本来のネットワーキングではない。ネットワーキングは既存の組織や行動原理そのものの変革を迫るもので

あるからだ。市民のグループや団体が自由で自発的な意志に基づいて、いきいきと自分のできることで汗をかき、社会変革に向かう。そして網の目のように活動を広げていく。NPOの活動スタイルそのものだと、「ネットワーキング」学習会で実感した。

### コラム 9　カタリスト（Catalyst）をモデルにしよう！

　ニューヨーク市内のコミュニティ・カレッジを訪問している時に、カタリストというNPO（http://www.catalystwomen.org/）の名前を何度か聞いた。『日米女性ジャーナル』（1980年創刊）にも紹介されていた。

　カタリストの創設は、1962年。当初は、女性の再就職や失業女性のトレーニングをしていた。トラックの運転手など、男性職の職場への進出を支援していた。しかし、1970年代半ばには、アメリカの女性の多くが就業し、いわゆる「M字型就業形態」の谷底が消え台形上になっていた。にもかかわらず、依然として企業の最下段に女性がおり、トップの地位に昇りつめる者がいないことにカタリストは気づき、これを打開するため1986年に活動の方向を変え、女性を活躍させている企業を表彰するようになった。丁寧な調査を経て、カタリスト賞として表彰するのである。

　女性活用の先端企業という評価につながるため、授賞式には、受賞企業の最高経営責任者らが正装して臨む。筆者も、2000年1月にそのパーティに招待された。「1席10万円で2000人が参加し、運営費の1年分がまかなえます」という。やはり桁が違う。オフィスは、マンハッタンの大きなビルの2つのフロアーに職員が96人と聞き、衝撃を受けた。さすが全米ナンバーワンのNPOだと

2000年度カタリストアワード・パーティーに招かれて（NYアストリアホテル）

第1章　地域での保育所づくりから国際的活動、そしてNPOとの出会い　49

も思った。

　カタリストは、創立当初から女性の自立支援という使命を堅持している。第１に高みへ挑む支援、第２に女性が人間として充実した生き方ができる仕事と家庭のバランス支援である。フェミニストそのものである。現在、ニューヨークとカリフォルニアに加え、カナダ、ヨーロッパ、インド、オーストラリアでも活動を展開。日本にも支部ができ、2016年秋から本格活動を始めた。カタリストを活動のモデルにしようと、そのときは思っていた。

### コラム 10　女性と仕事研究所・国際交流基金主催「国際パートシンポジウム」

　再就職センター設立から7年後、名称を「女性と仕事研究所」とした。「女の起業が世界をつなぐ：日欧の女性起業シンポジウム」を成功させた後、1997年に、女性パートタイマーの増加（1986年に女性労働者の4割が非正規）を背景に、国際シンポに取り組んだ。日本のパートはなんだか変、なんだか損、諸外国はどうなっているのだろう、という疑問が出発点だった。

　パネリストはEU、ドイツ・イギリス・フランス・スウェーデンから8人で日本からも10人を超えた。詳細は、『女性のパートタイム労働：日本とヨーロッパの現状』（国際交流基金編　金谷千慧子・山田省三監修　新水社刊1999年3月発行）を参照されたい。

　東京・大阪・福岡でのシンポの間、終始パートの概念をめぐって日本と欧州とでかみ合わなかった。特に欧州側から「フルタイムパートってどういう意味なのか」と不思議がられたし、「日本は毎年契約を更新するというが、労働者側に何かペナ

フォーラム会場にてヨーロッパのパネリスト

国際シンポジウム「女性・パート・21世紀」

ルティのようなものがあるのか」と質問された。パート問題は、最大のジェンダー問題だと改めて自覚した。その後、東京（港区）にも女性と仕事研究所の拠点をもつことになった。財政的にも、東京・大阪で数人の専従をおくことができるようになった。

### （3）女性と市民活動

「世界がグローバル化する今こそ、コミュニティが求められ非営利組織の重要性は増す」とピーター・ドラッカーは、非営利組織の時代の到来を『非営利組織の経営』で予言した。少子高齢化、労働力人口の多様化、IT の浸透、起業家精神の勃興など、世界は大転換期をへて、まったく新しい姿に変わりつつある。今まで誰も見たことのない未来社会の到来である。ドラッカーは、『ネクスト・ソサエティ』の最後に次の点を指摘している。ひとつは「NPO が未来社会をつくる」ということと、もうひとつは「女性の活躍がカギ」ということである。女性が史上初めて、男女平等に知識社会を担えると明言している。

ドラッカーの予言通り、アメリカには 120 万もの非営利団体があり、1960年代に比べると 3 倍以上になっている。女性は、大規模な NPO でも指導的な役割をはたしている。暴力やレイプの被害にあった女性のためのシェルター、妻に暴力をふるう男性を教育するためのクリニック、非行少年少女の親のためのプログラム、銃規制を求める活動団体、NPO を支える基金などなど。コミュニティ団体、教会、病院、大学などの非営利活動組織がアメリカの市民社会をつくりあげてきた。そのなかで女性たちは存在感を示し影響力をあたえてきた。NPO は、成長産業でもあり、アメリカ社会を発展させた。

この NPO を含む第三セクター[3]での女性マネージャーや専門家の数は、営利追求のビジネス社会よりはるかに多い。こうした活発な市民団体のネットワークが接着剤となって市場経済と政府が効率的に循環していくのである。女性のリーダーシップでアメリカ社会は活性化し発展してきたのである。

### （4）NPO と女性のリーダー

日本の NPO において、女性の代表者（リーダー）の割合は、22.7%（2008年国立女性教育会館調査）と政府目標の 30% には達していないものの、女性比

率は高い。女性経営者比率は国際女性経営者協会の2010年の調査では、日本は1.4％と世界比較で格段に低い。

　自治会の女性トップも3.5％である。女性社長比率（女性が代表を務める上場・非上場企業。ただし個人事業主、非営利・公益法人等除く）は、帝国バンク調査によると、217年は7.69％。10年前の2007と比較して1.45％、2016年と比較して0.09％しか増えていない。年商規模別では、年商「5000万円未満」の女性社長比率が10.62％で最高。年商が大きくなるにつれて女性社長比率は低下し、「100億円以上」では1.36％にとどまっている。

　NPOの役割は、企業や政府自治体とは違っている。NPOは人に影響力を与え、社会を変えるというミッションをもつ組織である。価格に見合うサービスや商品を顧客に引き渡して終わる企業、自らの政策を実現すれば役割を終える政府・自治体ではなく、NPOは人を育て成熟させ、社会を変革するまで役割は終わらない。

　複雑な過程を経るためにNPOのリーダーも複雑な素質が必要である。NPOのリーダーはミッションに惚れ込み続けねばならない。スタッフやボランティアとして関わる人の可能性を引き出し、能力を開花させ、チームをつくり、ミッションに基づいたプロジェクトを動かしていく。それでいてトップとして上に構えているのではなく、平場にいて、常に自らは一刻も早く退く覚悟で後任を探す。芯は強いが変化には敏感で、人の話をよく聴いて、決断はすばやくできる。決して資金のショートはしていけないが、大胆な発想が何より必要である。突出しなければならないが、バランス感覚は何より重要である。寄付者には、最大の敬意を払わねばならない。

　NPOのリーダーはマネジメント能力を充分に備えねばならない。理事会や理事、ボランティア、スタッフのマネジメント、コミュニケーション能力、マーケティング、イノベーションなどの力量が必要である。リーダーが自分はこのNPOで成長したいと思えば、これらのマネジメント能力は必ずついてくる。NPOでの対人関係スキルや共感する力、瞬発力や持続力を駆使しながら、重要な困りごとをきちんと解決することだろう。それが未来社会をつくるNPOの「マネジメント」力である。

　女性にリーダーシップの機会を与える可能性が大きいのは、非営利団

図3 自治会、NPOおよび商工会における代表者に占める女性の割合

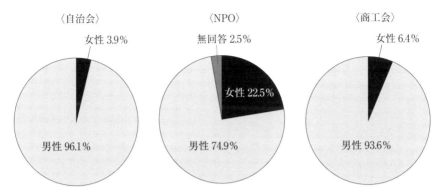

(出典) 1. 自治会については内閣府「地方公共団体における男女共同参画社会の形成又は女性に関する施策の推薦状況(平成20年)」、NPOについては経済産業研究所「平成18年度「NPO法人の活動に関する調査研究(NPO法人調査)」報告書」(平成19年)、商工会については全国商工会連合会調べ(平成20年)。
2. 商工会は、全国商工会連合会傘下商工会連合会に占める女性役員の割合。

体、非政府組織の方である。それは、ひとつには市民団体には気持ちを同じくする人々が共通の目的をもって集まるので、女性には居心地がよく、心を惹きつける傾向があり、積極的になれるということがある。

2つ目は、自発的に集まった参加者は、小さな規模の団体で、比較的対等なチームをつくっているので、自分の力を発揮するチャンスも多くなる。そしてリーダーになりやすい。3つ目は、小さな組織では階級的でもないし、意思決定も協調的に行われるので、参入機会も多くなる、ということである。4つ目は、NPOに求められる資金集めという重大な仕事は、その成功は、相手の心のなかへ入っていけるかどうかに関わっており、細かなところに気を配り、傾聴し、よき聞き手になり、相手の気持ちに添った反応をする必要があるが、このスキルは女性が特に心得ているところだといえる。

5つ目に、非営利組織なら年中、出張したり別の都市に転勤になったりしないので働きやすいということがある。6つ目は、非営利組織では資金をえることが主たる目標ではなく、社会や環境の病理を癒し、慈しむということの方が目標になる。これは女性には得意の分野である。

非営利組織では女性の傑出した指導力を求めている。野心をもち、知的水準の高い女性たちが、さまざまな市民団体で指導者になり市民活動、市民団体の

影響力を拡大していく。女性たちの価値観と英知が世論や社会習慣、政策に確実な影響をもたらす。

注

1　積極的平等政策（積極的改善措置ともいう）には、アファーマティブ・アクション（Affirmative Action: AA）、ポジティブ・アクション（Positive Action）、クオータ制度（Quota System）の3種類がある。女性差別撤廃条約第4条1項は、暫定的な特別措置として実施する場合には、法に違反しないとしている。アメリカでは1961年にケネディ大統領が行政命令を発し、連邦政府との事業契約者に対して、人種・信条・皮膚の色・出身にかかわらず雇用し、被雇用期間中処遇されるための積極的格差是正措置（AA）を求めた。性による差別がAAの対象になったのはジョンソン大統領の行政命令（1965年）からである。
2　「参加」と「参画」について国語辞書によると、「参加」は集まりに加わることで、「参画」は事業や計画に加わることを意味する。
3　国・地方自治体（第一セクター）、私企業（第二セクター）ではない市民団体などを第三セクターという。日本ではいわゆる三セクと略される公と民間が共同出資・経営する企業をいう場合もある。

〔参考文献〕

秋山訓子著『ゆっくりやさしく社会を変える——NPOで輝く女たち』2010年　講談社

伊佐淳著『NPOを考える』（創成社新書29）2008年　創成社

宇佐見忠雄著『現代アメリカのコミュニティ・カレッジ——その実像と変革の軌跡』2006年　東信堂

エイドリアン・メンデル著、坂野尚子訳『女性（あなた）の知らない？　7つのルール——男たちのビジネス社会で賢く生きる法』1997年　ダイヤモンド社

奥野信宏・栗田卓也著『新しい公共を担う人びと』2010年　岩波書店

柏木宏著『NPOマネジメントハンドブック——組織と事業の戦略的発想と手法』2004年　明石書店

河上婦志子論文『女性たちのNPO活動——カナダの教育活動NPOの実践』神奈川大学人文学研究所35（20020300）

木村愛子・古橋エツ子著『ジェンダー平等とディーセント・ワーク——男女平等社会の実現をめざして』2009年　日本ILO協会

重藤信英・鶴田義男著『アメリカのコミュニティ・カレッジ』1994年　国士舘大学宗教研究所

島田恒著『NPOという生き方』（PHP新書335）2005年　PHP研究所

橘木俊詔著『新しい幸福論』2016年　岩波新書

辻みよ子・西谷祐子・戸澤英典編著『世界のジェンダー平等——理論と政策の架橋をめざして』2008年　ミネルヴァ書房

鶴田義男著『アメリカのコミュニティ・カレッジ——その現状と展望』2012年　近代文藝社

野口道彦・柏木宏編著『共生社会の創造とＮＰＯ』2003 年　明石書店

坂東眞理子著『男女共同参画社会へ』2004 年　勁草書房

坂東眞理子著『日本の女性政策——男女共同参画社会と少子化対策のゆくえ』2009 年　ミネ
　ルヴァ書房

山内直人著『NPO 入門』（日経文庫 1016）1995 年　日本経済新聞出版社

山岡義典著『時代が動くとき——社会の変革と NPO の可能性』1999 年　ぎょうせい

山田礼子論文『アメリカの高等教育政策とコミュニティ・カレッジ』1997 年　北海道大学高
　等教育機能開発総合センター

レスター・M・サラモン著、山内直人訳『NPO 最前線——岐路に立つアメリカ市民社会』
　1999 年　岩波書店

渡辺和子・金谷千慧子・女性学教育ネットワーク編著『女性学教育の挑戦——理論と実践』
　2000 年　明石書店

# 第2章
# バックラッシュに抗しつつ、期待したいN女の今後

金谷 千慧子

たんぽぽの家理事長播磨靖夫氏と筆者（展覧会で）2017年10月

第1回 wiwiw 賞（中小企業を対象としたハッピーキャリア企業表彰）
受賞企業のシンポジウム風景　2010年10月15日

女性差別撤廃条約が批准され、順風満帆に進むとみられていたジェンダー平等への道程は、21世紀に入ると、急速に鈍くなった。フェミニズムに対する猛烈なバックラッシュが始まったのである。本章は、この動きから始める。

　「にいまるさんまる（二〇三〇）」。これは「2020年までに、あらゆる分野の指導的地位に女性が占める割合を30％にする」という政府目標である。これが決定されたのは、2003年。30％という数値目標は、1990年の国連ナイロビ将来戦略勧告で提示されたものだ。この30％（実は「以上」なのだが）という数値は、ハーバード大学のロザベス・モス・カンター教授が1980年代初頭に発表した「黄金の3割」理論で、構成人数の30％以上を少数派が占めると全体の意志決定に影響力を与えるようになる、というものである。すでに諸外国は、管理職の女性比率は達成しており、今では取締役等の女性比率をめざすなど、日本よりはるかに進んでいる。

　本章では、国際的視野に立って、日本の女性は世界でどのような状況なのか、日本はなぜこれほど遅々としてジェンダー平等が進まないのかを検討する。また、安倍政権の「アベノミクス」は男女平等を実現するのか、日本のNPOに関わる女性はこの政権下でどうなるのかなどについても、考えていく。

## 第1節　バックラッシュの波

### （1）バックラッシュの経緯と時代背景

　バックラッシュとは、一定の影響力をえたフェミニズムへの巻き返し、逆襲のことで、アメリカでも1980年代に経験している。1996年「男女共同参画2000年プラン」が策定され、政策実現の場、女性の活動拠点として全国各地に女性センターが次々と建設されていった。自治体は、行動計画の策定や行政機関の専門窓口の設置をするなど、ジェンダー平等化へシステムの構築・整備が始まった。1999年6月23日には男女共同参画社会基本法が施行された。21世紀はジェンダー平等の時代だと心待ちにしたその矢先に、バックラッシュの嵐が始まったのである。2000年を境に、明白に、露骨に、執拗にその姿を現した。このバックラッシュは、どのような背景をもち、どのように準備されてきたのか。そしてその後のジェンダー平等化にどのような悪影響を与えたのだろうか。

バックラッシュのスタートは、1996年に審議会がまとめた民法改正要綱の「選択制夫帰別姓制度」に対して、「家族の一体感を壊す」という露骨な反対意見でのろしをあげたことである。今どき、なぜそんな古めかしいイデオロギーを持ち出して、行政がやることに国会議員が反対するのか、私には理解できなかった。よく話して理解してもらえば、わかることだ。一過性のことだろう、様子をみよう。少なくとも私は、そう思っていた。しかし、それが十分準備されたものだと知った時には、すっかり後手に回っていた。

　バックラッシュ派の主な論点は、①男女共同参画は、男らしさ、女らしさを否定し日本の伝統や文化を破壊する、②男女共同参画は家族の絆を破壊する、③男女共同参画は積極的差別是正措置を用い「結果の平等」を求めるという間違った方向をとる、などである。各自治体では、男女共同参画の条例制定をめぐって激しい攻防が始まった。

　千葉県の場合は、自民党県連が「自己決定による性教育」などの削除を求め、特性論の記述を要求した。そして、2003年に条例は廃案になり、男女共同参画の条例のない唯一の県となった。また、全国の地方議会では、小・中・高における「男女混合名簿」の廃止や性教育、ジェンダーフリー教育への批判が始まった。各地で男女共同参画条例の制定へのバッシングが高まっていったのである。

　バックラッシュ派は、「新しい歴史教科書をつくる会」や「夫婦別姓に反対する会」「日本会議」に結集する政治的集団と同調して現れた。「日本会議」は、1997年に天皇制国家の再建、改憲を主要目標として結成され、「家族の絆、日本人の美徳、国への誇りと愛情」を取りもどす世論形成をしていくと宣言していた。 2001年9月、日本会議は選択制夫婦別姓反対署名運動を開始、「日本女性の会」も結成した。そして、その国家観に基づいて横断的にきわめて組織的に広がっていった。

　『正論』『諸君！』『世界日報』などで、「ジェンダーフリー」批判「過激な性教育」批判の記事が多数掲載された。『正論』は、2002年8月号で「フェミニズム批判特集」を組んだ。筆者も『正論』にとりあげられたひとりだが、取材も事後報告もない、誤りだらけの記事だった。

　自治体では、2002年6月、山梨県都留市で「夫婦別姓制導入反対に関する意見書」が提出され、「夫婦別姓反対決議」がでた。山口県宇部市では、男女共同参画推進条例に「男らしさ女らしさを否定することなく男女の特性を認め

合い」という記述が盛り込まれた。

　バックラッシュ派の意図は、家父長的な歴史観のもとに憲法9条を改正し「戦争をする国」につくり変えることにある。「戦争をする国」は、国家による国民のコントロールが不可欠である。なかでも「教育改革」は、社会的装置をつくり変えることであるから、重要なのだ。バックラッシュの顕在化から十数年、安保法制（戦争法）・特定秘密法の強行採決、そして憲法9条改正提案と現状の政治状況をみれば、「戦争をする国」は、確実に現実味を増してきた。

### (2) 「基本法」そのものの問題

　「男女共同参画社会基本法」（以下、基本法）の不備については、第1章に記した。「基本法」そのものが、バックラッシュに対抗できない問題を内包していたと思われる。まず「参加」や「参画」は「平等」と同義ではないのに、あくまでも「平等」という文言を避ける政府・自治体の弱腰姿勢とあいまいさが、バックラッシュの動きに対抗する勢力をひとつにまとめ切ることができなかったと思われる。女性差別撤廃条約批准に向けて団結した折とは全く違っていた。男女平等法でもなく女性差別禁止法でもない「男女共同参画社会基本法」という名称は、いかに国会議員全員一致で成立したとはいえ、平等をめざしていないことは明らかであった。

　基本法は、前文で、少子高齢化や社会経済情勢の変化に対応するために男女共同参画社会の実現が緊要な課題、といっているが、それは女性の能力を経済に利用することにすぎない。さらに、基本法は、基本的人権に最も重要な労働の場での性差別禁止を明文化していないし、NPOに関する文言もない。労働界では、労働規制緩和のもとで、非正規化ばかりが増え、女性労働の最低賃金の底割れと保護規定の撤廃により、休日労働、深夜労働への女性の参入が広まり、女性の労働強化と低賃金化は一層厳しくなっていった。

　「男女共同参画」政策は、政治的な変革には全く着手しないで、行政ができることころだけを進めてきた。男女平等、ジェンダー平等化は、きわめて政治的課題であるにもかかわらず、「非政治化」させてしまったのである。バックラッシュ派の「政治性」に対応しようとした時、フェミニズムの「政治性」が抹消され、対抗できない状態になっていた。そして、すっかり足踏み状態のままで

遅れてしまったのである。フェミニズムの有名なスローガンは、「個人的なことは政治的なこと」（The Personal is Political）だったのに、「男女共同参画」は「非政治化」され、無色になり、骨抜きにされたといえる。

ジェンダーということばは、1995年の第4回世界女性会議で採択された北京宣言及び行動綱領において、生物学的な性別を示すセックスに対して、社会的、文化的に形成された性別を示す概念として使用された。これを受けて、男女共同参画基本計画においては、社会的、文化的に形成された性別をジェンダーと定義したうえで、ジェンダーに敏感な視点などの形で使用している。しかし、基本法では、まだ熟れていないとして、第3条に「男女が個人として能力を発揮する機会が確保されること」の文言に、この考え方は盛り込まれているとして、「ジェンダー」を使用していない。

また、「ジェンダーフリー」という用語は、学校教育運動のなかで、よく使われてきた。制度面では、科目の共通（女子にも技術・職業教育の機会を、男子にも家庭科を）、衣服・教材の共通（体操服を同じデザインに等）、呼称の共有（ともに「さん」つけ）、呼び順の共有（男女混合名簿等）など、各制度における両性の共通化を推し進めてきた。

「ジェンダーフリーな教育のため」として、東京女性財団は「ジェンダー・チェックリスト」（家族・家庭生活編、地域・社会生活編、学校生活編、職業生活編）を1995年から刊行してきた。地方の自治体も啓発活動に「ジェンダー・チェックリスト」のバージョンをさまざまに変えて、パンフレットやワークショップなどで配布していった。ジェンダーフリーということばと「ジェンダー・チェック」は、行政の関係者と教育関係者の間で広がっていった。

しかし、「ジェンダーフリー」については、使用する人により意味や主張がさまざまであり、一部に画一的に男女の違いをなくし、人間の中性化をめざすという意味で使用している例もあるので、男女共同参画社会はこのようなことをめざすものではなく、男女共同参画社会基本法、基本計画等においても使用しないとし、「ジェンダーフリー否定」の根拠として用いられるようになった。内閣府男女共同参画局は、2006年1月31日、都道府県・政令指定都市男女共同参画担当課（室）宛に、今後は「ジェンダーフリー」を使用しないようにという事務連絡を出した。こうしてジェンダー平等の推進派は、次々と手・足・

口を縛られるようになっていった。

### （3）現代の「魔女狩り」

　過去十数年のバックラッシュの波で、ジェンダー平等は決定的な遅れをとっている。夫婦別姓反対などにみるように家父長的な家族観も薄れてはいないし、「慰安婦問題」をなかったことにし、侵略戦争を肯定し、再び戦争ができる国にするための憲法改正に突き進もうとしている。

　フェミニズムに対するバックラッシュは、遠いルネッサンス期の魔女狩りと同じ現象にみえる。魔女は空を飛ぶ。魔女は悪魔と交接し、子どもを殺す、だから火あぶりにしなければならない。そんな馬鹿なことはない、ありえないことだと思いながら手をこまねいている間に、いつの間にか、従順な女性だけでなく、男性も魔女として、何の根拠もなく、周囲も何もいえなくなって、葬り去られていった歴史があった。

　魔女狩りは、その後もあの手この手で続いている。森島恒雄は『魔女狩り』で警告を述べている。結びのことばで「『新しい魔女』、これからも創作される。今後とも狂信と政治が結びついたときに現出する世にも恐ろしい光景を、出現させないようにしよう！」と。アメリカのトランプ大統領は、大統領選でのロシア関与疑惑等が追及されると「米国史上最大の魔女狩りだ」と叫んでいるのには「お門違い」の感があるが、ことばとして生きているわけだ。

　バックラッシュを巻き返す力は、政治化を伴った社会を変革する力、行動である。そのために NGO や NPO で活動する女性たちが世界的ネットワークを築き、市民社会と個人をつなぎ、NGO・NPO・市民が力をつけ、市場原理に乗らない地域循環の経済システムを構築し、相互に支えあうことだ。「男らしさ」の象徴である軍国主義ではなく、差別に敏感な、主体性のある市民主義で連帯するのである。気づいた女性たちは、もう一度 15 年前と同じ過ちを繰り返すことはないはずである。

### コラム 11　「みなと NPO ハウス」が消えた

　東京都港区は 2002 年全国の自治体に先駆け、廃校になった六本木の旧三河台

中学校を区内のNPOに提供した。NPOと自治体の「協働」の実験だった。私どもも審査を経て入居できた。この実験は全国的にも注目を浴び、都内だけでなく各県からも問合せや見学者が多かった。各団体は交流し刺激を受けながら成長し、次第に各分野を代表するNPOに育っていった。高齢者問題、子ども、女性問題、青少年と教育、環境、海外支援、NPO中間支援団体などがそろっていた。

　利便性に比べて家賃が安いので、人件費に資金を投入できた。みんな零細事業だから「人が続かない」「運転資金が足りない」と悩みは同じ。「半年続けば上出来！」とか「助成金の仕事は、片手は空けてしないと行き詰まるよ」などのアドバイスは的をいていた。政府情報が早くとれる利点もあった。NPOの事務局長・理事・会計などの人材育成講座もあった。

左上は港区六本木「みなとNPOハウス」、右上はお別れパーティで若い編集仲間と、下はNPOハウス活動報告書「はばたけ、NPO」

　発展の兆しがみえた2004年2月、耐震性を理由に港区から「退去要求」がきた。「どうするの？」から始まって、ばらばらにならない対策を話し合った。しかし、自力で新たな場所を手に入れるには力はなかった。5年後の2007年6月、閉鎖が決まってしまった。NPOと行政・自治体の「協働」とはどういうことなのか。30団体のなかで港区内に特化した活動をするのは2団体で、多くは日本全域、あるいは世界に目を向けていた。六本木町内会からすると、この一等地

第2章　バックラッシュに抗しつつ、期待したいN女の今後　63

を区民のためでなく、自分たちの好きなことだけをする団体に占拠させるのは許せない、夏祭りなどにも協力的ではないし、ごみなど落とされて迷惑するのは地元民だという意見もあったらしい。自治体の求める狭い範囲の地域活動とNPOのミッションが合わないという面もある。

　東京都の跡地利用は、本格利用・恒久的ではなく、短期的な暫定利用である。入り口の「3年2組」の標識はそのまま、大きな黒板もそのまま、教室は鍵がかからず、事業主体も行政のままである。団体は「契約」で入居したのではない。区の「使用許可」であって、1年間限定の使用許可を毎年出すという方式である。NPO側に権利が全くない。これでは、対等性やパートナーシップなどありえない。新しい都市コミュニティの担い手としてNPOが身近にあるにもかかわらず、行政はNPOを信頼できなかったのだろうか、実験は各地でも失敗に終わっている。

## コラム 12　ある日突然、「女性のための」はだめだ、と

　国が関わっている人材育成講座で「女性のための企画力」という講座の名称はだめだといわれて、各企業宛にこの講座には従業員を参加させないように連絡が回った。受講生が来ない！　そして、講座は取りやめになった。

　「この均等法の時代に女性、女性とばかりいうべきではない」。東京（2000年以降）へ出てきたころから、何度、このことばを聞かされたことだろう。いつまでも「女性と仕事研究所」はいかがなものかとも。次第に男女平等はおろか、男女共同参画ということばさえ使いづらい雰囲気になってきた。「ジェンダー」ということばも。これは今、森友学園等で世間を騒がせている「忖度」の表れだったのだろうか。バックラッシュの余波はどんどん広がっていた。

## コラム 13　企業の評価基準をつくる

　東京での活動で、視野も広がっていった。アメリカのカタリストがやっている企業表彰をNPOとしてやろうということになった。国際交流基金の助成を受け、2001年にカタリストを招聘し、キックオフシンポジウムを東京・大阪で

実施した。「Women's Initiative」（ウイメンズ・イニアシアティブ）という新しいNPOもスタートさせた。

　しかし、継続できなかった。NPOとしての組織力も資金力もエネルギーも不十分だったと、今思う。それだけにアメリカのNPOがいかに偉大かを痛感する。私には、紹介する役割だけで精一杯だった。そのころ東京を中心にCSR（企業の社会的責任）やSRI（社会的責任投資）活動が活発になっていた。外資系や大企業を中心に、企業評価と投資信託を連携させ、NPOとして調査研究活動をしようと準備した。企業評価基準に均等法を基準にという発想はなかった。均等法の遵守は最低限のことで、NPOの表彰である以上、もっとユニークで、もっと女性に開かれた実績をもつ企業を探したいと考えていた。「女性に開かれた企業」の評価基準として、以下の8項目を決定した。

1. 女性活躍ビジョンを確立し、経営者が女性登用を社内外に明言している
2. 女性活躍プログラムとしてポジティブアクションを実施している
3. 人材評価の改革を行い、結果を明示している
4. 女性活躍の数値目標を設置して、その数値を監視する体制がある
5. ワークライフバランス制度（育児休業など）があり、利用されている
6. 女性社員同士のネットワークグループがある
7. 旧態依然とした慣習や社風を実際に改善している
8. パートタイム派遣社員、一般職など雇用形態での差別をせず、均等待遇を行っている。

　以上の8項目は、企業規模や地域で変化をつけることにした。ヒアリング調査を重視することにした。しかし、結果的にはこの計画は実績にまで至らず、東京事務所を離れることになった。ただ後に大阪での中小企業評表彰制度につながった。その後、均等法を基準とする国や自治体の企業表彰制度がどんどん進められていった。

## 第2節　経済のグローバル化と女性労働の変貌

### (1) 男女共同参画法下での女性の貧困

　基本法制定以降も、男女平等は進まず、労働差別や女性の貧困が進んでいった。1990年代から始まった経済構造の大変化で、女性労働に変貌が訪れる。かつて日本では男性が正社員で、女性はその男性と結婚するという性別役割分業のもと、男女ともに生活と人生の安定を支えてきた。社会制度もそれにのっとり、夫が稼ぎ手で、妻は被扶養者として家事や育児・介護などの無償労働を行い、夫より何年か後に死を迎えるというライフスタイルを標準としてきた。

　1980年代後半から妻がパートで働きに出始めたが、妻は育児や家事のかたわら家計を補助するという前提の社会制度は何も変わらなかった。1990年代になると、非正社員は世帯主に扶養されている既婚女性だけでなく、すべての男女に広がり始める。バブル崩壊後日本経済は人件費を抑制するために非正規雇用に大きく依存した経営になっていく。経済のグローバル化、職場へのIT

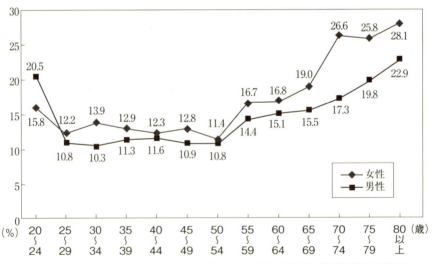

図1　男女別・年齢階層別相対的貧困率（2007年）

（出典）厚生労働省「国民生活基礎調査」（2007年）を基に、内閣府男女共同参画局「生活困難を抱える男女に関する検討会」阿部彩委員の特別集計より作成された。2011年度『男女共同参画白書』

の導入によって、企業は人事戦略を変え、ほとんどの定型的な仕事は非正規労働者にまかせ、正社員は高度な技術や無制限な責任を負う仕事へ配置した。正社員の過酷な労働実態も裏腹の問題である。女性の新入正社員さえも過労死する事態になった。既婚女性の再就職はすべてパートに吸収されていく。

　日本では、税や社会保障制度もパートタイマーの賃金の上限と組み合わされている。事業主にとっては人件費を抑え、いつでも有期で使い捨てできる便利な仕組みだ。やがて便利な使い捨て雇用は、既婚女性だけでなく、学生にも若年男性にも広がり、女性正社員にも置き換えが始まるなど、とどまるところを知らない。

　ワーキング・プアーの年収は、200万円以下といわれるが、男性では1割程度、女性では40％が200万円以下である。現在非正規雇用者の7割を女性が占めるなど、格差は女性に顕著にみられる。「ウチの会社では男女格差なんて昔々の話、均等法の時代にそれはないよ」ということばをよく聞くが、女性の実質賃金が上昇しないのは、非正規の賃金が圧倒的に安いことに原因する。そこが無視されたままなのである。「女性の貧困」「女女間格差」が生み出され、次世代へ貧困の連鎖が広がっている。

　性別役割分業の下、企業では「男性の稼ぎ手モデル」が未だ残存している。女房子どもを養う男性世帯主の賃金確保が労働問題であり、女性を低くみる考えとともに、女性は賃金が低く自立できなくても当たり前、女性は家事や家族の介護など家のなかで役に立っていれば、無職でも低収入でも自立できなくとも、女性の嘆きは問題視されない。「この均等法の時代に女性、女性とばかり言うな」という発言も、女性の嘆きを隠そうとするものである。

　無償のケアばかり続けていると自立を恐れ、自立を躊躇してしまう。次第に自立の基盤は失われていく。女性の貧困は社会問題化されにくく、みえにくいといわれてきたが、単に見過ごされていただけでなく、積極的に無視される。

　2010年と2011年版の「男女共同参画白書」に、男女別・年齢階級別相対的貧困率が紹介された。女性の貧困率は、ほとんどの年齢層で男性を上回り、高齢期には格差が拡大している。この情報が発表された背景には、「反貧困ネットワーク」の結成や2008年12月の「年越派遣村」の活動に呼応して、「やはり女性の貧困が置き去りにされる」として立ち上がった「女性と貧困ネットワー

第2章　バックラッシュに抗しつつ、期待したいN女の今後　67

ク」（2008年発足）の活動がある。この活動が女性の貧困の可視化に向けた動きを加速させたといわれている。

## （2）子づれシングルの貧困

　子づれシングルとは、母子世帯のことである。女性の存在を中心した命名である。2010年度の母子世帯123万8000世帯の貧困は顕著である。日本特有の傾向として、有業者（就労率は85％）であるのに、貧困率が高いことがあげられる。なぜなら日本は女性の賃金が低いからである。2010年の調査によると、子づれシングルが働いて稼ぐ平均年収が180万円で、母子家庭の約7割が年間就労収入200万円未満である。育児等との両立で、臨時・パート等非正規雇用が多いことが影響している。シングルマザーは、子育てをひとりで担う責任と経済的な困難の両面に直面している。その影響が母子世帯の子どもの貧困につながる。

　若年女性の貧困化も深刻である。先ごろ「クローズアップ現代」「NHKスペシャル」で反響を呼んだが、親の貧困が子世代へ引き継がれ、特に若い女性に重くのしかかっている。番組では、2年以上もネットカフェで暮らす十代の女性と母親、奨学金返済で500万円の借金を背負っている四大卒のアルバイト女性などが紹介された。

　性産業で働くシングルマザーや若年女性を取り上げる書籍もある。国の貧困政策の深刻さを示すものだ。男性と女性の貧困の差異は、女性は貧困と暴力被害が密接であり、性産業や社会の闇部分と結びつきやすいことがある。闇の中で女性の貧困がさらに隠される。また、女性の貧困は長期化する。女性の貧困の慢性化は世代を超え、負の連鎖を招く。男性の貧困は、景気の回復で抜け出せることもあるが、女性はより構造的で、後回しにされ、脱出しにくい。今後女性の貧困の慢性化、長期化が広がる可能性が高い。

## （3）ひとり親世帯の貧困率の国際比較

　日本のひとり親世帯の貧困率はOECD35ヵ国中突出し、最も高い。子ども全体の貧困率を同じくOECD35ヵ国でみると、下から4番目である。日本より高いのは、アメリカ（17.1％）、トルコの（17.5％）とメキシコ（18.4％）だけで

ある。日本は平等な社会と自国では思われがちだが、日本は世界中でも貧困率の高い格差社会である。子どもの時期の貧困は、大人になってからの食料・衣服困窮や健康診断・医療受診抑制などに影響し、生活保護受給の確率は3.5倍に高まるなど、「貧困の連鎖」が確実に起こっている。

国際比較からみると、日本の子どもの貧困の特徴は、①世帯内の女性の就労による貧困削減効果が少ない（母親が働いているのに貧しい）、②母子世帯・単身世帯・高齢者世帯という「特定世帯」の貧困率が突出している、③政府の政策による貧困を削減する効果が少ない（貧困が「人為的」に生み出されている）などである。

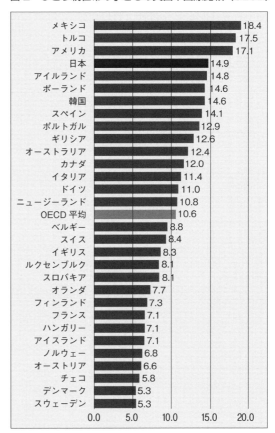

図2 ひとり親世帯の子どもの貧困率国際比較（OECD）

（出展）OECD（2005）、"Society at Glance"（2000年の貧困率）

生活保護などの公的扶助の国際比較では、日本の生活保護受給率はわずか1.6%（2012年）だが、イギリスは9.27%（2010年）、ドイツは8.2%（2009年）、フランスは5.7%％（2010年）、スウェーデンは4.5%（2009年）である。日本の生活保護受給率は、イギリスの5分の1以下である。

生活保護バッシングのなかで、日本の生活保護は財政的に耐えられないほど肥大しているという指摘があるが、むしろ日本の公的扶助が小さすぎる。政府の政策による貧困の削減効果が少なく、貧困が「人為的」に生み出される。さ

らに、日本の社会保障制度は、高齢者や保健・医療などには費やされるが、雇用や職業教育に対する社会制度が極めてお粗末である。職業スキルを身につけるとかやり直しのためのステップアップができる公的なセーフティネットがない。雇用・職業教育関は、すべてを民間企業にまかせっきりである。シングルマザーの貧困の背景もここにつながる。女性の貧困化は、積極的社会保障政策としての職業教育・就業訓練の支援なしにはなしえない。宮本みち子は、『下層化する女性たち』で「人生前半期のニーズに応える社会保障制度への転換を図らねば、労働と家庭から排除される若年女性の貧困化はさらに進むだろう」と述べている。

# 第3節　男女格差の国際比較

## （1）ジェンダー・ギャップ指数、111位（2017年度は114位）

　世界経済フォーラム（WEF）は、毎年男女の格差を指数化し、各国の順位づけをしている。指数の算出には、国際労働機関、国連開発計画、世界保健機関などのデータが参考にされている。スコアの最大値は1で、高いほど良く、総合スコアは4分野（職場、教育、健康、政治）で、男女平等がどれほど進んでいるのかを評価する。

　2016年10月に発された男女平等を表すジェンダー・ギャップ指数によると、日本の順位は144ヵ国中111位と、前年の101位からさらに後退し、最低ランクに甘んじている。分野別では、職場が118位、教育が76位、政治が103位、健康が40位となっている。特に、職場では、給与、専門職や管理職比率が低く、政治では、閣僚の地位、行政の長の率が著しく低い。ここ数年のランキングでは、2011年は98位、2012年は101位、2013年は105位、2014年は104位、2015年は101位、そして2016年は111位と、下落傾向にある。世界では男女格差が徐々に改善されているにもかかわらず、日本では変わらず、またはいっそう悪くなっていることを意味している。日本は、G7（先進国7ヵ国）では最下位、有力新興国とされるBRICs（ブリックス）のブラジル、ロシア、インド、中国よりも下位になっている。

　2016年のジェンダー・ギャップ指数の1位（最も男女平等）はアイスランド、

2位はフィンランド、3位はノルウェー、4位がスウェーデンといずれも北欧諸国が独占している。アイスランドは「教育」と「政治」で1位、「経済参画」が9位、「健康」が109位だったが、トータルスコアが0.874ポイントでトップになっている。また、13位がドイツ、17位がフランス、20位がイギリス、35位がカナダ、45位がアメリカ、50位がイタリアと、ヨーロッパ諸国が上位にランクされている。

### (2) 研究者・大学教員の女性比率の低さ

ジェンダー・ギャップ指数において、日本の教育が76位と低いのは、初等教育の評価は高いが、高等教育ではきわめて低いためだ。博士課程相当に進

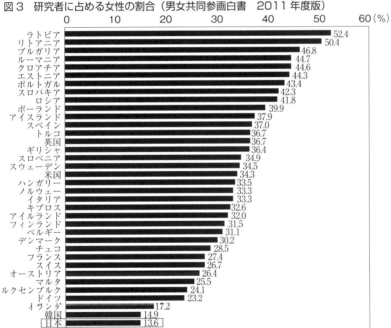

図3 研究者に占める女性の割合（男女共同参画白書 2011年度版）

(出典) 1. EU諸国等の値は、EU「Eurostat」より作成。推定値、暫定値を含む。アイスランド、スロバキア、ロシア、チェコは2008（平成20）年。イタリア、フランスは2006（平成18）年。ギリシャは2005（平成17）年。スイスは2004（平成16）年。オランダは2003（平成15）年。他の国は2007（平成19）年時点。
2. 日本の数値は、総務省「平成22年科学技術研究調査報告」に基づく（2010（平成22）年3月31日現在）。
3. 米国の数値は、国立科学財団（NSF）の「Science and Engineering Indicators 2006」に基づく雇用されている科学者（scientists）における女性割合（人文科学の一部及び社会科学を含む）。2003（平成15）年時点の数値。技術者（engineers）を含んだ場合、全体に占める女性科学者・技術者割合は27.0％。

第2章 バックラッシュに抗しつつ、期待したいN女の今後 71

む女性比率、工学系、社会科学系の女子学生比率は、OECD のなかでいずれも最低である。その結果、卒業後も収入の高い分野、責任ある分野に女性が進めない。また、日本は、女性研究者が少ない。大学の女性教員も少ない。わが国における研究者に占める女性の割合は、若干増加しつつあるとはいえ、2011年で 13.6% に止まっており、欧米諸国に比べてきわめて低い。この背景が職業分野でも政治分野でも女性の活躍の場が少ないことにつながっているのである。

### (3) やり直しのための職業教育

　もうひとつの課題は、職業教育である。諸外国の労働政策にあり、日本にないのが、人生の前半にセカンドチャンスを成功させる職業教育である。教育には、文科省配下の年少期の学校教育と高齢期の社会教育（生涯学習）だけではなく、若年期からの職業的自立や人生のやり直しを支援する職業政策（機関）が必要である。やり直しを許さない日本を改善しなければならない。

　だれでも、いつでも、どこでも、安い費用で、次のステップを切り開くことができる職業スキルの支援が必要である。例えば、アメリカやイギリスなどでポピュラーなコミュニティカレッジ（以下、CC）での職業教育である。そのためには、教育機関と企業、行政の連携がコミュニティに必要である。

　CC に携わる教育者は、現状の研究中心の大学教員とでは少し役割が違うため、今後発掘・育成が必要である。CC は、女性だけでなく、若者や失業中の中高年男性や外国人にも、すべての人に門戸を広げる。全員入学である。次の職業に就くための職業スキルの指導だけではなく、次の人生に向けて寄り添い続ける、「学生中心型」の教育なのである。アメリカの CC の教員は、いろいろな職業を体験した後に学生と向き合っている。自分の専門分野に誇りをもちつつも、常に新しい社会の変化に効果的な教材を開発し、新しい実験的な教え方を工夫し試みるなどの意欲のある教員である。

　大沢真知子は、『女性はなぜ活躍できない』（2015 年）のなかで「セカンドチャンスのある社会をつくる」ことを提言している。「最近は男性正社員の雇用も揺らいでおり、やり直しのできる社会をつくることは、女性の能力活用に資するだけでなく、社会のセーフティネットを拡充する意味でも重要になってくる。教育機関と企業と行政との連携により、日本にやり直しのできる新たなセカン

ドチャンスをつくっていくことが、女性の活躍推進を進めるもうひとつの重要な施策になってくる」と記している。

　日本の社会保障制度は、高齢者や保健・医療などには費やされるが、特に雇用や職業教育に対する社会制度が極めてお粗末である。職業スキルを身につけるとかやり直しのためのステップアップができる公的なセーフティネットがないのは、日本はやり直しを認める寛容性がない社会だということである。雇用・職業教育関しては、すべてを民間企業にまかせっきりであるが、シングルマザーの貧困の背景もここにつながる。女性の貧困化は、積極的社会保障政策としての職業教育・訓練就業支援なしにはなしえない。宮本みち子も「人生前半期のニーズに応える社会保障制度への転換を図らねば、労働と家庭から排除される若年女性の貧困化はさらに進むだろう」と述べているのは前述した。なお、前章のコラム8と本章のコラム15を参照されたい。

## コラム 14　NPOの継承問題

　1986年に「主婦の再就職センター」としてスタートして以来、代表者が方向性を定め、団体を牽引してきた時期が長かった。目的に共鳴したスタッフは、任された業務を担ってきた。代表が「攻め」を担当し、スタッフが「守り」を担当する体制が続くのは、組織に活気がなくなりよくない傾向である。なんとかしなければと感じつつも、零細NPOの継承は難しい。組織継承には資金のゆとりが必要と感じていたので、最盛期に行うのが最もいいと考え開始した。

　それから十数年、交代をずっと念頭において行動してきたが、常に忙しさが優先し、今はそれどころではないといった毎日・毎年だった。次世代のリーダーはスタッフからと、何度かトライしたがうまくいかった。いよいよ交代できると思いかけるが失敗に終わる。外部からもとトライしたが、何度も後味の悪い苦い結果ばかりだった。十数人を候補者と定め継承準備を進めたが、すべてよい結果にならなかった。

　大企業出身の人は、「これからはボランティアで」といいながら、「準備資金がかなり必要」「秘書をつけてほしい。パソコンを任せられる事務作業員は2名つけて」といわれる。公務員出身の人は、「鉛筆や消しゴムの節約、コピー用紙

は裏紙を」とおっしゃるが、「営業や稼ぐのは苦手」といわれる。民間の営業職出身の人は、「営業あってこその経営、他は任したからね」と。

　NPO活動の経験者も男女共同参画にかかわった人も、やはり「自分の給料を自分で捻出してしか食べて行けないという厳しさはごめんだ」ということになる。「とにかく資金の厳しさというのは関わってよくわかった」「そもそも経営になっていない」といわれる。それが別れ言葉になる。「それだけではないんだけど…」といいかけるが、もうことばをかける状況ではない。NPOは想い（ミッション）を第1に動く団体だから、企業のように利害で割り切れないものはあるが、しかしNPO側に経済的な保障のないままでは世代交代というのは、当然困難である。そんな繰り返しの年月だった。

　理事会で世代交代を議題に話し合い、具体的な準備を始めることになった。まず第1に、代表牽引型組織ではなく、スタッフがそれぞれ責任をもつ横型組織へ変革すること。意志決定に全スタッフが関わることで、コミュニケーションを深め、縦型ではない横型の組織に組み変え、「ともに働く」関係を拡大していこうと決まった。NPOの世代交代は外部の支援なくしては困難なのが現状である。NPOの組織継承はまだ見本が少ないが、これからはNPOの世代交代が多くなると思われる。この時期に理事として柏木宏大阪市立大学大学院創造都市研究科教授（当時）に、ことのほか適切なご指導をえた。

　第2に、2011年度から「新しいキーパーソンを迎える」ことを公表し、ホームページでも人材募集を始めた。限られた時間と資源で、既存の事業と同時に世代交代の準備をするのは難しかった。内容としては、①ミッションのチェック　②組織の改革（理事会の役割と責任の強化と事務局の役割の強化）③中長期ビジョンの設定（活動の歴史の振り返りと未来の設計）の3点を決めた。特に理事会の役割の強化をめざした。NPOの全般的な政策や年間計画、財務管理（予算額、実績、達成率）、再建計画、戦略計画、ファンドレイジング（助成金の確保）、事務局等の採用と監督、雇用条件の確保、コミュニティとの関わり、広報などがあるが、今までできていなかったことばかりであった。

　事務局の役割の強化は、組織の広報、専門能力を高める、理事会に対し方針を示しリーダーシップを発揮する、常に財政管理を行う、ボランティアの関わりを支援し、奨励するなどである。中長期ビジョンについては、ミッションに

基づき、スタッフと外部の専門家も加わって、組織の歴史や社会的使命や役割について学び、共有し、評価することから生まれるが、特に歴史を共有し評価することは、組織の将来像を展望するために重要である。

　最も重要だが困難なところは、理事会の権限や責任の強化であった。現状のNPOにとって、経営を堅実にしていくために最重要で必至の課題であるが、至極困難である。実際のところできずじまいになってしまった。

　しかし、理事をはじめとする数々の方のご紹介やご支援・ご協力のおかげで、結果的に世代交代は成し遂げられた。2014年5月のことである。準備通り進んだ結果とまではいえない。引き受けてくれたのは企業出身の諸田智美さん。ひとえに彼女の勇気と沈着な決断の賜物であった。感謝したい。彼女の上司、株式会社社長山極清子さん（元女性と仕事研究所理事）にも深く感謝する。次世代のNPOリーダーに私が心がけていた、以下のことばを送りたい。

●使命（ミッション）を最優先する（ぶれない）
●ダイナミックな変化を心がける
●決める時期を間違えない
●あいまいな状況では行動を優先させる
●常に外に目をやり、最も近くで照準を合わす
●オリジナリティを重視する
●がけっぷちまで粘る（奇跡の可能性もある）
●多面的な方向を探る（いくつもの顔をもつ）

## コラム 15　キャリアアドバイザーとコミュニティカレッジの夢

　キャリアアドバイザー養成講座を継続してきた。ベーシック、アドバンス、インターンコースがあり、論文・実技試験を合わせて100時間を超える講座である。有資格者は、全国に広がった。キャリアアドバイザー養成講座を通して、どのような世直しをめざしたのか、最後のコラムで明記したい。

　キャリアドバイザーは、女性だけでなく転職や再就職や起業をしたいすべての人に、何度でもやり直しのきく人生を応援するキャリア支援のプロで、身

第2章　バックラッシュに抗しつつ、期待したいN女の今後　75

近なコミュニティに根を張ってキャリア支援をする新しい職業である。産業構造や雇用環境、個人の生活意識などが大きく変動する時期に、丁寧に寄り添い、仕事での自立を応援する仕事だ。学校から職業生活への移行がスムーズにいかない NEET (Not in Education, Employment or Training) にも、キャリアアドバイザーが応援する。

キャリアアドバイザーは、ジェンダーの視点をもち、キャリアカウンセリング、ビジネス・事業相談、各種スキル講座の組みたてや評価手法を会得し、公正な職務評価や賃金基準や人事評価方法を体得している。キャリアアドバイザーの需要は、まず教育の場にある。特に女子学生が多い短期大学、女子大学、専門学校に必要である。女子学生が増えてきた共学大学にも必要である。企業にも必要である。採用・キャリアアップ、研修の企画、運営を行う担当者を設置できる。ポジティブ・アクションやワークライフバランス政策を企業で実現する推進役でもある。

男女共同参画センター（女性センター）には、特に必要である。再就職や転職、起業やスモールビジネス、高齢者雇用の相談や保育所・介護支援のコーディネートができ、シングルマザーの自立支援、ＤＶ・ホームレス支援にも、人材紹介事業や職業安定所、労働行政全般の窓口、NGO や NPO などの活動組織や地域活動やまちづくり活動にもキャリアアドバイザーが支援する。必要なプログラムを作成できる専門家である。

キャリアアドバイザーが本当に真価を発揮するのは、今だ日本に実現していない、コミュニティカレッジ（CC）の場である。名称はさまざまだが、CC は、諸外国では当たり前のように街角に存在して、いつでも、どこでも、だれでも、低廉な利用料金で、人生をやり直すための職業の再教育の場である。

CC 実現には、まず縦割の制度をやめることである。学校・社会教育は文部科学省、職業・雇用は、厚生労働省という枠組み、縦割りをなくして地域と協力する必要がある。現在の一定水準をクリアした者だけが入学できる知的エリートをつくろうとする４年制大学とは別の、住民の自己能力を伸ばし、人生何度でもやり直しのできる多様なカリキュラム提供の場である。

CC は、地域社会に定着した、地域住民の、地域住民による、地域住民のための短期（2～3 年）のカレッジである。やり直しや補充、ステップアップを繰

り返す場があってこそ「女性活躍」が具体化する。「女性活躍」が待ったなしの課題であるといいながら、思い切った具体策がなければ、相変わらずの掛け声だけに終わってしまう。

　具体的な案としては、全国に、320ヵ所ある女性センター（男女共同参画センター）や短期大学（2014年度に350校）をコミュニティカレッジに変身させてはどうか。特に短期大学は、1950年に臨時的措置として発足したが、1996年（598校）をピークに減少している。現実に短期大学は、医療看護・福祉などの課程を提供している。短期大学の生き残りのためにも、CCへの制度改革が望ましい。

　「女性の活躍」は、競争に次ぐ競争で勝者がひとり勝ちする能力主義の社会では実現しないだろう。進歩と平等をあわせもち、やり直しのきく、生活を楽しめる社会でこそ、女性もマイノリティとされる人たちも、これから増えるだろう外国労働者にも、一度落ち込んだ人も、再び「働いて生きる」ことを享受できる。

　キャリアアドバイザーは、コミュニティで、地域住民をネットワークでつなぐCCが生まれ、そこでの多様な成人教育プログラムを提供することで、ネットワークはさらに太く強く生命力をもつ。コミュニティの豊かさと繋栄をもた

図4　CCができると地域がよみがえる。キャリアアドバイザーがCCで活躍する

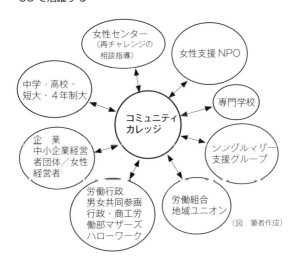

（図　筆者作成）

らす。私は、この夢をこれからももち続けたい。

　なぜ日本にCCができないのかと質問すると、CCをよくご存知の方は「日本には、一人ひとりの人生を大事にするという発想がないのではないか」（使い捨てがまだまだできる）といわれる。よくご存知でない方は「日本にも失業対策で厚労省はかなりの資金をだしている。専門学校という民間職業教育機関は充分機能している」という。しかしこのままでは、しいつまでも女性の労働差別はなくならないのが実態ではないのか、と思い直し、CC的制度の出現を願っている。

## 第4節　アベノミクスで女性は輝くのか

### （1）「女性の活躍」はアベノミクス（Abenomics）の中核

　安倍首相は、2013年4月の成長戦略スピーチで、「女性の活躍は成長戦略の中核である」といい、「育児休業は3年間」「待機児童を5年でゼロに」「子育て後の再就職・起業支援」「上場企業1社に女性役員をひとり」などの政策を発表した。女性の活躍促進に異を唱える者はほぼいなかった。専業主婦がいなくなると家事や介護は誰がするのかとか、かえって経費がかさむといった意見がネット上で散見されたが、あまりにも時代遅れの見解である。2013年6月の閣議決定では、さらに踏み込んだ数値目標を以下のように決定した。

- ・2020年に、25〜44歳の女性就業率を73%にする（2012年：68%）
- ・2020年に、第一子出産前後の女性の継続就業率を55%にする（2010年：38%）
- ・2020年に、男性の育児休業取得率を13%にする（2011年：2.63%）
- ・指導的地位に占める女性の割合を2020年までに少なくとも30%程度にする
- ・2013-14年度に約20万人分の保育の受け皿、2017年度に約40万人分整備
- ・2017年度末までの待機児童解消をめざす

　2015年8月に、「女性の職業生活における活躍推進法」（以下、女性活躍推進法）が成立した。事業主に数値目標を盛り込んだ行動計画の策定が義務づけられたが、従業員が300人以下の事業主は努力義務に止まる。やらないよりいいだろうが、具体策がなく、テンポがまるで遅い。2018年6月に成立した働き方改革法案に盛り込まれた残業時間の上限規制は、「月平均60時間」を基本としつつ、繁忙期の上限については「月100時間、2ヵ月平均80時間」になる見込

みだった。過労死判定では、時間外労働が1ヵ月100時間、あるいは、2～6ヵ月平均80時間が目安とされている。このため、規制案は甘いと批判が上がっているのは当然である。

労働基準法（以下、労基法）は、残業を原則禁止している。しかし、労使が同法36条に基づく「36（さぶろく）協定」で合意すれば可能になる。問題になった広告大手・電通の過労自殺では、亡くなった女性新入員の時間外労働が月100時間を超えていた。この問題は強制捜査に発展し、社会に大きな波紋を広げている。政府は本気で労働時間削減を含む「働き方改革」に取り組むのか。日本的雇用慣行に根深くはびこる長時間労働を本当になくせるのか。長時間労働の常態化をなくしてこそ、初めて女性活躍に着手できる。

## （2）アベノミクスの背景になった2つのレポート

アベノミクスには、2つのレポートが背景にあるといわれている。ひとつは、ゴールドマン・サックス証券のキャシー松井の「ウーマノミクス」と題したレポートである。「男女の雇用格差を解消できれば、日本の女性就業者数は820万人増加し、GDPの水準は15%押し上げられる」と結論づけた。1999年のことである。2009年に60%だった女性の就業率を男性並みの80%に引き上げるという提案である。

日本経済の閉塞感を打ち破り、企業や社会を活気づけるカギになると熱い注目を集めてきた。他の先進国に比べて、6～7割の女性が結婚・出産を機に仕事を辞めてしまう。働き盛りの日本の女性たちのエネルギーは、埋もれていく。女性の就労が拡大すれば、女性は生活者の視点から斬新で多様なサービスや商品を生み出し、企業に活力を与える。また、自分がえた収入で消費も活性化させる。これらで「ウーマノミクス旋風」が沸き起こるという。

2005年の同氏のレポートでは、日本女性の低い就業率の背景として、以下の4つを指摘した。①育児・介護の支援体制の不備　②税制の歪み　③職場における不十分な多様性の尊重　④硬直的な入国管理法　育児・介護の支援体制の不備、であった。2010年のレポートでは、保育所の増大・賃金・雇用・昇進などで雇用均等法を厳密に執行すること、育児手当の増額など女性の就労を促進するための『提言』をだした。

アベノミクスの背景になった第2のレポートは、国際通貨基金（IMF）の「女性が日本を救えるか（Can Women Save Japan?）である。2012年10月、世界銀行年次総会が東京で開催され、IMF専務理事ラガルド・クリスチヌーヌが「日本の女性は出産後多くが仕事を辞めているが、女性労働力率を上げることが重要」と言及。そのために、①保育所不足をなくし、量と質を向上させる、②家庭に留まるようにという社会的プレッシャーをなくすこと、を提言した。

　IMFのワーキングペーパーの試算では、女性の労働参加率を日本とイタリアを除くG7各国並みの63〜70%に引き上げると、ひとり当たり日本のGDPは約4%増加する。さらに女性の労働参加率が北欧並みになれば、ひとり当たりの日本のGDPは8%増加する、と報告している。

　ラガルド専務理事は、NHKのクローズアップ現代「女性が日本を救う」（2012年10月17日放映）に出演し、日本社会の発展に向けた処方箋として次の3点をあげた。

●働く女性を増やすことで、日本の抱えている多額の政府債務や深刻な労働力不足に十分対処できる。

●女性のリーダーを増やすことで牽引役を増やし、他の女性をも引き上げる。

●労働時間を短くすることで、生産性が向上し私生活でもよいことがとても多くなる。ただし企業が不利になるような仕組みにしないことが重要である。

　ラガルド専務理事のメッセージは、これからの日本社会への力強い示唆となる。しかし、アベノミクスはこの2つのレポートの「女性中心」を取り入れず、「経済活性化」のために女性を利用する掛け声だけで終わっている。

## （3）日本型雇用慣行では女性活躍は進まない

　日本型雇用慣行は、女性の活躍の活躍を阻止するものである。男性を中心に正社員の雇用安定と、年齢に応じた生活給を保障する日本の雇用慣行は、その代価として、長時間労働や頻繁な転勤という無制限な働き方と一体となっている。入社時から白地雇用契約を労働者に強いる。企業にとっては雇用保障のコストが高い正社員を最小限にとどめ、いつでも解雇できる非正社員を多くしておくなら、無制限な働き方の正社員の雇用を守るのは得策である。労働者にとっても残業代は追加収入の意味をもっている。頻繁な転勤は、事業の再構築や不

況時に企業グループ内の雇用流動性を確保する手段でもあるが、昇進昇格を約束されている男性社員にとっては、管理職への近道であり望むところでもあった。

こうした正社員の無制限な働き方を支えるために不可欠な存在が、世帯主を支え、家事・子育てに専念する専業主婦である。その意味で「男性は仕事、女性は家事」の性別役割分業は、日本的雇用慣行を支える根幹であった。ワークライフバランス政策にも、女性の活躍政策にも矛盾するのが、現行の雇用慣行なのである。これでは女性の活躍政策は、実現の可能性がない。日本型雇用慣行の下では女性が活躍できない。

日本の女性活躍の現状を直視すると、以下のようなことがいえよう。

第1に、日本女性の就業率は、68％と低い。OECD加盟35ヵ国中24位にとどまっている。「再就職に女性は非正規が多いのが問題で、日本は正規雇用との格差を是正する必要がある」とOECDは訴えている。欧州では、女性が働きやすい職場づくりに真剣に取組むことにより、男性にもワークライフバランスが確保でき、出生率も上昇するという、好循環が生まれている。

第2に、日本女性の管理職比率はきわめて低い。2014年の総務省統計局「労

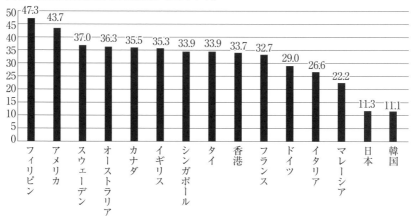

図5　女性管理職割合の国際比較（2014年）

資料出所：日本；総務省統計局「労働力調査」
　　　　　その他；(独) 労働政策研究・研修機構「データブック国際労働比較2016」
(注) 1. 国によって国際標準職業分類が異なるので、単純比較は難しいことに留意が必要（ISCO88: フィリピン、ISCO08: それ以外の国。ISCO88と08の主な違いは、前者にはGeneral managers in agiculture, hunting, forestry and fishingが含まれているが後者には含まれていない）。
　　2. ここでいう「管理職」は、管理的職業従事者（会社役員や企業の課長相当職以上や管理的公務員等）をいう。
　　3. 割合は、管理的職業従事者のうち女性の占める割合。

図6 子をもつ女性の賃金国際比較（男性100に対する比較）

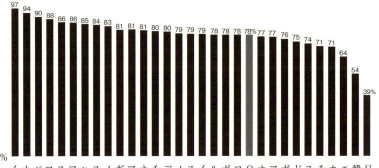

（出典）経済協力開発機構（OECD）2013年7月16日「雇用アウトルック」

働力調査」によると、2013年には下回っていた韓国を2014年に再び上回ったものの、アジア諸国においても特に低い水準にある。厚生労働省は、雇用均等基本調査で、2013年度の管理職（課長相当以上）は6.6%で前年を0.2ポイント下回ると発表した。働く男女の間に生じている格差の解消をめざす「ポジティブ・アクション」に取り組む企業は20.8%で「取組む予定はない」が63.1%と全く追いついていない。日本企業の女性役員の比率はわずか1.1%にすぎない。

　第3に、さらに深刻なのは賃金格差が解消しないことである。賃金格差が解消しない理由に、日本女性の6割以上が第一子出産後に退職し、その後の再就職はパート就業が大部分を占めるため、賃金は正当な理由なくディスカウントされることがある。子どもをもつ女性の賃金差別が世界最悪の日本では、男性賃金のわずか39%と、OECD平均の78%の半分という異常な数字である。「この賃金格差には説明できない要因として、性差別が考えられる」「若い女性では格差は小さいが、子どもをもつ女性には賃金ペナルティが存在する」とOECDは明言している。日本では1986年に均等法が施行されたが、大半の国内企業では真の男女平等は夢物語というのが実情である。

　これらの就業率が低い、賃金格差がある、管理職が少ないという状況を解消するためには、一刻も早く、賃金格差を是正することが必要だ。働く対価は賃

金である。賃金は生存の基盤である。その賃金に正当性のない差別は許されることではない。差別的土壌の上にいくら心地よくみえる「うわもの」を積みあげようとしても、屋上屋を重ねるだけで、本物にはならない。深刻な格差風船が膨れ上がるだけである。賃金格差こそ人権問題である。

　まず、パートタイムとフルタイムの差別と格差をなくすことが重要である。雇用形態別雇用者数（2012年）は、正規が3340万人、非正規が1813万人となった。非正規では女性が実に70%を越える。働く母親の賃金格差は、パートという非正規労働者が多いからである。日本のパートはキャリアアップが見込めず、勤続を重ねても賃金はほとんど上昇しない。働く母親の賃金格差は子どもの貧困につながる。

　現在、年収200万円未満の労働者が1000万人を超えている。一時金や退職金の格差、慶弔休暇や福利厚生制度の差別もある。正社員転換制度や教育訓練の実施なども実効性に乏しい。こんな人権問題がいつまでまかり通っているのだろうか。欧州などでは早い段階から、正社員と非正社員の均等待遇（同一労働同一賃金）が実施されている。フランスは1981年、ドイツは1985年に差別的取り扱いを禁止している。欧州連合（EU）では、1997年にパートタイム労働指令が発令され、これにより時間差を理由とした差別の禁止と時間比例の原則を適用することとなった。日本においても、労働組合や企業や地方自治体もパートの待遇改善を図る方向で動いているが、パートとフルタイムに格差をつけることそのものを禁止する必要がある。

　さらに希望者全員の保育所の確保を急ぐべきである。「保育園落ちた、日本死ね。活躍できないではないか！」のブログを機に、待機児童の解消が国会で議論になったが、保育所希望者全員に保育所を完備することが求められている。安倍政権の「3年間の育児休業」提案は常識はずれである。韓国では2004年乳幼児保育法の全面改正で、保育は親の就労の有無にかかわらず、すべての子どもが利用できるものに転換した。2013年には全所得階層の0〜5歳児の保育料無償化が実現している。3歳未満の保育利用率は、2005年時点では日韓ほぼ同水準であったが、2012年には日本の25.3%に対して、韓国は62%に達している。諸外国から多くの成功例を取り入れ、プロセスを加速するべきである。

　アベノミクスの「女性活躍」政策には、根本的に、女性の労働権の確立とい

う基盤が欠如しており、性差別撤廃の視点もない。基盤の確立と視点の導入が求められるのである。

# 第5節　NPOで働く女性

## (1) 2016年、「N女」の登場

「N女」とは、2016年に刊行された『N女の研究』（中村安希著）から広がりだしたことばである。NPOなどの非営利セクター・営利の社会的企業を含めたソーシャルセクターで働く女性を総称したもので、自分の興味関心に貪欲で、自主自律的で、既存のどの女性雑誌などのカテゴリーに登場しなかったニュータイプの女性である。彼女たちは従来の男性中心の就業環境にいるより、NPOという職場の方が自由に社会をクリエイトできるし、自分を試しミッションを具現化できる場として魅力があるという。好奇心旺盛で行動力のある女性にとって、新しい活躍の場所になっていると紹介されている。

「N女」は、平均30歳代で、高学歴や高職歴をもっているのに、あえて収入の低い、不安定なNPO法人や社会的企業を職場に選んでいる。この現象は、旧世代のNPO女性たちが、後半の人生だけはNPOに注ぎ込むという生き方とは全く違う。実は、この「N女」の名づけ親は、NPOの中間支援組織、NPOサポートセンター（東京都港区）事業部プロデューサー杉原志保で、彼女は、NPOでこそ女性の活躍が可能ではないかと、NPOの調査や研究を重ねてきた。

彼女は取材を受けた『N女の研究』のなかで、「男女共同参画も実践的な取り組みが必要だという流れは出てきたが、政策の中心は未だに意識啓発です。女性が受身の立場でなく、自分たちの声を社会化し、社会と交渉していく力を身につけなければ女性のエンパワメントにはならない。そういう意味ではNPOで活動している女性たちは、まさに実社会で実践のなかでエンパワメントしている人たちだと思います」と語っている。

NPOという職場では、硬直した雇用文化がなく、結婚や出産に合わせた生活と職場環境をつくっていける。また、NPOは、課題解決のためにミッションをもった人が集まり、それぞれが力を出し合うというフラットな組織形態で

ある。そこには働く場としての新たな可能性がある。実際のところ、いっとき子育てでブランクの時期があっても、それはブランクではなく、貴重な人生経験を積む時期である。「N女とはなんと真っ直ぐで自由な人たちなのだろう」と著者の中村安希は、感想を述べている。

## (2)「N女」がNPOを選ぶ背景

　この「N女」の出現の背景には、経済も雇用も教育も社会福祉も、底が抜け落ちるように変わっていった現代社会があり、この崩れゆく日本に現れた最後の切札になりえるかもしれないという期待感があると中村は、いう。ネガティブな期待感だが、政治への期待ができない今、不安定なNPO法人や社会的企業をあえて職場に選ぶN女たちには、それなりの勝負勘があり、女性の働き方に対する新しい意見があるのだ。

　「N女」は自立への気概が強い。夫の収入を当てにする生き方が一番危ないこともよくわかっている。横行する過労死や派遣切り、ホームレスやシングルマザーの厳しさなど、現実社会の厳しさを見抜く力をもっている。またそれが自分にも訪れるし、とても逃げきれないと感じている。現代のシビアな世相をよく反映しているのかもしれない。

　「N女」は、仕事や働くことの目的が金儲けではなく、競争や効率が仕事の目標になってはならないということも、肌で理解している。人を救うこと、困っている人に寄り添うこと、より多くの人が充実感・幸福感が実感できる社会に変革することが、仕事であり、そのために時間を使うことが働くことなのだというスタート地点に立っている。それができるには自分自らも幸せであり、生きるミッションをしっかり見据えていることが軸になるという実感がある。企業という職場ではそれが不可能である。働く場として企業セクターでもない、国・行政セクターでもない、ソーシャルセクターとしてのNPOでフルタイムとしてキャリアを積むという選択ができている。このN女たちの意識は、女性の社会進出が進み、職業意識が変化してきたためだと思われるが、同時に日本全体の雇用の不安定さがつくり出したのかも知れない。

　N女たちが「行政を当てにしない」というのは、行政や国に資金がないことを十分知っており、国の膨大な借金の下、役所の補助金に振り回されず、自立

的運営を図り、もっとお金のあるところから集める方が早いと考える世代なのだ。そしてだめなら職場を辞めていくという割り切り感ももっている。彼女たちは、社会貢献のために自分の生活を犠牲にするような働き方はしない。

## (3)「N女」の今後

「N女」の事例は、20歳代・30歳代に多い。彼女たちの未来の時間は十分にある。自発的で本能的に民主的な「N女」たちが、NPOのリーダー（NPOの女性リーダー比率は22.7%とどのセクターより高い。女性社長は1.4%）になるだけでなく、政治にも経済にもリーダーとして活躍していくことだろう。彼女たちのソフトパワーに期待する。

しかし、「N女」たちの社会貢献への努力に任せるのだけでは変革の速度が足らない。大きな反響を呼んでいる『世界を変える偉大なNPOの条件』（レスリー・R・クラッチフィールド＆ヘザー・マクラウド・グラント著）がいうように、「私たちには、ゆっくりと変革していく余裕はない。今日、世界が苦しんでいる地球規模の複雑な課題を解決するためには、劇的な変化が必要である。どの課題を見ても、人類は大きな賭けにさらされている。私たちは困難にうまく対処しなければならない。少しでもうまくいかなければ、より大きな効果を得る大切な機会を失うことになる。しかし、幸いにも、これらの偉大なNPOとそこから得られる教訓は、私たちに新しい道を示してくれている」。

行政や国は、NPOに仕事をさせる資金を予算化しなければならない。予算化なしに存立さえも危うい状態を放置しておいて、NPOに社会貢献だけを求めるのは、怠慢である。日本の女性NPOの貧しさは際立っている。現政権はNPOの財政を潤沢にする方向ではなく、サービスのコスト低下と規制強化の方向へ向かおうとしている懸念がある。NPOの政策提言（アドボカシー）により、行政や国はNPOに仕事をさせる資金を予算化しなければならない。

NPO大国、アメリカにおいても、経営資金の確立は、それほどスムーズな道のりではなかったようだ。アメリカのNPOが冬の季節を粘り強く斬新なアイデアとアドボカシー活動で切り抜けてきた歴史を学ぶことが重要だと思う。1980年代レーガン政権（1981～89年）の折には、NPOへの予算が大幅削減され、事業を廃止するNPOが激増した。そのときNPOの世界では、行政依存

からの脱却が叫ばれ、資金源の多様化のスローガンの下、よりすぐれた内容で助成金を確保しやすい事業計画を研究し、より多くの財団、行政などに資金提供を求める動きが活発になった。企業や個人へ寄付依頼も活発に行うようになり、また NPO に経営を指導する NPO が多く立ち上がった。理事や理事会のあり方、理事会と事務局長との関係、財務管理、ファンドレイジング、IT 操作、企画、マーケティングなど、理論的にも実務的にも徹底的に NPO を鍛えたのである。

　ニューヨークの「全米女性起業家協会」(NABOW) を訪問した時、「私たちは負けません。私たちが次の女性社長を育てています」といわれた。サンフランシスコで「NPO 助成金コーディネーター」という職業の女性に会ったときも、職業として成り立つほど NPO への支援が厚いことを感じた。しかし、2017 年からは、アメリカの NPO はまた活動が困難な時代を迎えつつある。アメリカを範としてきた日本の NPO にとっても、先が見えない時代になるかもしれない。

　筆者は NPO と労働組合との連携が今後きわめて重要だと感じている。「N 女」として働き続けるためには、働く者としての闘いの覚悟は必要だと感じる。「女性は組織されていないから、賃金も低い」とよくいわれてきた。実際、闘いの結束が弱い現状もあるが、女性の妊娠・出産がハンディと評価されがちであり、女性を平等に見ない風土から賃金格差や非正規雇用も女性に偏り、セクシュアルハラスメントも受けやすい。「N 女」の働く環境といえども風土には大きな違いはない。だから働く者としての結束が重要だろう。

　だが、男性中心の労働組合では、解決にならない。男性が家族を養うに足る賃金をえることを目標とする労働組合なら、女性の共感はえられない。従来の労働組合でも、女性の役員登用への努力が続けられてきたのは事実だが、女性を男性と「同一化」させ、「招き入れる」というのが実情で、結果に影響のでない範囲で招き入れるにすぎない。女性の労働権の確立、性差別の撤廃、同一労働・同一賃金、同一価値労働同一賃金の原則を共有する労働組合が必要である。なお、「女性ユニオン東京」の目的は上記の 3 項目である。

　さらに「ワークライフバランス」、「男女共同参画」といったジェンダー中立的にみえる政策においても、ともするとジェンダー不平等を社会構造に潜むものだと問い直すことなく、個人の能力の問題にされてしまっている。社会の構

造を可視化し，それを変える横断的な連携でありたい。


〔参考文献〕

浅野素女・岡村エリーザ恵美・荻島早苗・カムラアツコ・関口祐加・土井ゆみ・本間久江・三輪妙子・柳沢由実子著『いま、世界で女性たちは──9人の女性からのワールドレポート』2008年
　パド・ウィメンズ・オフィス

阿部彩著『弱者の居場所がない社会──貧困・格差と社会的包摂』（講談社現代新書）2011年　講談社

池田信夫著『アベノミクスの幻想：日本経済に「魔法の杖」はない』2013年　東洋経済新報社

岩田正美著『現代の貧困──ワーキングプア・ホームレス・生活保護』（ちくま新書659）2007年　筑摩書房

上野千鶴子・宮台真司・斎藤環・小谷真理 ほか著、双風舎編集部編『バックラッシュ！──なぜジェンダーフリーは叩かれたのか?』2006年　双風舎

大沢真知子著『女性はなぜ活躍できないのか』2015年　東洋経済新報社

解放出版社編『部落解放』12月号（2009年年622号）──特集女性の貧困　2003年　解放出版社

ジャン・ミシェル・サルマン著、富樫瓔子訳『魔女狩り』（「知の再発見」）1991年　創元社

高橋伸彰・水野和夫著『アベノミクスは何をもたらすか』2013年　岩波書店

竹信三恵子著『「女性の活躍推進」の虚実』（「都市問題」公開講座ブックレット）2014年　後藤・安田記念東京都市研究所

橘木俊詔著『21世紀日本の格差』2016年　岩波書店

中野晃一編『徹底検証安倍政治』2016年　岩波書店

中村安希著『N女の研究』2016年　フィルムアート社

濱口桂一郎著『働く女子の運命』（文春新書1062）2016年　文藝春秋社

山口二郎編著／内田樹・柳澤協二・水野和夫・山岡淳一郎・鈴木哲夫・外岡秀俊・佐藤優著『安倍晋三が〈日本〉を壊す──この国のかたちとは─山口二郎対談集』2016年　青灯社

山口智美・斉藤正美・荻上チキ著『社会運動の戸惑い──フェミニズムの「失われた時代」と草の根保守運動』2012年　勁草書房

山田昌弘著『女性活躍後進国ニッポン』（岩波ブックレットNo.934）2015年　岩波書店

レスリー・R・クラッチフィールド＆ヘザー・マクラウド・グラント著、服部優子訳『世界を変える偉大なNPOの条件』2012年　ダイヤモンド社

# 第3章
# ジェンダー平等をめざす日本のNPOの実像

金谷 千慧子・柏木　宏

N女プロジェクト活動写真（1）

N女プロジェクト活動写真（2）

（写真提供）
N女プロジェクト
NPO法人NPOサポートセンター
NPO法人e-Education
認定NPO法人カタリバ

第1章と第2章で、戦後の日本において、女性の権利擁護や社会進出がどのように、またどの程度進んできたのかについて、エポックとなる出来事などをコラムとして紹介することも含め、検討してきた。その際、本書は、女性の権利擁護や社会進出の原動力となったのは、NPOに集まった女性を中心にした人々だったという認識に立っている。では、そのNPOは、いま、どのような成果をあげ、また課題を抱えているのか。NPOに関わる女性の声を通じて、これらの点を具体的に示していくことが、本章の目的である。

　このため、本章は、女性が中心になっているNPOの事例紹介を中心にしている。とはいえ、特定非営利活動法人（NPO法人）だけでも5万を超える今、ここで限られた数のNPOを紹介するだけで、読者にNPOと女性について十分理解してもらうことは困難だろう。そこで、まず日本のNPOをジェンダーの視点から全体像を提示する。第1節のNPOの経営とジェンダーが、それである。また、本書以前にも、NPOに関わる女性を紹介した著書などが存在する。それらについては、第2節で取り上げる。

　このように、第1節で女性とNPOについて、いわばマクロ的にみたうえで、第3節でミクロとして具体的な事例となるNPOを通じて、それぞれのNPOを立ち上げた女性に焦点をあて、活動の成果や課題について紹介していく。これにより読者は、NPOにおける女性の役割などについて、具体的なイメージをえることができると考えている。

　第2節で紹介するように、NPOと女性をテーマにした著書はいくつか存在する。本書は、これらと2つの点で異なる。ひとつは、事例として取り上げるのは、ジェンダー平等をめざして活躍するNPO（以下、女性NPO）であるということだ。女性NPOとは、リンカーンのゲッティスバーグでの名言にちなんで、「女性の、女性による、女性のためのNPO」と言い換えてもよい。もうひとつは、NPOの社会的役割としてサービスとアドボカシーを踏まえていることである。

　サービスとは、何らかの社会的な課題に対応するため、具体的な支援策を提供することである。食事が十分とれない児童に会食の場を設けたり、移動が困難な高齢者や障害者に移送サービスと提供することなどが、その例だ。サービスを継続するには資金が必要である。資金を主に利用者からえる形を事業型、

寄付や行政資金を中心にしている方式を寄付型と呼ぶこともある。ここでは両者を取り上げるが、後者については、特に指定管理者制度で指定を受けているNPOを含めている。

アドボカシーとは、政策提言などと訳されることが多いように、社会的課題を行政などに訴え、解決を求めることをいう。女性NPOに限定されるわけではないが、日本のNPOではアドボカシー型は、まだ不十分なのが現状だ。なお、サービスにせよ、アドボカシーにせよ、事業型でなければ、第三者からの資金が必要になる。個人からの寄付がイメージされるが、NPOにとっては助成財団のようにNPOにまとまった資金を提供する仕組みも求められる。このため、サービスとアドボカシーとは別に、助成活動を行うNPOを紹介していく。

## 第1節　NPOの経営とジェンダー

日本では、NPO＝ボランティアが集まって活動している団体、というイメージが強い。このNPOに「法人」がついたとしても、代表者または運営責任者が女性と聞けば、多くの人は、主婦のボランティア活動をイメージするのではないだろうか。しかし、人々のイメージは、偏見や誤解に基づいていたり、現実は異なることも少なくない。では、代表者または運営責任者が女性のNPO法人（以下、女性代表NPO）の経営は、どのような状態なのだろうか。

この疑問に答える意味も含めて、NPO法人全般の経営とその課題を踏まえたうえで、女性代表NPOや男女共同参画NPOにおける経営実態を検討してみる。なお、ここでいう男女共同参画NPOとは、後述するように、2016年に柏木が大阪市立大学大学院創造都市研究科で実施した調査（以下、大阪市立大学調査）の対象となった、定款に男女共同参画の促進を含めているNPO法人をいう。ただし、NPO法人は、複数の活動分野を選択できる。したがって定款に男女共同参画の促進があるからといっても、活動の全て、または中心が男女共同参画の促進に関するものとは限らない。経営実態というと、年間の歳入や歳出などに示される組織の財政を中心に考えられることが多い。この点の重要性を踏まえつつ、NPO経営の課題全般についてもみていく。

第3章　ジェンダー平等をめざす日本のNPOの実像　91

## （1）経営課題の中心、「資金」と「人材」

NPO 法人の経営課題というと、常に資金不足が指摘される。たしかに潤沢な資金があれば、多くの問題が解決する可能性がある。このため、NPO 法人が自らの抱える課題を資金不足と捉えているのかもしれない。実際、先行研究のなかには、データを示しながら、資金不足を最大の経営課題とみなす NPO 法人の多さを指摘しているものも存在する。

日本政策金融公庫総合研究所の藤井辰紀主任研究員が 2012 年 8 月に発表した「NPO 法人の存在意義と経営課題」（以下、藤井論文）[1] は、そのひとつである。全国の NPO 法人 1 万 5000 団体を対象に実施したアンケート調査に基づくこの論文は、「活動を行ううえで苦労している点」を尋ねている。その結果、「事業収入の確保」が 63.2% と最も多い。次いで、「補助金・助成金の確保」が 40.3%、「会費・寄附の確保」が 37.1% と続く。ここから、「収入の確保」が NPO 法人の最大の課題と結論づけている。

藤井論文は、「収入の確保」の他に、「採算・資金繰り」、「人材」、「活動環境」、「組織運営」などについても検討している。アンケートの結果をみると、「収入の確保」に次いで高いのは、「採算・資金繰り」における「採算性の確保」と「人材」における「職員・ボランティアの確保」である。それぞれ、31.3% と 34.9% にのぼる。

一方、内閣府が実施した「平成 29 年度特定非営利活動法人に関する実態調査」（以下、内閣府調査）[2] で「NPO 法人の課題」をみると、「人材の確保や教育」が 66.9% で最も多い。ここでは「収入の確保」という項目はない。最も近い意味合いの質問は、「収入源の多様化」だが、藤井論文の「事業収入の確保」が 63.2% だったことに比べると、10 ポイント近く低い、54.2% に止まる。次いで、「後継者の不足」（38.8%）、「法人の事業運営能力の向上」（36.0%）、「事業規模の拡充」（23.6%）となっている。なお、この質問は、「抱える課題」を 3 つまで選ぶよう求めている。

上記のように、藤井論文と内閣府調査では質問内容が異なる。したがって、厳密な比較検討はできない。とはいえ、質問内容に対する回答をみる限り、NPO 法人の経営にとって重要な課題は、「資金」と「人材」が中心になっているといってよいだろう。

## (2)「女性代表NPO」の経営課題

　人は、過去の経験のうえに現在がある。組織を設立したり、運営する場合でも同様だろう。NPO法人の設立でいえば、家庭における家事や育児、介護、あるいは地域の活動などの経験をベースに考えようとする女性が多いといわれている。一方、社会経験の長い男性やキャリア志向の女性は、それぞれの職業経験からえたスキルやノウハウを設立したNPO法人で生かしていく可能性が強いと推察される。すなわち、生物学的な男女差ではなく、社会的な存在としての男女差がNPO法人の設立や運営に影響を与えていくと考えられる。

　この考えを検討するために、表1を作成した。NPO法人の「運営で苦労している点」について、代表者または運営責任者が男性のNPO法人（以下、男性代表NPO）と女性代表NPO、そして男女共同参画NPOという3つに分類して、比較検討したものだ。いずれのNPO法人も、「苦労している点」の上位に「資金調達」や「人材の発掘・確保」と「人材の育成」という、「資金」と「人材」関連の項目があがっている。この点は、前述したNPO法人全般の課題と同様な結果といえる。

表1　NPO法人の運営で苦労している点と代表者の性別などの関係

| 運営で苦労している点 | 男性代表 | 女性代表 | 男女共同参画 |
|---|---|---|---|
| 事業シーズの発掘、市場開拓 | 41.4% | 38.6% | 13.3% |
| 資金調達 | 64.5% | 63.7% | 74.3% |
| 組織づくり、｛マネジメント｝ | 45.4% | 51.5% | 32.4% |
| （能力や経験をもった）人材の発掘・確保 | 51.9% | 54.8% | 44.8% |
| 人材の育成 | 56.4% | 58.1% | 39.0% |
| 法律、会計などの専門手続き | 43.6% | 46.1% | 21.0% |
| 地域内での理解、賛同、支援 | 31.4% | 28.5% | 20.0% |
| 社会的な認知 | 37.6% | 31.5% | 21.0% |
| 情報発信、（広報） | 42.5% | 39.1% | 20.0% |
| 情報収集 | 33.0% | 33.3% | 2.9% |
| 地域内外とのネットワークづくり | 40.0% | 35.3% | 14.3% |
| 家族の理解、賛同、支援 | 17.0% | 13.0% | 2.9% |
| 家庭生活との両立 | 23.4% | 27.1% | 15.2% |
| （主な）収入をえるための仕事との両立 | 35.2% | 34.5% | 29.5% |

（注）表における（ ）内の文言は、「男女共同」の設問に加わっているもので、｛ ｝内の文言は、「男性代表」と「女性代表」に加わっているものを意味する。
（出典）「男性代表」と「女性代表」については「女性の再チャレンジとNPOについての調査報告書」、2009年3月、内閣府男女協参画推進課、「男女共同」については大阪市立大学創造都市研究科柏木宏研究室

この３分類で比較すると、「資金調達」については、男性代表 NPO と女性代表 NPO の間で、苦労していると感じている割合は 63 ～ 64% で、ほとんど変わらない。一方、男女共同参画 NPO の場合は、これら２つのタイプより 10 ポイントほど高い 74.3% にのぼる。一方、人材に関する２つの回答については、男性代表 NPO と女性代表 NPO では 50% 台であるのに対して、男女共同参画 NPO は 10 ～ 20 ポイントも低い。

実際、男性代表 NPO と女性代表 NPO の差に比べて、男女共同参画 NPO の「苦労している」割合は大きく異なる。例えば、「情報収集」は、男性代表 NPO と女性代表 NPO では３分の１が「苦労している」が、男女共同参画 NPO では、この割合が 10 分の１以下の 2.9% にすぎない。さらに、「資金調達」以外はすべて男女共同参画 NPO の方が男性代表 NPO と女性代表 NPO より低くなっている。

一方、３分類のいずれも、最も低い割合を示しているのは、「家族の理解、賛同、支援」と「家庭生活との両立」という「家庭」に関係した項目である。これは、これらの課題に対応するための配慮や対策がとられているためと考えられる。例えば、「女性の再チャレンジと NPO についての調査」（以下、再チャレンジ調査）によると、「家庭等との両立に配慮した就労形態・休暇制度の弾力化」や「家庭等との両立に配慮した就労時間の多様化・弾力化」を「非常に配慮している」または「まあ配慮している」という NPO 法人は、8 ～ 9 割だが、いずれも女性代表 NPO の方が、割合が高い。また、大阪市立大学調査によれば、これらの問いに対して「非常に配慮している」と回答した男女共同参画 NPO は、それぞれ 48.6% と 47.6% にのぼる。

### （3）財政規模が大きい「女性代表 NPO」

では、このような課題をもち、また課題に対応する方策を講じている NPO 法人は、どの程度の財政規模をもち、事業を実施しているのだろうか。また、そこに男性代表 NPO と女性代表 NPO の差があるのだろうか。これらの問いに対して、NPO 法人の代表者または運営責任者の性別と年間事業収入規模の相関関係をみる必要があると考え、表２を作成した。

これをみると、年間の事業収入規模が 100 万円未満と 100 ～ 500 万円未満の

表2　NPO法人の代表の性別と年間事業収入規模

| | 100万円未満 | 100〜500万円未満 | 500〜1000万円未満 | 1000〜3000万円未満 | 3000〜5000万円未満 | 5000万〜1億円未満 | 1億円以上 |
|---|---|---|---|---|---|---|---|
| 男性 | 23% | 23% | 14% | 21% | 9% | 6% | 4% |
| 女性 | 14% | 21% | 14% | 30% | 10% | 8% | 2% |

(出典) 女性の再チャレンジとNPOについての調査報告書、平成2009年3月、内閣府男女共同参画局推進課

　小規模のNPO法人においては、代表者または運営責任者の割合が女性より男性の方が高くなっている。とりわけ100万円未満という、ほぼボランティアによる運営と考えられるNPO法人については、男性代表NPOのほぼ4分の1がこれに該当する。これに対して、女性代表NPOでは、7団体のうちひとつにすぎない。

　逆に、有給職員を複数雇用していると考えられる、年間事業収入が1000万円以上のNPO法人の割合をみると、男性代表NPOでは、全体の40%に止まるが、女性代表NPOでは、50%に及んでいる。ただし、年間事業収入規模が1億円以上のNPO法人だけに限定すると、男性代表NPOでは4%あるが、女性代表NPOでは2%にすぎない。

　とはいえ、NPO＝ボランティアが集まって活動している団体という状況は、女性よりも男性が代表者または運営責任者を務めている団体に多いことは注目に値する。女性代表NPOの多くが「女性中心のNPO法人」であると仮定すれば、こうしたNPO法人の方が男性中心のNPO法人よりも、事業性が強く、「食べるための職場」と推察されるからだ。

　ただし、別のデータも含めて考えると、これはあくまで事実の一面にすぎないようだ。例えば、再チャレンジ調査によると、NPO法人の代表者または運営責任者のうち女性は、男性よりも長時間働いている傾向が強いが、月収で比較すると、男性より少ない割合が多い。また、生活費の主な担い手が本人か配偶者かという問いに対しては、男性代表NPOは90%が本人と回答しているが、女性代表NPOの場合は配偶者という回答が55%にのぼっている。とはいえ、女性代表NPOでも40%は本人が主な担い手と述べており、女性代表NPOは、「食べるための職場」になりつつあるといえよう。

## (4) 大規模 NPO の運営能力をもつ女性

　では、なぜ、女性代表 NPO は、男性代表 NPO より、財政規模が大きい傾向にあるのか。最大の理由は、NPO 法人の活動分野にあると考えられる。再チャレンジ調査によると、NPO 法人の主な活動分野における「保健、医療又は福祉の増進を図る活動」が占める割合は、男性代表 NPO では 43% だが、女性代表 NPO では 58% と、15 ポイントも高い。この分野では、介護保険制度を活用できる事業であれば、利用者を集め事業を行えば収入が確保できる。したがって、報酬も安定的かつ高めに支払うことが可能になる。

　実際、再チャレンジ調査のデータをみると、「保健、医療又は福祉の増進を図る活動」における NPO 法人の代表者または運営責任者の 1 カ月の報酬・給与額は、0 から 5 万円未満が 34.4% である。これは、「子どもの健全育成を図る活動」の 56.1%、「まちづくりの推進を図る活動」の 75.1%、「学術、文化、芸術又はスポーツの振興を図る活動」の 65.2%、「環境の保全を図る活動」の 75.1%、「男女共同参画社会の形成の促進を図る活動」の 56.7% などと比較すると、きわめて低い。

　逆に月 20 万円以上の報酬を提供している NPO 法人は、「保健、医療又は福祉の増進を図る活動」では 23.3% と、ほぼ 4 分の 1 に達するが、他の事業分野では 10% 前後に止まっている。以上から、比較的大きな財政規模の NPO 法人は、「保健、医療又は福祉の増進を図る活動」に関わっている場合が多く、その運営は男性よりも女性によって担われる傾向が強く、これらの女性は、家庭において生活費の主な稼ぎ手になっている可能性が高いと考えられる。

　なお、男女共同参画 NPO では、月 20 万円以上の報酬を提供している法人の割合が 20% と、比較的高い。一方、この分野の NPO 法人には、月収が 5 万円未満の代表者または運営責任者も多数存在する。したがって、低所得の代表者または運営責任者の団体と生活が可能な報酬を受けている代表者または運営責任者がいる団体に二極化しているといえる。

　これは、男女共同参画に関する啓発など収益性が通常限定されがちな事業を中心にする NPO 法人と、介護保険事業や女性会館などの指定管理者として収益を確保しながら運営をしている団体があるためではないかと推察される。仮にそうであれば、指定管理者のような複雑なマネジメントが求められる団体を

担っていく能力をもつ女性が、この分野でも少なくないことを意味している。

　第6章でみるように、アメリカでは、規模が大きくなるにつれNPOのトップに占める男性の割合が高くなる傾向が強いとはいえ、トップの多くは女性である。職員も女性中心だ。NPOが提供するサービスの受益者、すなわちクライアントの多くも女性といわれている。換言すれば、女性が女性を支援する仕組みとしてNPOが機能しているのである。この節で検討してきた結果から、同様の傾向が日本でもみられるといえるのではないだろうか。

# 第2節　女性NPOの機能と類型

　NPO法（特定非営利活動促進法）が制定されるはるか以前から、女性は、身の回りの困りごとを解決するために努力してきた。「何とかしなければ」「放っておけない」という、やむにやまれぬ熱い思いでたちあがった。それが女性にとってのNPOの始まりだった。

　彼女たちは、自分のことはさておき、自分以外の問題、例えば高齢者介護、障害者支援、子どもの救済、DV（ドメスティックバイオレンス）被害女性の救助などに立ち向かった。そして、持ち前の「巻き込み力（賛同させる力・影響力）」を発揮し、周りの傍観者を参加者に変え、参加者を推進者にギアチェンジさせ、計算上成り立たないことも成り立たせてきた。やさしさに包まれた熱意が、周辺に波及し、政府を動かし、政策や法律を変え、地域の困りごとの解決につなげていったのである。

　それから数十年たったいま、NPOのカリスマと呼ばれるようになった女性も少なくない。そのなかには、いまもNPOの活動に関わり、骨身を惜しまず、日夜努力している女性たちもいる。本章の第3節で、そうした女性の実像を紹介する。この節では、それに先立ち、女性の活動の具体像をみるうえで、必要と考えられる女性NPOに関連する知識を整理し、提示しておくことを目的にしている。

## （1）「自分のことはさておき」という姿勢の実態
　NPO活動に関わった女性が「自分のことはさておき」という姿勢をもって

第3章　ジェンダー平等をめざす日本のNPOの実像　97

いたと述べたが、この点は、調査結果からもみてとれる。例えば、独立行政法人国立女性教育会館の「女性のキャリア形成支援のためのプログラムに関する調査研究報告書」（2008年3月）によると、女性が活動を始めた理由（複数回答可）として、「人の役に立ち、社会や地域に貢献したい」が最も多く82%にのぼる。これは、「NPOの理念や活動目的に共感した」（77%）、「自分の経験や能力を活かしたい」（71%）を上回っている。

　NPO法で定められた活動分野において、女性の直接的な課題を扱う分野といえば、「男女共同参画の形成の形成」になる。しかし、女性が関わっている分野（複数回答可）をみると、「保健、医療又は福祉の増進」が最も多く、87.2%。次いで「子どもの健全育成を図る活動」（42.6%）、「まちづくり」（41.9%）と続く。これに対して、「男女共同参画の形成の形成」は、27.9%にすぎない。このことから、女性は女性自らの差別や困りごとは放置したままでも、自分以外の老人福祉や子ども、地域の困りごとを解決するために奉仕する傾向が強いことが示唆される。他人の困りごとを解決していく行動が、女性を生き生きさせることに、意義はある。しかし、女性の置かれている状況を把握して、女性自らが「光源として輝く」「エンパワメントして女性のために社会変革を担う」活動への関わりについては、弱さを感じさせる数字でもある。

　「自分のことはさておき」という女性の意識は、NPOにおける仕事の対価に関してもみられる。そもそも、NPOの職員に対する給与水準が低いことは各種の調査でも明らかになっている。それらの職員の多くが女性であることも、その状況を継続させている一因かもしれない。「女性の収入は家計の補助的なもの」という意識が根強く存在するため、給与の低さがクローズアップされないのではないだろうか。

　いずれにせよ、女性を中心にしたNPOの職員の給与水準が低いことは事実である。さらに、前節でも紹介したように、NPO法人の代表者または運営責任者のうち女性は、男性よりも長時間働いている傾向が強いが、月収で比較すると、男性より少ない割合が多い。こうしたNPOの内部にも女性に関連した問題が歴然と表出している社会の構造に対して、女性は、どうするべきなのか。NPOを通じて、女性は、自らをエンパワメントするとともに、プロジェクトを運営、継続し、調整変更もしながら、さらに社会の仕組みを変える力をつけ

ることが求められよう。

## （2）フロントランナーから経営強化へ

　本書は、NPOと女性に関する著書である。このテーマを、日本とアメリカにおいて検討するものだが、本節で扱うことになるNPOに関わる女性の実像を異なる視点から紹介した研究や著書、報告なども、いくつか存在する。以下、それらを紹介したうえで、次節での女性NPOのリーダーへのインタビュー報告へとつなげていくことにする。

　2010年に出版された『ゆっくりやさしく社会を変える』（秋山訓子著）は、NPO制定10年を機に、NPO法の成立前後から活動を始めたフロントランナー的な女性を紹介している。以下、同書で紹介されている、4団体・4人のリーダーについてみてみよう。

　第1は、コミュニティ・サポートセンター神戸。阪神・淡路大震災の神戸から生まれたNPOで、「NPOの育ての親」とも呼ばれている中村順子が理事長である。第2は、活き生きネットワーク。シングルマザーがつくったNPOで、杉本彰子が理事長である。この団体は、福岡県で最初に認定を受け、NPO法人になったことで知られている。第3は、デイサービスこのゆびとまれ。高齢者も障害者も子どももみんな一緒の富山型大家族というスローガンで、在宅支援サービス事業を行うNPOで、惣万佳代子が理事長である。最後は、ケア・センターやわらぎ。「プロの介護」を支える仕組みづくりで、福祉の世界にイノベーションをつくりだした。石川治江が代表理事である。

　彼女たちは、女性NPOのフロントランナーであり、いまやNPOのカリスマと呼ばれている人もいる。その特徴は、身近な地域で困難に遭遇し、あるいは遭遇している人たちと出会い、それを「何とかしたい」という思いに突き動かされ自ら活動を始めたことである。特に福祉の分野では、これまで行政に頼るしかなかった生活上のさまざまな困難や不都合を自分たち市民の手で1つひとつ解決してきた。ゼロから地を這うような活動で、確実に、地域を、世の中を変えていった。公平性を重んじて画一的になりがちな行政とも異なり、また企業のような利益追求でもなく「新しい公」としての道を切り開いた。

　このような怖いもの知らずともいえる歩みでNPOの基盤を築いた時代から、

NPO の経営が課題として取り上げられる時代に移っていった。いくら情熱があろうと、着実に社会的課題を解決するには、強い経営基盤が必要だという認識である。たしかに、事業として確立しなければ、活動を継続することすらできないのは明白だ。社会的課題の解決に取り組むビジネスを通して、新しい社会的価値を創出し、経済的成果をもたらす革新こそ必要あるという主張である。こうした時代的背景をもって出版されたのが『ソーシャル・ビジネス・ケース──少子高齢化時代のソーシャル・イノベーション』といえよう。同書は、ソーシャル・イノベーションを実現している事例として、以下の5つを紹介している。『ゆっくりやさしく社会を変える』と異なり、すべてが女性が代表あるいは NPO 法人となって活動しているわけではない。いわゆる社会的企業だが、NPO の経営を考えるうえで参考になると思われるので、取り上げておく。

第1は、病児保育に取り組む「フローレンス」（駒崎弘樹代表理事）である。2004 年に NPO 法人格を取得した団体だが、従来赤字経営が常態化していた施設型の病児保育とは異なり、非施設型の病児保育サービスと保険・共済型経営を導入した。この病児保育事業を通して、社会全体に男女の新しい働き方そのもの（新しい社会的価値）を問いかけているといえよう。

第2は、主婦の社会進出を促すことを目的に設立された「株式会社キャリア・マム（堤香苗代表取締役）。2000 年に設立され、主婦の在宅サービスビジネスを10 万人以上の主婦のネットワークとして構築することにより成し遂げた。
第3に、女性の生活・労働環境の改善を目的に設立された「株式会社フラウ主婦生活総合研究所」（濱砂圭子代表取締役）がある。1993 年に設立され、2001 年には NPO 法人男女・子育て環境改善研究所を設立し、地域密着型の子育て情報誌を日本で初めて商業的に成功させた。その後、全国各地で民間による子育支援情報の提供を行っている。

4番目に登場するのは、『ゆっくりやさしく社会を変える』でも紹介された「ケア・センターやわらぎ」である。日本初の 24 時間 365 日の在宅介護サービスに取り組んだ介護業者として知られている。外資系企業で働いた経験のある石川代表理事にとって、福祉にも、マネジメントと合理化の発想があっていいという考えから、介護サービスの標準化・可視化などの介護マニュアルをつくった。これは国や行政にとってのモデルにもなった。

最後は、「株式会社サラダコスモ」（中田智洋代表取締役）である。1980年創業で、岐阜県中津川に本社を置き、野菜づくり、ちこり焼酎製造および販売、教育・観光型生産施設「ちこり村」の運営の3つを主な事業にしている。「ちこり村」は、西洋の高級野菜であるちこりの国内生産を通じて「日本の農業の元気、高齢者の元気、地元の元気」という3つの元気の実現を目指している。ちこり関連商品の売店、ちこり生産ファームや焼酎蔵、地元農家の女性らが働くレストランなどが設けられた「教育・観光型生活施設」である。

　前述のように、これら5つの団体は、社会的企業（ソーシャル・エンタープライズ）である。営利であれ、非営利であれ、社会的課題をビジネスとして取り組んでいる事業体で、社会性（ミッション）をもち、事業性（ビジネスとして取り組んでいる）と革新性（イノベーション）の3つを有するのが特徴だ。

### （3）NPOのもつ特異な能力

　では、NPOをはじめとした社会的企業は、なぜ上記のような活動ができるのか。ここで参考になるのは、アメリカの12のNPOが紹介されている『世界を変える偉大なNPOの条件』（レスリー・R・クラッチフィールド／ヘザー・マクラウド・グラント著、服部優子訳）である。これからのジェンダー平等をめざして活躍する女性NPOに大きなヒントをもたらすと考えられる内容を含んでいる。同書は、世界を変える圧倒的な影響力を発揮しているNPOに共通する6つの原則があるという。

　第1原則は、政策アドボカシーとサービスを提供すること。すなわち、サービスを提供するだけでなく、政府と協力して政策転換を促すことである。第2原則は、市場の力を利用することだ。市場の力を活用し企業を敵視したり無視したりせず、パートナーとみなすことをいう。

　第3原則は、熱烈な支持者を育てることである。活動を支援してくれる個人が有意義な体験を行えるよう工夫し、彼らを大義のために働いてくれる熱烈な支持者に変えていくことの重要性である。

　第4原則は、NPOのネットワークの育成である。NPOのネットワークを築き、他のNPO組織を希少な資源を奪い合うライバルではなく仲間として扱うことの重要性である。

第3章　ジェンダー平等をめざす日本のNPOの実像　101

第5原則は、環境に適合する技術を身につけることで、変化する環境に適合し、戦略的であると同時に革新的かつ機敏に動くことの大切さを説いている。最後の第6原則は、権限の分担である。社会変革の強力な推進者となるために、リーダーの権限を分担することが必要だという。

世界を変えるほど圧倒的な影響力を発揮しているNPOがもっている能力とは、以上の6原則を実現している力でもある。アドボカシーを行い、サービスを提供し、企業を敵視したり無視したりせず強力なパートナーとすることができる能力で、これは企業がより社会的責任を果たせるように企業のやり方を変えさせることにより、その業界全体に変化をもたらすことが可能になる。さらに熱烈な支持者を育て、NPOのネットワークを築き、変化する環境に適合し、戦略的であると同時に革新的かつ機敏に動き、社会変革の強力な推進者となるために、リーダーの権限を分担できる能力ということだ。

別の表現では、世界を変える圧倒的な影響力を発揮しているNPOは「テコの力を使って圧倒的な変革を生み出している」（前掲書）ともいっている。自分の体重の3倍もある巨大な石を「テコ」と支点を使って持ち上げる人のように、NPOは、その規模や体制が示唆するよりもはるかに大きな影響力を発揮する。偉大なNPOは、他者に影響を与え、変化を起こさせることによって、より小さな規模で、大きな成果を生み出すのである。世の中を変えていくために、困難をものともせずに取り組もうとする強い意志だけが「テコの原理」（レバレッジ）を有効にする。

これと同じ趣旨で、日本のNPOの間でよく聞かれるのは、前述した「巻き込み力」ということばである。女性のNPOのリーダーは「巻き込み力」が半端ではないと、よく聞かれる。

「巻き込み力」とは、周囲の仲間を味方にしながら常識ではできないと思われることも成し遂げてしまう力である。具体的には、チャンスの芽をつかむ瞬間判断力や遠くの目標を達成するまでの推進力やNPO独特のネットワーキング型、パートナーシップ型リーダーシップ能力やマネジメントスキルなどがその裏付けとなる。

この力を活用することで、困難なNPOの経営を好転させ、ミッションを達成するために社会に影響力をもつNPOは、魔法にも似た能力を発揮する。こ

の魔法にも似た能力とは、最も単純なことで、「善いことをやり続けるという情熱（パッション）」といえるのではないだろうか。また、活動資金難が指摘されるNPOにあって、女性関連NPOを資金支援するさまざまな「基金」「財団」により資金の流れをNPOへと変えていければ、女性NPOのもつ特異な能力、魔法にも似た能力は社会の仕組みを変革に大きな力を発揮するだろう。

## 第3節　ジェンダー平等をめざして活躍する女性NPO

　NPO法制定よりずっと前から「何とかしたい」「放っておけない」と女性が身近な困りごとを解決してきた。これがNPOの始まりだった。持ち前の巻き込み力（賛同させる力）を発揮し、いまやNPOのカリスマとなった女性も多い。またNPOの安定経営を継続している例も多い。どちらかというと自分以外の問題、高齢者介護、障害者支援、子どもの救済、DV女性の救助などである。NPOの機能として、良質なサービスの提供とともに、社会にインパクトを与え、政策を変えるアドボカシーが重要であるが、日本の女性NPOではアドボカシー機能に重点を置いているNPOは少ない。サービス提供からはじめて、少しずつアドボカシーを加えていくのが一般的であるが、アドボカシーまで手が回らないというところかも知れない。経営資金不足が深刻で、スタッフに適正な賃金を払い活動を充実させたいという思いで四苦八苦している。
　前節で紹介した『世界を変える偉大なNPOの条件』によれば、偉大なNPOは既述のように第1原則が「政策アドボカシー（提言）とサービスをともに提供する」である。次いで市場（企業）の力の利用、熱烈な支援者を育てる、NPOのネットワークを育てる、環境（変化）に適応、権限分担（カリスマ経営はダメ）である。偉大なNPOはたとえ小さな規模でも、まるでテコの原理のように、まわりに大きな影響を与え変化を起こすことができる。そこが偉大なのである。
　NPOは、縦社会ではなく横社会であり、コミュニケーションとネットワークで仕事が進む。NPOは協力的なチーム活動であり、リーダーは競争的・管理的ではなく、親和的・共感的で、女性リーダーに適している。ワークとライフを柔軟に対応できる場でもある。女性NPOは、女性の課題（女性の働く環境

など）を自ら取り組み、女性が女性を応援する活動を通じて、大きな成果が生まれると考えられる。

　以上のような観点から、現在活躍中の女性関連 NPO のなかで、特に「ジェンダー平等」のテーマで活動している NPO・NGO を選定した。第 1 の女性関連のサービス提供型の NPO は最も数が多い。そのなかでも指定管理者制度のもとで女性関連サービスを提供している NPO が増えており、それを第 2 の分類とした。第 3 の分類は日本では最も数が少なく、女性に関するアドボカシー（政策提言）型 NPO である。第 4 は、女性関連 NPO に資金支援をする NPO である。わが国の女性 NPO ではまだ少なく、今後の増加が期待される分野である。なお、文中に登場する方々の敬称は略している。また役職、連絡先などはすべてインタビュー時のものである。

## （1）女性関連のサービス提供型 NPO の事例

> **【事例 1】**
> ## NPO 法人しんぐるまざあず・ふぉーらむ・関西
> 概要：1984 年「子どもと女性の未来をたくして児童扶養手当改悪に反対する大阪連絡会」として発足。2002 年「しんぐるまざあず・ふぉーらむ・関西」に名称変更、2006 年 NPO 法人取得。2015 年度大阪弁護士会人権賞受賞。理事長：神原文子
> 所在地：大阪府大阪市　ウェブサイト http://smf-kansai.main.jp/
> 回答者：山口絹子（事務局長）

### 「子づれシングル」といおう

　「子づれシングル」って？　子どもを養育しているシングルの生活者を意味します」とホームページは始まる。「子づれシングルとその子どもたちを中心とする当事者支援の団体で、子づれシングルと子どもたちが生き生きと暮らすことができる社会をめざして活動している。この「子づれシングル」の呼称を普及及させたのが、理事長の神原文子である。2010 年『子づれシングル――ひとり親家族の自立と社会』（明石書店）で提案している。シングルマザー、ひ

とり親というと、両親揃っていることが当然という印象を受けるので、もっと人生の主人公は「私」であり、その私には子どもがいるというユニバーサルな呼び方として「子づれシングル」をいう提唱である。

　当時から筆者も本当に的をいていると感じていた。長らく「母子寡婦等福祉支援事業」に関わってきて、せめてシングルマザー支援と言い換えたいと願い出たが、いつもだめだった。本稿でも「母子家庭」「ひとり親家庭」「シングルマザー」など表記はさまざまであるが、これは当事者と取り巻く環境にかなりの温度差があることを表しており、それが福祉政策として歴史的な課題となっていることを象徴している。子づれシングルは、最も凛々しく、女性労働問題の格差と女性と子どもの人権問題とに格闘している。

### 楽しい催しで交流・情報交換

　主な活動は、子づれシングルやその子どもたち同士の交流や情報交換で、春と秋の遠足、夏の合宿、クリスマス会など楽しい催しも多い。現在月1回、大阪、尼崎、奈良、神戸、箕面、和歌山の関西各地で、当事者が集まり、情報交換や励まし合う場を提供している。当事者自身の力で、お互いがエンパワーしていく活動である。

　日常的に相談事業（電話・メール・面接）を行っており、子づれシングルの実情を知ってもらうための調査活動、国や関係団体への提言などもしている。8月の児童扶養手当の現況届け期間に合わせて、ホットラインを開設している。

### ひとり親家庭支援者養成講座

　ひとり親家庭への社会的な支援の広がりを期待して、毎年ひとり親家庭支援者養成講座を開催している。社会保険労務士、ファイナンシャルプランナーなど、子づれシングルでもある専門家を講師として招く。また子づれシングルの当事者や子づれシングルのもとで育ってきた子どもたちに体験談を語ってもらうなど、当事者団体だからこそできる企画内容である。

　受講者は、母子自立支援員、女性相談員、母子家庭自立支援プログラム策定員、ファイナンシャルプランナー、司法書士、行政書士、社会保険労務士、母子福祉関係者など、職業上のニーズから参加する人が多いが、近年ではひとり

親家庭と子どもたちのためになにか支援をしたいという一般市民の受講が増えてきている。家族の多様化と個々人のライフスタイルの変化は著しく、ひとり親といっても一言ではくくれないほど多様になっており、それに呼応して離婚時における養育費や面会交流の取り決めなど、ひとり親に関する制度も変化している。

## 政策提言と連携

当団体では、児童扶養手当の申請をめぐる役所での不当な扱いに関する相談、離婚前の悩み、非婚の生きづらさ、ひとり親としての子育ての悩みなど、さまざまな相談を受けてきた。それらの相談活動の経験を活かして、大阪府、大阪市、枚方市、奈良市などにおいて、ひとり親家庭自立促進計画の策定委員として関わっている。ひとり親家族の就労、子育て、養育費、差別や偏見などさまざまな問題提起を行ってきた。

NPO法人しんぐるまざあず・ふぉーらむ・関西は、NPO法人しんぐるまざあず・ふぉーらむ・福岡、しんぐるまざあず・ふぉーらむ・北海道、NPO法人しんぐるまざあず・ふぉーらむ・福島、しんぐるまざあず・ふぉーらむ・出雲、シングルマザー交流会（松山）、しんぐるまざあず・ふぉーらむ・沖縄、しんぐるまざあず・ふぉーらむと連携しながら、支援活動を行っている。

## 〈事務局長の声〉
## 子づれシングルになった

1974年4月、兵庫県尼崎市内の保育士になった。母親も働いていたし、子どものときから手に職をもちなさいと言われてきた。経済的自立ができて、自信になった。25歳で結婚した。ところが、子どもが2歳になったとき、夫が病死した。なんということか。お先真っ暗！と思ったが、自分には仕事があった。食べていけると思えることは何と心強いことか。夫に頼って生きていくというのは、心細いことだ。女性が仕事を辞めないということがいかに大切なことか身にしみて感じた。

実際のところ、母子家庭には「働くこと」は選択の余地がないほど当然であり、子どもには「保育所が必須」というのも選択の余地がない。しかし現実は

なかなか。遅番の時にはお迎えの時間に間に合わず、遠くの身内にお迎えを頼まねばならなかった。均等法後には、母親の労働時間が長くなり、それが保育士の労働時間の延長になり、子どもとの時間は削られることとなった。自転車を2台確保し、家と勤務先と子どもの保育所の間を、いつも、いつも必死でペダルをこいできた。いつも急いでいて、これまでよく事故を起こさなかったものだと、今、思う。

山口絹子（NPO法人しんぐるまざあず・ふぉーらむ・関西事務局長）

1980年代に入ると、政府が母子家庭に支給されている「児童扶養手当」を大幅に削減する案が出されるというので、子どもをもつ母親は不安に脅かされることになった。「削減は生活破壊につながる」と、母親たちの反対の動きが各地で起こった。東京や広島などから情報が寄せられる。大阪でも「子どもと女性の未来をたくし、児童扶養手当改悪に反対する大阪連絡会」が発足した。私も当然メンバーとして動き始めた。これがきっかけとなり全国的に情報交換し、独自の活動もスタートしていった。

### しんぐるまざあず・ふぉーらむ・関西の発足に参加

2002年に名称を「しんぐるまざあず・ふぉーらむ・関西」とし、当事者団体として、相談や情報提供をし、交流の場をつくり、研修、調査・提言をする団体としてスタートした。

2002年は、国会で母子寡婦福祉法の一部改定、児童扶養手当制度の見直しが議論され、声を上げなければと、各地で反対運動が盛り上がった。しかし、反対運動や署名活動の甲斐なく、秋の国会で法案が成立し、多くの母子世帯が、児童扶養手当の減額や支給停止を余儀なくされ、それまで以上に生活困難に直面することになった。この時、当事者の直接的な声を聴き相談にのり、国や行政機関に声を届けることの必要性を痛感した。

しかし本当に困っている女性に必要な情報をどのように届けるのかは本当に難しい。印刷代も郵送代も高い。事務局を担当していて痛感することは、

NPO としての書類の作成が多いことである。

　シングルマザーがこれからさらに増加すると思われるが、NPO の活動の見通しは楽ではない。現状を維持するだけで精一杯というところ。スタッフにまともな人件費を払うには、どうしたらよいのか。活動の要である事務局長のポストについても、私が仕事を定年退職したので、無給で引き受けることになったのだ。

---

**【事例2】**
**NPO 法人日本フェミニストカウンセリング学会**
概要：正会員 539 人、賛助団体 35 団体（2017 年）
所在地：東京都千代田区　ウェブサイト http://nfc505.com/
回答者：井上摩耶子（2004 年 3 月〜15 年 5 月、代表理事）

---

### 日本フェミニストカウンセリング学会の目標

　女性がひとりの人間として女性として、生き生きと暮らしていけることを願い、女性の諸問題の現状とその社会的背景を考え、その問題解決や心理的回復を援助しようとする人々の集まりである。そのためカウンセラーや研究者などの専門家のみに限られた会ではなく、「フェミニストカウンセリング」支援を共有するさまざまな女性たちが参加している。会員みずからが自己変革や社会変革を実現するために、主体的に自分たちの経験を分かち合い、互いに学び合い、交流し、行動する場である。

　学会の目的は、女性の視点と経験に基づいて、伝統的な心理学的援助を捉え直し、「女性による女性のためのフェミニストカウンセリング」の確立をめざす有効な発想、理論、実践、運動方法の構築にある。そのためにも、既存の心理学流派、専門家、非専門家といった立場の違いにこだわることなく、お互いに交流し協力し合いたいと考えている。

　日本フェミニストカウンセリング学会は、1993 年に「日本フェミニストカウンセリング学会研究連絡会」として発足し、2001 年に「日本フェミニストカウンセリング学会」へと組織改編し、2004 年に NPO 法人の認証を受けた。

## 日本フェミニストカウンセリング学会の歴史

「女性のための女性による」フェミニストカウンセリングは、河野貴代美（元お茶の水女子大学教授）によってアメリカから導入された。1986年、渡米した河野貴代美はシモンズ大学大学院でフェミニズムに出会い、1980年に帰国し、東京で「フェミニストセラピィなかま」をスタートさせた。1990年代には『フェミニストカウンセリング』（1991年）、『女性のためのグループ・トレーニング』（1995年）、『自分らしく生きる心理学』（1996年）などを出版する。川喜田好恵の『自分でできるカウンセリング——女性のためのメンタルトレーニング』（1995年）、井上摩耶子の『フェミニストカウンセリングへの招待』（1995年）、『ともにつくる物語——アルコール依存症回復女性とフェミニストカウンセラーとの対話』（2000年）などの出版も続き、日本のフェミニストカウンセリングの土壌が確立していった。

## 「フェミニストカウンセリング」の実践

女性が経験するさまざまな心理的困難は、男性中心社会における女性差別の存在、性別役割の強制、二級市民扱いによって行動の自由が制限され、束縛されることから生じる。女性にとっては、この「ジェンダー拘束」からの解放こそが重要課題である。

1990年代になって、女性への暴力とトラウマが社会的関心を集めるようになった。そこに至るまでには、女性たちの粘り強い運動があった。1983年東京強姦救援センター、1988年性暴力を許さない女の会をはじめ、草の根の女性運動が活発になった。1996年日本DV防止・情報センターができた。暴力被害女性への支援のニーズが高まった。ジェンダーの視点をもつフェミニストカウンセラーの社会的認知を獲得し、職業としての社会的責任を引き受けるために、フェミニストカウンセラーを養成し、フェミニストカウンセラーの研修やスーパービジョン（適切な助言や指導）に励んだ。そして、2002年には、「日本フェミニストカウンセリング学会認定フェミニストカウンセラー」が誕生した。フェミニストカウンセラー資格制度の制定は、フェミニストカウンセリング理論・技法の更なる確立、フェミニストカウンセラーの質の向上、フェミニストカウンセラー養成などをその目的としている。

第3章　ジェンダー平等をめざす日本のNPOの実像

2011年には、新たにフェミニストカウンセリング・アドボケイター資格制度が制定された。プロとしてのDV・性暴力被害者への代弁擁護活動、とくに法廷での意見書提出や専門家証言といった代弁擁護活動の必要性に応えようとするものである。

### 日本フェミニストカウンセリング学会の今後

アメリカのフェミニストカウンセリングは、多文化社会におけるさまざまな人種や民族を積極的に認め合い、それぞれに異なる文化の共存を目指している。障害者やセクシャルマイノリティとの共存も当然である。そのための今後の方向性として、第1に、個人に対する社会化、差別、特権、抑圧などによる異なる体験や生活上の衝撃（インパクト）を理解する。

第2に、フェミニストカウンセリングは、個人の感情、行動、思考を変えるのではなく、個人に否定的な衝撃を与える社会構造や社会過程を変えることを目的とする。第3は、カウンセラー・クライエント関係の平等主義。第四は、女性は多元的役割をもち多元的地位を生きているので、さまざまな「女性の視点」を相互理解し合い、さまざまな女性の連帯を可能にする。それらが社会変革の原動力になると考える。

---

**【事例3】**

**ウィメンズカウンセリング京都**

概要：1995年9月開設　NPO法人日本フェミニストカウンセリング学会　　　所属

所在地：京都府京都市　ウェブサイト http: http://www.w-c-k.org/

回答者：井上摩耶子（代表）

---

### 「ウィメンズカウンセリング京都」の開設

ウィメンズカウンセリング京都が開設された1995年9月、第4回世界女性会議が北京で開催され、女性のエンパワメントをキーワードに、各国政府が取り組むべき課題として「女性に対する暴力」など12の重点課題が提起された。ウィメンズカウンセリング京都も、「女性による女性のためのカウンセリング」

という視点に立ち、なによりも女性に役立つカウンセリングをめざすことを第一目標とした。

そのために、ジェンダーの視点、男女共同参画の視点に立つ。フェミニストカウンセリングの根本理念は、the personal is political（個人的な問題は政治的な問題）であり、「あなたの問題は私たち女性みんなの問題です」というメッセージにも、込められている。また、フェミニストカウンセリングの理念は自分自身を変える自己変革と同時に社会変革の実現を目標としている。伝統的なカウンセリングとは、基点が異なる。

## 事業展開をする「ウィメンズカウンセリング京都」

「ウィメンズカウンセリング京都」は、社会的課題に取り組む企業、「ソーシャル・ビジネス」としての性格を明確にし、持続的に事業展開することを希望し、2006 年に株式会社として法人化された。社会的課題の解決に取り組むことを事業活動のミッションとし、ビジネスの形態をとることによって継続的に事業を促進し、社会変革をめざしている。

フェミニストカウンセリング実践を後押しするかのように、1997 年に「改正男女雇用機会均等法」（セクハラ規定を含む）、1999 年に「男女共同参画社会基本法」、2000 年に「ストーカー規制法」、2001 年に「配偶者暴力（DV）防止法」（2004、2007 年改正）が施行された。2004 年には「児童虐待防止法」も改正され、「DV の目撃は児童虐待である」とされた。ウィメンズカウンセリング京都においても、DV 家庭で育った子どもたちへのカウンセリングに積極的に取り組み始めた。こうした内外の社会的政治的動向を受けて、フェミニストカウンセリングの存在意義はますます大きくなったと自負している。

## 「連携型」ワンストップセンターの実施

2015 年 8 月、京都府から「京都性暴力被害者ワンストップ相談支援センター」（京都 SARA）の運営委託を受けた。京都 SARA は、他府県に多くみられる「警察」や「病院」に拠点を置くのではなく、京都府（家庭支援課）、産婦人科医会、弁護士会、犯罪被害者支援センター、府警本部、児童相談所などのさまざまな関係機関と連携する、「連携型」ワンストップセンターであり、その拠点を民

第 3 章　ジェンダー平等をめざす日本の NPO の実像　111

間のカウンセリング機関に置くという特徴をもつ。これまでに、3回「相談支援員養成講座」（1日2コマ12日間）を開催し、70名近くの支援員を養成した。ワンストップセンターの日常業務としては、電話相談、来所相談、同行支援などがあり、スーパーバイザーの役割をはたしている。

京都SARAの支援サービスでは、公費負担で産婦人科の治療・検査や10回のフェミニストカウンセリング（ジェンダーの視点に立つトラウマ・カウンセリング）を受けることができる。また、警察、検察、病院、弁護士などへの支援員の同行支援がある。このような京都SARAの特徴は、社会的に知られてきたようで、2017年3月現在、性暴力被害者からの相談は予想以上に増えつつあるという。

相談内容は、「顔見知り」（上司、教師、友だち、出会い系サイトなど）からの強姦、強制わいせつ、セクシュアル・ハラスメント、児童期の性的虐待（加害者は父・兄・近所の人など）などである。被害者は、中・高・大学生を含む10代から20代の若者が多い。知的障害、発達障害、精神障害といった何らかの障害をもつ女性が性暴力のターゲットにされているのが現実で、男性被害者やセクシュアルマイノリティ被害者の存在もある。


〈代表者の声〉
## 私はどうしてカウンセラーになったのか

私がカウンセーになったのは、対話によって自分と自分の人生の物語をつくることの面白さを、他者とともに極めたかったからだと思う。とくになんらかの理由から私の周辺にいない人たちとこそ、対話したかった。そして、カウンセリングという手法を用いて、体制から差別されているクライエントとともに、この差別的な体制を変革する物語を構築することが目的となった。

フェミニストカウンセリングは、自分自身を変える自己変革と同時に社会変革を、その目標としている。女性たちが今よりもっと自由に、自己尊重的に、自己主張的に生きられるように、エンパワーできることを願っている。

初めてのカウンセリング現場は、心身障害児通園施設で、同時期に「反障害者差別」運動や「反精神医学」運動に没頭した。そして、そこで出会った「障害児の母親」とのグループワークにおいて、お母さんたちに女性としての

シスターフッド（連帯感）を強く感じた。その後、フェミニストカウンセラーと名乗るようになった。ジェンダーの視点から「母性愛神話」や「母親役割」というコンテキストに対抗する「障害児の母親」という「未だ語られていない物語」（yet-unsaid narrative）を構築したい。

井上摩耶子（日本フェミニストカウンセリング学会／ウィメンズカウンセリング京都代表）

## ナラティブ・アプローチの手法

フェミニストカウンセリングのアプローチとしては、もちろん伝統的カウンセリングの理論や技法も用いている。しかし、主として認知行動療法やナラティブ・アプローチを基本としている。

このナラティブ（物語）アプローチの面白さを、もう50年も前に当時同志社大学にいた鶴見俊輔教授から学んだ。それは、「言葉が世界をつくる。本質とか真実といったものは存在せず、そこにはただ私たちが自分と他者に言い聞かせている世界（現実）についての物語があるだけだ。伝統的な○○理論を学ぼうとするのではなく、ともに物語ることが必要なのだ」ということだった。

4年ほど前から東京の婦人保護施設「いずみ寮」にボランティアに行くようになったが、帰りの新幹線で、自分の人生の甘さと入所者のみなさんの人生を思い比べながら、入所者のみなさんが語った物語の面白さに酔っている感がある。その面白さはナラティブ・アプローチの手法によるものだと理解している。

## 性暴力は「ジェンダーの暴力である」

京都SARAで支援に関わるようになって痛感するのは、まだまだ男性中心の日本社会において、性暴力が「ジェンダーの暴力である」という社会的認識がないことである。また、若い世代における性暴力被害の多さを知るにつれ、学校教育において「ジェンダー教育」や「性教育」がなされていないことの弊害が明らかだと思われる。

子どもの頃から人権としての「身体の尊厳」や「性的自己決定権」の大切さを教育される必要がある。そうすることによって初めて、「性暴力とは、同意

なしに他人に強いるすべての性的行動である」と理解され、今よりも多くの性暴力が社会的に顕在化されることになり、性暴力に対する社会的認識も大幅に変わるだろう。

---

【事例4】

**特定非営利金融法人「女性・市民コミュニティバンク」**

概要：1998年1月設立。2016年11月現在、出資者363人、83団体、出資金1億1308万円、融資累計180件、6億1456万円、延滞貸倒れなし。

目的は、市民が資金を出し合い、地域が必要としている市民事業に融資を行い、豊かな地域社会づくりに貢献すること。

所在地：神奈川県横浜市　ウェブサイト http://www.wccsj.com

回答者：向田映子（代表理事）

---

### 銀行は女性にお金を貸したがらない

1993年「女性・市民コミュニティバンク」（当時の名称は「女性・市民バンク）は、設立趣意書で以下のような理念を掲げた。

　　市民の、市民による、市民のための『非営利・自主管理』の金融システムを立ち上げ、『思いやり・結びつき・助け合う』協同組合の相互扶助理念を実践します。そして、女性主導のアマチュアリズムに基づき、個人資源（いくばくかのお金、知恵、労力、時間）の活用をはかって、女性の地位向上や市民事業支援、環境保全や地域福祉の活動に活かし、『共有の未来』への希望を見出します。

当時、バブルが崩壊し、金融機関や証券会社がつぶれ、耳を疑うような金融の不祥事が相次いでいた。預貯金の一部が環境破壊や人々の生活へ悪影響を与える大規模開発や空港、ダム、河口堰の建設、干潟の埋め立て等に使われていることや、アメリカの戦争継続の費用や軍需産業に投融資されている現状も明らかにされ始めていた。それまで、金融のプロにまかせきりにして、預貯金の使い道に関心を払ってこなかった市民も反省しなくてはならない、と感じた。

　一方、地域で女性が立ち上げた保育所や仕出し事業は、資金面で苦労をして

いた。持ち寄った資金では足りず、金融機関に申し込んでもことごとく断わられ、疑似私募債を発行し、周囲の知人たちに購入してもらう事態が起きていた。「理解してくれる金融機関が欲しい」というのが女性の願いだった。

　自分たちが理想とする金融機関をつくりたいという思いが高まり、1988年に「女性・市民バンク設立準備会」を立ち上げた。金融機関としては、非営利・相互扶助の小規模の金融機関である信用組合をめざすことにし、1口10万円をだしてくれる賛同者を募集。当局との折衝など、認可取得の活動を開始した。開始して、認可取得には多くのハードルがあり、時間がかかりそうだということがわかった。そこで、日本人が昔から行ってきた市民同士の助け合いの金融である講や無尽の活用を考えついた。「貸金業」の登録をすれば、融資可能ということがわかり、同年8月に登録、12月から融資を開始した。

　信用組合設立活動は、デフレの進行もあり、10年経った2009年2月に一旦活動を休止した。現在は、現代版の「講」（現在は「NPOバンク」と呼ばれている）に特化した活動・事業を行っている。


### バンクの実際──貸倒れは1件もない

　女性・市民コミュニティバンクのミッションは、非営利・相互扶助、女性を中心に、透明性の高い運営を通じて、目に見えるお金の流れをつくり、地域経済の循環・発展に寄与することである。融資の原資は、賛同してくれる人や団体からの出資金で1口10万円。出資金は法により元本は保証しない。また、配当金もない。それでも、「自分が出すお金が地域社会の役に立つのが嬉しい」という市民や団体によって、出資金額は、2016年11月末現在、1億1456万円になっている。延滞や貸倒れは1件もない。

　融資の対象は神奈川県内の市民事業などで、融資期間は最長5年、最高融資限度額は1000万円。原則元利均等月賦返済方式で、連帯保証人は2人以上等としている。1998年から現在までの融資は、ニュースレターで紹介しており、多岐にわたるが、それぞれにドラマがある。高齢者のデイサービスやグループホーム、高齢者のためのレストラン、地域の誰もが集うことができる居場所事業、保育園や病後児保育、保育者の派遣事業、若者の就労支援を目的にした仕出し事業、障がい児の放課後デイサービス事業、アジアの女性たちの自立支援

第3章　ジェンダー平等をめざす日本のNPOの実像　115

を目的にしたリユース・リサイクルショップ事業、安全な食材を利用したレストラン等の立上げ資金、生協の低温殺菌牛乳の運搬車両の購入資金、化学物質過敏症患者が一時避難して生活するための施設の土地購入資金等などだ。こんな融資制度が欲しいという出資者の要望を検討し、太陽光発電の設置費用や、教育資金の融資制度もつくられた。

　女性・市民コミュニティバンクの融資によって事業が立ち上がり、働く場が生まれ、地域社会が元気になる。地域の人々のお金が循環している。融資審査は、理事長や事務局による面談や提出された書類の点検、現地の調査、ヒアリングをへて、5人の融資審査委員会によって決定される。メンバーは、福祉や会計の専門家、元市議会議員、中間支援組織の中枢を担っている人などで、いずれも市民事業に関わってきた「市民事業の目利き」である。

　審査のポイントは、地域社会への貢献、起業の意志、環境への負荷、市場調査の有無、周囲の支援者、役員の構成、正直さ、民主的な運営、資本金の構成などだ。最も重視しているのは、事業の採算性・継続性で、貸倒れも延滞も一件も発生していない。これは、テマ・ヒマをかけた審査と、借入人の女性・市民コミュニティバンクへの深い共感によるものと考えている。


### 課題——NPO バンクは現在の金融法制になじまない

　女性・市民コミュニティバンクのような市民が資金を出し合い、非営利で地域社会や福祉、環境保全のための融資を行っている NPO バンクは、現在、全国でおおよそ 30 団体になった。新規であっても、10 年を経た NPO バンクでも、共通の課題は運営経費である。また、いわゆるテクニカルアシスタンス（事業活動の状態の把握、必要な相談、情報提供、助言、援助、返済能力の調査、専門家の派遣等）があまりできていないことも同様である。

　主に貸金業によって事業を行っている NPO バンクでは、改正貸金業法で事業所ごとに配置が義務づけられた貸金業務取扱主任者（国家資格）を配置しなくてはならない。しかし、その資格取得に必要な知識の内容は NPO バンクには不必要と思えるものが多い、と感じている。

　また、貸金業界の金融 ADR（金融分野における裁判外紛争解決制度）への加入義務と毎年の高額な年会費は経営を圧迫しているし、そもそもテマ・ヒマか

けて融資しているNPOバンクにとっては必要とは思えない。このため、貸金業法はNPOバンクの実態にはそぐわない、と感じている。また、生活困難者等への融資と生活再建の伴走支援を行っているNPOバンクは、近年、融資対象者が増え、融資資金が不足気味で、他のNPOバンクから出資や融資を受けているのが現状だ。より安定的、低利の資金調達が求められている。

これらの課題の解決のためには、貸金業法ではなく、NPOバンクに相応しい法律が必要と考え、「社会的（非営利）金融事業法（仮）」をNPOバンクメンバー、学者、公認会計士、中間支援組織の関係者等で検討した。この法の柱は2つ。NPOバンクのような社会的（非営利）金融事業者への財政・税制の支援と、仮認定を受けることで貸金業登録等をしなくても融資を行うことを可能とすることだ。

財政支援内容は、テクニカルアシスタンスをはじめとした融資や運営等にかかる費用の補助、税制措置としては、出資減税、寄付税制等をあげている。欧米では、CDFI（コミュニティ開発金融機関）は社会に必要な存在として、政府が助成や投資減税などさまざまな方法で支援を行い、実績をつくってきた。日本でも、お金を通じたまちづくりを行っているNPOバンクへの支援の政策・制度化を期待する。

〈代表者の声〉

### 生活クラブ生協の活動が原点

生活クラブ生協の理事を経て、横浜市のごみ問題解決のために1978年から横浜市議（2期8年）、1995年から神奈川県議を3年務めた。常に女性の立場に立ち、消費生活と環境・平和運動をつなげる活動をしてきた。現在はNPOバンク「女性・市民コミュニティバンク」の代表理事、全国NPOバンク連絡会の常任理事でもある。

生活クラブ生協は、今から約40年前東京でスタートした。「まとめ買いして安くわけあおう」と、200人あまりのお母さんたちが集まって牛

向田映子（特定非営利金融法人女性・市民コミュニティバンク〈WCA〉代表理事）

乳の共同購入をし、確かな品質の牛乳を手に入れるため、酪農家と共同出資
をして直営の牛乳工場を設立した。牛のえさから飼育環境、生産者、原乳の
品質管理、収乳・製造日、製造・洗浄工程、容器や価格まで、すべてを把握
することで、きわめて安全性の高いものづくりの仕組みをつくり上げた。こ
の仕組みこそが、生活クラブの考え方の基盤になっている。生協は営利を目
的としない事業体で、営利を第1の目的とする企業と異なり、組合員の『出資』
（みんなで「出資」）、『利用』（みんなで「利用」）、『運営』（みんなで「運営」）で成
り立っている。

### 生活クラブ生協や神奈川ネットワーク運動から生まれた WCA

　生活クラブ生協の次に、福祉クラブ生協ができた。社会が高齢化していくと、
一人暮らしの人が増え、物を取りに行くのがやっかいになる。そこで、こちら
から物を届けに行く、いわば御用聞き生協のような生協をつくったらどうかと
いうことになった。3つの形態の生協が生まれ、それぞれの町に合った、暮ら
し向きに合ったものを選択できるようになっている。

　生協の基本的な理念は、生活の自治であり、市民の自治領域の拡大であり、
主体的に問題解決することであり、そのためには参加と責任、そしてリスクも
自分たちが負いたいということ。そういう理念をもった人たちの集団が共同購
入することで、生産の現場を変え、流通の現場を変え、廃棄の現場を変えてゆ
こうという運動である。

　生協の活動から次に生まれたのが、ワーカーズ・コレクティブである。組合
員自身が生協の業務を請け負ったり、印刷屋、パン屋、レストラン、お年寄り
の介護やデイサービスなど、地域に必要な事業を、生活者の立場でやっていく
もので、現在、神奈川県内で4200人、134団体ある。その半分は福祉関係で、
お年寄りのお宅に訪問して家事を手伝ったり、お花見に行きたいとか病院に行
きたいというお年寄りを車で送り迎えする移動サービスなどがある。

　神奈川ネットワーク運動も、生活クラブ生協から生まれた。生活要求を実現
するために、自分たちのなかから議員をだそうと、政党をつくり、議員を輩出
している。生活クラブ生協とワーカーズ・コレクティブと神奈川ネットワーク
運動をまとめて「生活クラブ運動グループ」として連携している。

### 女性と資本を結びつけるための銀行づくりへ

　ワーカーズ・コレクティブを立ち上げる時、事務所を借りたり、配達の車を買ったりする資金が必要になる。ところが、生活クラブ関連グループのほとんどが専業主婦で、アンペイドワークにかなりの時間と労力を費やしてきたが、資本の蓄積ができていない。自分で自由にできる貯金もない、家や土地もだいたい夫名義。何か事業を始めようという時に、知恵と時間と労力はあってもお金がない。せいぜい30万円くらいしかだせない。

　お金を貸してくれないと困っている人がいる一方で、自分のお金をどこの銀行に預けたらいいか困っている人もいる。では、このふたつをドッキングさせたらいいのではないか、ということで、「じゃあ、自分たちで銀行をつくっちゃおう」ということになった。儲けが目的でなくていい、非営利のものでいい、それは何かというと信用組合だ、ということで、信用組合をつくろうということになった。しかし神奈川県や大蔵省（当時）に聞いても、当時の社会情勢で信用組合をやることは大変に厳しい。そこで、県に貸金業登録の申請をした。

　WCA の目的は、資金を市民が出し合い、運営も市民、使う人も市民という、市民同士のつながりをもつ市民バンク（貸金業）をつくることだ。融資審査は、融資審査委員会が行う。融資の対象は、1口10万円以上の出資者（団体は3口以上）で、神奈川県内に在住あるいは勤務する女性・市民、小規模事業者、ワーカーズ・コレクティブ、NPO である。顔の見える関係でやっていきたい。


## （2）指定管理者制度でサービスを提供する NPO の事例

**【事例5】**
**NPO 法人男女共同参画フォーラムしずおか**
概要：静岡県静岡市主催の女性の人材養成講座「アイセル女性カレッジ」
　　　（1996 年より 1 ～ 6 期）修了生の自主グループから生まれた。2005 年
　　　3 月に NPO 法人格取得　スタッフ 18 人（非常勤）
所在地：静岡県静岡市　ウェブサイト http://forumshizuoka.jp
回答者：松下光恵（代表理事）

### 活動の経緯と概要

NPO法人男女共同参画フォーラムしずおかは、2007年から第1期静岡市女性会館指定管理者に指定され（5年間）、2012年には第2期も指定を受け（5年間）、現在に至っている。これに先立ち、静岡市が女性の人材育成講座「アイセル女性カレッジ」を実施した。その修了生たちが、このNPO法人をつくった。メンバーの個性と能力を活かし、男女共同参画社会の実現を図る活動を行い、個人の人権尊重のもと、だれもがその人らしく伸びやかに生きられる社会づくりに寄与しようと、法人設立に踏み切った。

当時メンバーは仕事をもっていたが、今よりもっとやりがいのある、いい働き方ができるなら、と指定管理者制度にチャレンジした。指定管理者制度では、新しい働き方を模索できる、直接市民に働きかけられる機会があるなどが優位なところである。当事者性を重視しながら、かつ利用者の意識の変容や社会の動きも意識しつつ、創意工夫して企画を立て運営している。

### 事業の4つの柱

事業は、①講座の企画運営、②情報収集・発信、③団体活動支援・交流、③サポート事業の4つを柱にしている。自主事業にも力を入れ、事業型NPOとして力をつけている。

指定管理の2期目（2012年）からは、ターゲットを絞った課題解決型事業に重点を置いている。課題解決のために実施したのは、シングルマザーや働きづらさに悩む独身女性、非正規で働く女性などに対して、講座と個別相談や分かち合いの場の設定を組み合わせて展開することなどである。就業課題に踏み込むことは、今後も重要な視点である。

毎年、鮮度の高い事業に挑戦しており、実施している講座はいつも定員割れすることなく盛況で好評である。年間の利用者数も目標を大きく越え、講座等の受講者の満足度はとても高い。また、図書コーナーの図書貸出冊数も1万2000冊以上で、数値目標としても十分達成している。

### 男女共同参画推進事業（2015年事業報告を中心に）

女性の自立や自己決定権を支援することを基本方針に据えている。主要事業

の「アイセル女性カレッジ」は続いている。国の女性政策推進である「女性の活躍推進法」の制定などを踏まえて、女性のキャリアについて考え、自らの能力を磨き、再就職・転職に役立つプログラムを実施した。タイトルは、「私らしく働く！　キャリアデザイン講座」とした。

　講座の企画・運営では、女性の就業支援、男性の地域デビュー支援、子育て支援などのテーマを、ターゲットに的確に届くようにタイトルのネーミングや実施時期など、さまざまな観点から工夫を凝らしている。男性対象の講座では、「カジダン」（家事男）イクメン（育児男子）などのネーミングが浸透してきたため、「カジダン・イクメン表彰式＆つながりあそび」を実施した。

　困難を抱える女性支援に携わる専門家だけでなく、関心をもつ一般市民も対象にした研修・講座を、「女性相談のあり方」「性暴力被害者支援」「外国人女性支援」の３つのテーマ別に実施した。デートDVの出前講座は、前年度から引き続き、高校にシフトし、１年生の学年集会でも実施した。出前講座を希望する高校が増加しており、関心の高まりが見受けられる。


### 情報提供・交流など

　2014年度に内閣府の助成を受けて構築した静岡発地域限定人材データバンク「Jo-Shizu（じょしず）メンターバンク」は、全国女性会館協議会の事業企画大賞を受賞した。内閣府の「地域における女性活躍推進モデル事業」として、ウェブ上でメンター（人生の指導者・助言者）を検索し、直接会える仕組みだ。登録メンターは100人の大台に達し、少人数で行う複数のメンターをゲストにしたカフェも開催し、新たな人材発掘につながる手ごたえがでてきた。今後は、女性の活躍推進とともに人口流出抑制や移住促進などにも役立つツールとして「Jo-Shizu」を育てていく予定だ。

　団体活動支援では、育成団体の支援として、2015年は「男性カレッジ」修了生有志による「静岡セカンドライフサークル」が活動を開始した。2016年度には、男女共同参画団体に移行する予定である。男女共同参画団体支援では2015年度は53団体が対象で、さまざまな個別支援をしている。

　2012年度から設けたサポート部門は、個別相談と居場所づくりの事業を実施している。個別相談は、①就職・転職相談、②キャリア相談、③家計相談、

居場所づくりでは、①男性介護者交流会、②ふみだす女子交流会を実施した。

### 指定管理者事業以外の講座・研修事業や他団体との交流など

受託事業としては、「地域デザインカレッジ」（コミュニティコース・プロジェクトコース）と「観光分野における女性の人材育成プロジェクト」を実施した。助成事業では、「ひとり親サポーター IN しずおか」を実施した。他団体との交流なども積極的に実施している。NPO 法人男女共同参画をめざす女性教育を考える会広島グループ、静岡市女性会館、もりおか女性センター、エセナおおた女性関連施設の指定管理者となっている NPO がもちまわりでフォーラムを開催、お互いがエンパワメントするために情報の交換や共有をはかっている。

---

**【事例6】**

**NPO 法人姫路コンベンションサポート**
概要：兵庫県姫路市で観光の街づくりを進める NPO
　　　役員 7 人 スタッフ 33 人（常勤有給 18 人、非常勤有給 22 人）
所在地：兵庫県姫路市　ウェブサイト http://denpakudo.jp
回答者：玉田恵美（理事長）

---

### 観光都市姫路の市民を対象としたボランティア団体の設立

姫路市民にとって、世界遺産の姫路城は誇りである。観光都市としてのまちづくりは、「ウェルカム」の心をもった市民の育成やそんな心をもつ若者の育成から始まる、との思いでボランティア活動が始まった。

中心になったのは玉田恵美さん。2000 年にボランティア団体として発足した。「ひめじ良さ恋まつり」を立ち上げ、人づくりを通じた街の活性化に取り組んだ。2002 年 7 月 NPO 法人化した。ボランティア活動の限界を感じた頃であった。以降、①姫路市内を中心に観光事業としては「姫路城外国語ガイド養成講座」や「観光ボランティアグループ 4 団体（忍者体験、甲冑武者体験、門番体験、英語ボランティアガイド）の要として事務局を担当した。

### 地域づくり、中心市街地活性化のために

姫路市は街の活性化のひとつとして、コンベンション都市をめざしている。観光のまちづくりを中心に事業を展開してきたが、さらに地域からの情報を発信して、元気なまちづくり、人づくり、心づくりをミッションとした活動が広がった。商店街の活性化活動として、2014 年に始まった「コワーキングスペース電博堂」では、団体や企業の貸し切り営業を実施している。コワーキング (Coworking) とは、事務所スペース、会議室、打ち合わせスペースなどを共有しながら独立した仕事を行う、共働ワークスタイルをいう。在宅勤務の専門職従事者や起業家、フリーランス、出張が多い職に就く者など、比較的孤立した環境で働く人の利用を促し、和気あいあいとしてくつろげるサロンのようなスペースをめざしている。

「電博堂」の「電」は、リアルタイムで情報を伝える「電波」から、「博」は博覧会ができるような街にしていきたいという思いから、「堂」は「電」と「博」を志す人が集える場所をつくりたいという願いから、それぞれ名づけられた。現在、書道教室や生花教室などカルチャーの場としても利用されている。

### コンベンション運営から商店街活性化、指定管理まで

地域再生フォーラム (2016 年)、日本青年会議所全国大会 (2005 年)、のじぎく兵庫国体 (2006 年)、全国菓子博覧会「姫路菓子博 2008」、B1 グランプリ情報発信事業 (2011 年)、三ツ山大祭 (2013 年) などの大型イベントを市民の参画という視点で実施している。地産地消と地域の魅力発信を目的に、アンテナショップふるさと PR 館「きてーな宍粟」を姫路駅前で運営し、事業活動を通じてその地域と密接にかかわり、地域の魅力の引きだしと発信に力を入れている。中山間地域への定住促進も課題である。

ユニークな事業として、姫路畳座がある。これは商店街に畳を敷きつめて宴会場にし、商店主や住民と共に姫路のまちを盛り上げるイベントである。毎回 700 名を超える参加者が商店街で舌鼓を打ちながら交流を深める。畳座は飲食もち込みが基本スタイルで、楽しい仲間たちとおいしい品をもち込んで参加する。1 ブース 8 〜 10 人が基本で、会場には商店街の商店を中心とした販売コーナーを用意する。チケット制で参加者の参加費で運営する。

指定管理者として、以下の施設を運営している。

1. 姫路市飾磨市民センター：2012年4月～（2015年から5ヵ年再委託）
2. 姫路市広畑市民センター：2012年4月（2015年から5ヵ年再委託）
3. 姫路市勤労市民会館：2014年4月～5ヵ年
4. 姫路市灘市民センター：2014年4月～5ヵ年
5. 姫路市民センター：2014年4月～5ヵ年
6. 姫路市東市民センター：2014年4月～5ヵ年

また、他のNPO・市民活動団体との協働、他の学術協会との共同研究・協働の実績も進んでいる。

〈代表者の声〉

ホテルウーマンからの転進

玉田恵美理事長は、大学を卒業後、神戸のホテルに就職、7年間勤務した。ホテルマンならぬホテルウーマンであった。その後、姫路市役所の嘱託職員として3年半勤務した。

小学校時代は、手話サークルでボランティア活動していたが、「ボランティアは偽善ではないか」との思いから、長年意識的に遠ざかっていたという。それが、観光都市姫路でボランティ活動をし、その後、NPO法人を立ち上げることになった。その基盤になったのは、「大学卒業以来の観光やイベントに携わっていたワークキャリアが、今のNPO法人のミッションの根底にあるのはいうまでもない」と力説する。

玉田理事長は、「NPOの女性の働き方」で修士論文を執筆し、2017年3月大阪市立大学大学院を卒業した。NPOの経営者である彼女は、NPOの女性たちの働き方は一般企業においても女性活躍推進への大きなヒントになるのではないかという、興味深い示唆を提示している。

玉田恵美（NPO法人姫路コンベンションサポート理事長）

## NPO で働く女性の研究

NPO での働き方は、女性自身、キャリア形成にプラスであると実感している。潤沢な人数が確保しやすい一般企業では分業制が取れるため、ひとりが欠けても業務には支障がでにくい。しかし NPO では、ひとりが多くの役割を担いながら業務に当たっている。このため、NPO では個に蓄積されるキャリアが大きくなる。それが個人のキャリア形成に大きく寄与している。それは、NPO の組織運営に柔軟性があるからこそできることである。NPO で働き続ける女性には、動機（きっかけ）やそれに基づいた自己イメージで行動を起こすという自発的な生き方が備わっているという。「待ちの姿勢」ではやっていけない。スキルや知識の習得が可能というだけでは、報酬の低さは補完できない。

NPO で働く女性に共通するのは、①目の前の課題解決に注力する、②自分のライフイベントで訪れた困難をキャリアに変え、次のステップの糧とする、③時短や仕事の内容をコントロールするなど働きやすい環境を自ら整備している、④自分が貢献できることに喜びを感じ、受身ではなく自分の役割を自分でつくり出している、⑤直面した課題から逃げず、課題解決に当たっている、の5つであるという。今後、NPO で働く女性たちを応援していきたいという。それが NPO の発展につながるはずだともいう。

## 働く女性とジェンダー

玉田理事長は、ウィークデーは姫路で仕事中心、週末は家族と暮らすという生活を何年も送っているという。これも働き方の多様性の一例であろうか。しかし、長年困っていることがあるという。結婚で姓が変わる前から、かなり知られた存在であった玉田さんは、女性の職業継続と姓が変わることがやはり問題だと力説する。通称を使えるから仕事に差支えがないだろうというものではない。姓は名前（ファーストネーム）とともにあってこそ、その人のアイデンティティをつくり上げるのだという。

## 指定管理者制度の功罪

「新しい公共」の下、民間の力を活用しようと指定管理者制度が各自治体で取り入れられてきた。指定管理制度を受託する NPO は安定した収入を確保で

きる一方で、行政の下請けになりがちだ。また指定管理者制度そのものの歴史が浅く問題点も多い。指定管理者制度導入の目的が運営費用と職員数の削減にあることから、行政改革の面だけが着目されてしまうこと、また指定期間が短く満了後、同じ団体が指定を受けられる保証はなく、管理者は正規職員の雇用を躊躇するなど、人材育成が難しく、職員自身にも公共施設職員としての自覚や専門性が身につかない、などが指摘される。

NPO を運営し、健全経営するためには、自主事業と受託事業、寄付金、会費などの収入バランスは非常に大切である。そのためには、サポーター（会員・寄付者）などを増やすための広報活動や情報発信は不可欠である。最近は特に facebook や twitter、instagram などの SNS の役割が大きく、これらが現場の見える化に非常に役に立っていると実感している。

今後の事業展開としては、地域やボランティアとともに実施した自主事業を通じてえた経験値やニーズなど、さまざまなデータをより広域で活用するために、行政や経済界に働きかけをしていく考えだ。同時に、多くの人が地域に関わる仕組みづくりをすることも、まちづくりに関わる NPO の大きな役割である。新旧事業の見直しをし、効果的な取り組みをしたいという。

## （3）女性に関連するアドボカシー型 NPO の事例

【事例 7】
ワーキング・ウィメンズ・ネットワーク（WWN）
概要：1995 年住友系企業 3 社を訴えた賃金差別裁判の原告支援を機に結成。2004 年に赤松良子賞、10 年に津田梅子賞、15 年に大阪弁護士会人権賞を受賞。
所在地：大阪府大阪市　ウェブサイト http://WWN-net.org/。
回答者：越堂静子（代表）

### 女性差別撤廃条約に依拠した国際活動

ワーキング・ウィメンズ・ネットワーク（WWN）は、住友メーカー男女賃金差別裁判のサポートを契機に 1995 年に設立された。女性の地位向上を目的と

して、女性差別撤廃条約に依拠した国際活動を展開している NGO である。

　設立から 20 年、CEDAW（国連女性差別撤廃委員会）や ILO（国際労働機関）に向けて、データを示し、男女平等実現を求めた提案を数回にわたって行ってきた。2008 年には ILO が WWN のレポート内容を引用し、「裁判が 10 年以上もかかるのは、同一価値労働同一賃金が法に明記されていないから」と政府に「立法化」を要請した。また、CEDAW の勧告を受け、「暫定的特別措置（ポジティブ・アクション）」の実施のため、働く女性へのインタビュー調査と企業訪問を行い、政府や企業に国際基準の遵守を求める活動を行っている。

## WWN と住友メーカー男女賃金差別訴訟

　1995 年秋、住友メーカー（3 社）に対して、9 人の女性が賃金差別訴訟を起こした。住友電工裁判は、2004 年 1 月、勝利和解した。大阪高裁の強い勧告で実現した和解は、間接差別を言及した。会社は、原告各自に対して、①500 万円を支払う、②昇進させるとともに、国に対して差別是正のため積極的に調停を行っていくという画期的な内容であった。原告全面勝訴以上の内容だった。2006 年の住友金属裁判の勝利和解をもって、住友メーカー 3 社裁判は終結。日本の男女平等は、裁判という過酷な道のりを、女性たちの粘り強いエンパワメントのみで切り拓いてきたのだ、と思い知らされる。国内のみならず、国際的な支持をえるため、日本の裁判の実情を CEDAW の会場やメディアで訴えるなど、精力的な活動を行ってきた。歴史的には激しいバックラッシュの只中にあって、そこに突破口を示す活動であった。

　WWN の前身には、複数の草の根団体があった。1975 年から約 10 年間，講演活動やミニパンフ発行などをしてきた「国際婦人年北区の会」（正路怜子代表）と 1980 年から始まった「男女賃金差別をなくす大阪連絡会」である。当時、組合女性部では生理休暇などは扱っていたが、さらに賃金格差をなくす活動が必要だとして発足した。さらに、1983 年から活動を始めた「商社に働く女性の会」（越堂静子世話人）、1990 年から 95 年の間に宮地光子弁護士を中心に「均等法実践ネットワーク講座」で、一緒に学んだ女性が起こした住友裁判をサポートするための活動等である。

## 2007 年、イギリス、ILO への旅

裁判後の 2007 年、WWN は、「同一価値労働同一賃金」の立法化を目指して、イギリス、ILO の訪問を企画した。「ILO-100 号条約（同一価値の労働についての男女労働者に対する同一報酬に関する条約：1951 年 6 月 29 日第 34 回総会で採択）の遵守」に焦点をあて、ILO へのロビー活動やイギリスの労働組合（公務員、病院関係）の取組みを調査する目的で実施した。「日本の男女格差」は世界中が審判員として監視していることを、身をもって実感した。

WWN がめざしているのは、間接差別を容認する「男女雇用機会均等法・指針の雇用管理区分の削除」と、男女賃金格差是正、正規・非正規賃金格差是正のツールである、「同一価値労働同一賃金の立法化」、そして選択議定書の批准である。WWN は、正社員における男女平等の実現、同一価値労働同一賃金の実現を追求してきた。しかし、非正規雇用がますます広がっている折から、2014 年に 110 人の非正規女性へのインタビューを行った。ほとんどが元正社員で、本来なら管理職対象者の女性たちだった。同じ課題がみえてきた。正規社員の賃金差別の問題を是正することは、非正規社員の待遇の改善にも必ずつながるのである。

## CEDAW での経験から

2106 年は、女性差別撤廃条約の採択から 30 年、選択議定書の制定 10 周年である。2016 年 2 月 15-16 の両日、CEDAW は、女性差別撤廃条約に基づき、締約国の差別の是正状況を審議した。2009 年から 7 年ぶりである。日本から参加した女性団体のひとつとして WWN は、審議傍聴や意見表明を行った。

一方、日本政府は、外務・法務・厚労・文科の各省と内閣府、警察庁の担当者が回答した。「憲法と男女共同参画社会基本法で男女平等や差別禁止を規定している」といい、民法改正については「世論の動向を注視している」、選択議定書批准については「真剣に検討中」などとし、従来の回答を繰り返した。委員からは、「日本でセクハラを禁止することがそんなに大変なことなのか」「日本政府が『ジェンダー平等』にあたる用語として使用している『男女共同参画』は、人権より経済成長のための意味合いが強く、条約が求めるジェンダー平等の定義と合致していない」との厳しい指摘もあった。CEDAW 委員の前で発

言したセクシュアル・ハラスメント裁判の原告は、「世界が受け止めてくれた」と日本の裁判のおかしさが認められ確信をもったと話す。

　また、第3次男女共同参画基本計画の未達成部分について、差別是正が進まない原因の究明や具体的手だてを問う委員に対して、日本政府は、「第四次基本計画や女性活躍推進法で取り組んでいく」などと回答。「差別をなくし、事実上の平等を実現するという条約締約国として、日本政府の本気度が問われる状況である」とWWNは結論づけている。

〈代表者の声〉
「商社に働く女性の会」を結成

　越堂静子代表は、1962年に商社の日商（当時）に入社。1983年に他社の女性たちと「商社に働く女性の会」を結成。この会で2年かけて各商社の就労規則実態調査を行い、男女別の福利厚生のあり方や男女別の賃金構造が存在していることがわかった。45歳の女性と27歳の男性の年収が同じ状況について、「やっぱりおかしい」と怒りが沸いてきた、という。

　この調査報告をもって、1985年の世界女性大会ナイロビ大会でワークショップを行った。しかし、初めての経験で何もかも準備不足だったようだ。

　1986年雇用機会均等法がスタートし、コース別制度が導入されたが、男性職と女性職はほとんどそのままで、ほんの少しの女性総合職と大多数の女性一般職となっただけだった。越堂代表も均等法を機会に一般職から総合職にコースを変えた。40歳半ばで、総合職第1期生となった。「女性だけに試験するんじゃなくて、すべての男性にも試験してはどうですか？」と労働組合にいったら、委員長が「すべる男がおるからあかん」っていった。「腹立った！」。

　初の総合職なので会社のなかで所属場所がなかなか決まらない。「どう扱っていいかわからん」と人事部。幸い、宅地建物取引主任免許の取得が役にたって、建設部に配属された。仕事相手は男性ばかりのなかで、一人前の営業ウーマンになるのに3年かかった。

越堂静子（ワーキング・ウィメン・ネットワーク〈WWN〉代表）

第3章　ジェンダー平等をめざす日本のNPOの実像　129

### 「大阪弁 English」で国際活動スタート

　国際機関へのロビイングなどの国際活動は、「商社に働く女性の会」で、1991年に国連に「CEDAW への手紙・商社の女性は今・均等法後の職場は」というレポートをもっていったことが契機となった。レポートを国連のフォーカル・ポイント・フォー・ウィメンの部長に渡すと、「草の根のグループが、直接、国連に訴えにきたのは初めて、非常に深く感動した」といわれた。国際機関が、NGO のレポートをきちんと受け止めてくれると知った。

　1995年の北京女性会議にも参加した。住友裁判の提訴直後に、大阪の女性たちのグループ50人規模で北京会議にのりこんだ。そして「住友裁判はいま」という分科会を行った。インド女性は、「私たちは貧困で苦しんでいる。あなた方は男女賃金差別で。どちらも根っこは同じです」と。中国の女性は「中国は農民の、アメリカは移民の、日本は女性たちの犠牲で繁栄している」と話した。ナイロビのワークショップでは、司会をしたが「（大阪弁 English で）めちゃくちゃ英語」だった。しかし、出会った世界の女性たちはパワフル。民族衣装着て「男女平等は世界の流れだ」といわれて、「そうや！」実感した。働き出して24年目の目覚めだった。

　1995年の北京会議では、これからはインターネットの時代になることを痛感した。会場にアップル社のパソコンがずらりとならび、もらう名刺には、メールやホームページのアドレスが載っていたからだ。

### 国連に乗り込み続けて20年

　WWN 発足前年の1994年に CEDAW 日本政府レポート審議会の際に、裁判直前の原告予定者たちがでかけていって、提訴について説明した。CEDAW の委員たちに励まされた原告予定者たちは、「男女平等は世界の流れだ。裁判で負けても、結局笑われるのは会社だ」という確信をもった。

　仲間たちと WWN を設立してから、これまで12回、自費で渡航して国際機関でロビイングしている。世界から力をもらっていると感じている。「世界中の人が励ましてくれる」と実感できるからだ。宝物にしていることばは「知は力」「継続は力」。そして、もうひとつ、「先手必勝」。気持ちのなかに「怒り」があっ

たからこそやってこられた。自らのなかの「怒り」や「何とかしたいという意思」が原動力。継続しないと実りにならないという。

## （4）女性関連 NPO を資金支援する NPO の事例

---

**【事例8】**
NPO 法人グループみこし「藤枝澪子基金」
概要：1989 年、グループみこし結成。2008 年に NPO 法人に認証。
所在地：大阪府大阪市　E-mail: g.mikoshi@etude.ocn.ne.jp
回答者：米田禮子（理事）

---

NPO 法人グループみこしは、男女共同参画社会の実現をめざして活動するグループで、1989 年、近畿圏の自治体職員と京都精華大学教員（当時）藤枝澪子とで発足した。「わたしたちが担いだみこしのなかみ～自治体と女性関連講座」を国立女性教育会館（当時）で実施し、ここからグループ名が決まった。その後『自治体の女性政策と女性問題講座』を出版（1994 年）。

またフォーラム「女性政策・講座・女性センターの近未来」を開催し、報告書を発行。1995 ～ 6 年には、女性政策指標・女性問題職員研修プログラム開発・女性問題講座を調査研究し、『女性政策「指標」研究、女性問題職員研修プログラム開発報告書』を発行した（おおさか市町村職員研修研究センター助成）。2001 年には『実践事例――どう進めるか、自治体の男女共同参画政策～その取り組み方・創り方』を出版。2006 年には男女共同参画センターへの指定管理者制度の導入状況の全国調査を実施し、「変わった？　変わらない？　男女共同参画センター～指定管理者制度の導入をめぐって」（報告会）を開催、その報告書を発行（大阪府人権協会助成事業）。また男女共同参画センターの評価（2010 年）、男女共同参画の視点からの防災・復興のあり方（2011 年）などタイムリーな問題を提起してきた。

このように多くの女性政策・男女共同参画関連職員に、指導書・手引書の役割をはたしてきた。

第 3 章　ジェンダー平等をめざす日本の NPO の実像

### ジェンダー平等をめざす藤枝澪子基金

藤枝澪子（1930-2011 年）は、女性学やジェンダー論を専門とし、教育研究活動に従事するとともに、多くの自治体の男女共同参画政策や事業の推進に貢献してきたが、2011 年に亡くなった。グループみこしは、ジェンダー平等の種を蒔きつづけて——藤枝澪子の足跡』を編纂出版（2012 年）、2013 年 7 月には藤枝澪子「ジェンダー平等をめざす藤枝澪子基金」を設置した。

助成対象事業としては、ジェンダー平等、女性の権利の実現のためのセミナー・シンポジウム開催、相談・支援事業、人材育成、表現活動、冊子制作、調査研究などである。

応募資格は、ジェンダー平等、女性の権利の実現等の事業や調査研究を行う個人・団体（法人格のないものを含む）・グループなどとしている。助成額は助成対象経費（要綱参照）の 10 分の 10 以内、1 事業あたり 50 万円を限度し、参加費等他の収入を差し引いた額とし、事業実施期間は 2 年間としている。選考基準は、以下の 6 つである。

1) ジェンダー平等の視点（ジェンダー平等に敏感な視点がある）
2) 必要性（現状・課題を踏まえ、必要性・重要性がある）
3) 実行性（事業の内容が明確でわかりやすく方法形式も内容に合致）
4) 発展性（効果が期待できる）
5) 先駆性（事業内容・手法に、新しい視点があり、創造性がある）
6) 社会性（広く開かれた活動であり、公益性がある）

この助成金は、当初、募集回数は 3 回程度、助成総額は毎回 300 万円での実施を予定していた。しかし、予想をはるかに上回る応募数となり、助成総額を大幅に引き上げ、募集回数を 2 回に減らすことになった。


### 大震災の復興支援にかかるジェンダー平等をめざす藤枝澪子基金

ジェンダー平等をめざす藤枝澪子基金の一環として、東日本大震災からの復興支援をめざして、復興支援にかかるジェンダー平等、女性の権利の実現等を目的とする東北 6 県の個人・団体・グループの活動を対象に特化した助成事業を行った。この事業は、事務局を特定非営利活動法人イコールネット仙台に委託した。

助成金への応募は、北は北海道から南は九州まで、全国各地に広がっている。申請事業の内容も、性暴力やDVなど緊急を要する課題から、芸術文化分野、歴史的経緯の総括など多彩なジャンルにわたる。ジェンダー平等についての社会的関心が薄れつつある昨今だが、さまざまな団体が全国でたゆまず活発な活動を繰り広げている実態がよくわかる。東北各地から、女性の経済的自立や外国人女性に視点をあてた取組み、被災女性や子どもたちへの支援者に対するフォローなど多様な申請があった。

　第1回の助成金は、2014年4月1日〜16年3月31日に実施を予定している事業、第2回の助成金は、15年4月4日〜17年3月31日に実施を予定している事業を対象に行った。藤枝澪子の遺志は、第1・2回及び東日本大震災復興支援分を合わせ51団体に対して、総額2836万7000円の助成金交付を通じて活用されることとなった。

　地道な活動が全国各地で展開されていることが明確になるとともに、資金援助が有効であることが実感される。

---

**【事例9】**

**公益財団法人パブリックリソース財団「あい基金」**

概要：日本初の女性が女性を支援する基金 あい（I）。「女性が先頭に立ち
　　　行動し（Initiative）、女性の自立を実現し（Independent）、誰もがそ
　　　の価値を認め合う（Inclusive）を指す。2000年NPO法人パブリッ
　　　クリソースセンター設立、2013年1月公益財団法人パブリックリソ
　　　ース財団設立をへて、2015年12月に「あい基金」設立。創設初年
　　　度、2016年3月までに450万円の資金を調達し、2016年度に300万
　　　円の助成プログラムを実施。

所在地：東京都中央区　ウェブサイト http://www.public.or.jp/

回答者：岸本幸子（事務局長）

---

**日本初、女性が女性を支援する基金**

　パブリックリソース財団は、日本初の、市民の手による女性のための基金「あい基金」を創設した。企業、行政、大学、NPOなど多様な場で働く女性や、

企業が立場を越えて協力する日本初の女性のための基金である。この基金は女性が立場を越えて力を合わせ、寄付やボランティアを通じて、女性にまつわる課題解決に取り組む活動を育み、応援する仕組みである。

　未来をつくる女性の活動に資金で応援するする仕組みは、日本では少ない。基金の創設に際し、クアルコム　ジャパン株式会社より設立支援の協賛をえて、基金運営は一般社団法人 Women Help Women との協働で進められている。

　具体的な仕組みは、パブリックリソース財団内に設置された基金に個人や法人からの指定寄付金を受け入れ、女性に関する課題解決に取り組む NPO や社会起業家などに助成する。助成事業は、公募などによって募集し、外部有識者によって構成される審査委員会が支援先を選定する。


### 「女性の経済的自立の実現」支援にフォーカス

　豊かになったはずの日本に立ちはだかる女性の貧困問題は、今や深刻である。労働の場では男女の賃金格差、育児や親の介護などに起因する労働格差などさまざまな労働差別は解消するどころか、深まり広がったといえる。働く女性の過半数は非正規労働であり、これではキャリアの設計も描けないし、労働格差はリタイアー後の年金額にも直接響くのである。

　女性の非正規労働者の平均年収は 200 万円程度で、これは男性正社員の半分以下である。働くシングルマザーの労働環境は、特に厳しい。母子家庭の平均収入は、父子家庭の 2 分の 1 にすぎない。このままでは負の連鎖が次の世代に及ぶことで、将来の経済不安につながり、深刻な社会リスクをはらんでいる。

　こうした状況を踏まえ、あい基金は、女性をめぐる課題の根本にある、女性の経済的な自立の実現に着目し支援先として、女性が育児や介護、障がいなどさまざまな事情を抱えながら働き続けることができる就業の場づくりに焦点を当てる。地域に利益をもたらす経済循環を創出する事業、地域に存在する資源や多様なネットワークを十分に活かし、可能性を広げていく事業や、IT の活用やグローバルな交流など新たな視点をもった取り組みに助成を行っていく。支援数は、2 団体。助成金は、1 件一年間 50 万円。原則として、2 年間の継続助成とする。初年度（2016 年度）は、東日本大震災被災地において女性が中心となって取り組む、女性の生業の場づくりや地域づくりの活動を応援するため

東北3県から2団体に年間50万円を2年継続助成した。5年目の2019年度には、個人寄付500万円、法人寄付1000万円を毎年安定的に確保し、年間助成額1200万円（国内女性分野の民間助成金制度として最大規模）の基金にすることを目標としている。実績を積むことにより、成熟世代の寄付や遺贈の受け皿となることをめざす。

## 「女性が未来をつくる」をモットーに

　あい基金は、「女性が未来をつくる」をモットーに女性の支援に特化して、設立された。この基金には、4つのポイントがある。

　第1は、女性が女性を支援する「恩送り」の仕組みだということ。これまで職場、家庭、行政、学校などさまざまな場面で社会を支えてきた女性が、人生を通じてえた知見や資産を、経済的な自立など女性が抱える課題の解決や次の世代にチャレンジできる機会をつくることに投じることで、世代を越えて「恩を送る」仕組みなのである。

　第2に、女性の社会課題解決に関心をもつ市民や企業がもつ資源（資金、物品、ノウハウ、ネットワーク等）をもち寄り、集中して戦略的に投資することにより、未来を切り拓く「コレクティブ・フィランソロピー」だということ。

　第3に、支援先が継続的な事業を展開し、社会的成果を生むように、資金（助成金）の提供にとどまらず、マネジメントやマーケティング等の経営・技術支援もあわせて実施し、女性の社会課題解決に取り組む活動の人材育成、組織基盤強化の応援をするということだ。

　第4は、女性支援のネットワークづくりで、女性のエンパワメントに関心をもつ市民・企業が集い、ネットワークの構築やベストプラクティスの共有などができる場をつくるということである。

## 女性が寄付をしやすい仕組みづくり

　寄付金は、銀行振り込みおよび、オンライン寄付、ソフトバンク「かざして募金」（準備中）からも受け入れる。主な寄付者として女性経営者、プロフェッショナル、女性企業幹部、女性を主な顧客とする企業およびその消費者、遺贈に関心のある成熟世代の女性を想定している。今後、寄付イベントや、企業タ

第3章　ジェンダー平等をめざす日本のNPOの実像 135

イアップによる寄付つき商品の開発、遺贈説明会など、さまざまな寄付の機会を提供していく。いずれにしても原資を確保することが重要で、日本には寄付の文化がないといわれる実態のなかで、寄付文化を育てる活動にも力を入れている。

財団のパンフには「意志ある寄付で社会を変える」として「ひとつの水滴が大きな波紋を描くように、意志ある人々や企業の寄付を結集することで社会をかえるお金の流れをつくり、人間の生命と尊厳が守られる持続可能な社会を創造します。そのために私たちがめざしているのは、手ごたえのある寄付、信頼感のある寄付、そしてワクワクする寄付です」と寄付への理解を訴えている。

そして、2016年度事業報告に以下の一文がある。

「今、世界では孤立・分断と連帯・融和の二つの潮流がせめぎ合っています。孤立感は、他者から奪われることへの恐怖や怒りに根ざしています。しかし一方で人間は奪い合うのではなく、分かち合うことで人間になれた、といわれます。寄付は、私たちの生命の根幹にある人間性に結びついているのだと思います」


〈代表者の声〉
### 子育ての時代にあった「気づき」

2000年のパブリックリソースセンターの設立以来、日本に寄付文化を育てる推進役として活躍する岸本幸子事務局長だが、そのバックグラウンドは、自身の子育ての時期にあるという。均等法以前では、大卒として将来管理職になることも含んで一生働き続けたいと願う女性にとって、企業の採用枠は狭き門。入社後2年目で出産したが、保育所事情は悪く、やっとたどり着いたのは共同保育所。そこでの運営費捻出のために保母も母親もみんなで廃品回収やバザーに取り組んだ経験が、後にコミュニティビジネスやNPOとの最初の出会いだった、という。

岸本事務局長は、いう。「私はNPOなどの非営利セクターの一番大切な役割は、社会の周辺の当事者でしか把握されていない新しい問題を顕在化し、社会に働きかけていくことだと思う」と。「社会の変革は常に周辺から始まる。こうして気づいた個人や団体がなんとか乗り切ろうと活動を始める。しかし社

会的に何らかの手立てが講じられるまでには歳月を要する。今ようやく保育環境や介護の状況もかなり社会変革を遂げてきた。しかし、その間の運動には下支えが必要である。運動への支援、それが寄付なのだ」と。

「周辺から始まる苦難の長い年月をできるだけ縮小するためには、アメリカで実現されているような寄付文化の風土づくりや寄付をしやすくするシステムを構築することだ」と決意した。「困難に直面している当事者やNPO

岸本幸子（公益財団法人パブリックリソース財団「あい基金」事務局長）

などが活動を開始して、社会の仕組みに反映されるまでの時間は、おおよそ短くて10年。長ければ20年に及ぶ資金のない運動期間を支えるには寄付や会費、助成金、ボランティアなどの志ある自発的で自由な資源が必要なのだ」と実践に基づく理論を展開する。

## アメリカのNPOにおける資金調達と助成事業の経験

岸本事務局長は、1996年から夫の赴任先のアメリカでNPOのファンドレイジングの勉強を始めた。1999年からは、日米センターのNPOフェローとして、ニューヨークのNPO（United Way of New York City と New York Community Trust）で実務研修して帰国、パブリックリソースセンター設立に参画した。

このアメリカでの非営利のマネジメントや歴史の勉強、それに続くNPOでの実務研修が本当に貴重な経験だったという。岸本事務局長も指摘するように、アメリカには長年にわたるファンドレイジングの基盤があった。建国の当初からNPOの活動なし社会自体が成り立たなかった、アメリカ。1990年代には、ファンドレイジングには、まずファンドレーザーを置くこと、次にドナー（提供者）のデータベースをつくること、データベースをつくるためにデータベースソフトと名簿を買ってくる、などの具体的な手順で指導が行われていた。

さらに1990年代後半には、主としてIT産業の成功者たちの間からベンチャーキャピタルの手法を寄付に導入する動きがでてきた。明確な目標設定をして継続的に資金援助をするだけでなく、経営支援も加えて、事業体を育てて

社会的な成果をあげようとする動きが活発になっていた。

## 荒野に街を一からつくる作業

　これらの現実的な調査や見聞をへて、岸本事務局長をはじめとするパブリックリソース財団のスタッフは、日本での寄付文化の育成を一から始めた。この作業を岸本事務局長は、「荒野に街を一からつくる作業」と呼んだ。

　具体的には、日本のNPOの実態調査をし、日本にどのくらいの隠れたリソースがあるのかを表にする作業から開始した。その後多くの準備活動をへて、2015年からは、「女性が女性を応援する初めてのファンド」を立ち上げた。実績はこれからだが、日本の現状を考えると期待感が大きい。

## 「寄付文化と女性の役割」から

　2016年1月27日、NHKの番組「視点論点」で、岸本事務局長の主張が取り上げられた。寄付活動における女性の役割を中心に、彼女の考えをみてみよう。寄付白書によると、女性は30歳代以上のすべての年代で男性より寄付する比率が高く、社会貢献の意欲をもっている。遺贈、つまり遺言による寄付に関しても女性、特に未婚の女性は関心が高い。しかしこれまで女性を取り巻く社会課題を支援するようなお金の流れや、女性が寄付しやすい仕組みはあまり発達してこなかった。

　本書の第7章でも「女性財団」として紹介されているが、アメリカでは、30年ぐらい前から、「ウィメンズ・ファンド」（女性のための基金）をつくるという運動が起こっていた。この女性基金は、複数の人から寄付を募り、そのお金をよりよい社会をつくる活動に投資をする。いわば女性支援のためのみんなのお財布のような仕組みである。大金持ちでなくても、同じ思いをもつ多くの人のお金をまとめることによって、社会に変化をつくり出そうとするものである。これは、女性が、自分たちの意志でサポートする団体を決め、次世代の育成や女性のエンパワメントに積極的に取り組んでいくことである。しかも、参加する女性自身も、その場を通じてネットワークの輪をひろげ、自分のキャリアステップに役立てていくことができる。ウィメンズ・ファンドやギビング・サークルは、社会や環境、人権などソーシャルなことに関心が寄せられる時代の新

しい社会貢献のあり方を示しているといえる。

　女性が女性を応援するウィメンズ・ファンドの活動は、日本の寄付文化を刷新していくことになるだろう。寄付に対する考え方の変化が起こっている現在、女性たちが自分たちの意志で、女性のよりよい未来をつくるために自分のお金を投資する仕組みができた。他ならず、「あい基金」のことだ。そして最後に、「女性が女性を応援する『あい基金』の活動はきわめて重要になっている」と締めくくっている。


## 注

1　https://www.jfc.go.jp/n/findings/pdf/ronbun1208_03.pdf#search='NPO+%E8%AA%B2%E9%A1%8C',（2018 年 8 月 8 日閲覧）

2　https://www.NPO-homepage.go.jp/uploads/h29_houjin_houkoku.pdf,（2018 年 8 月 8 日閲覧）

3　http://www.gender.go.jp/research/kenkyu/challenge_NPO/index.html,（2018 年 8 月 8 日閲覧）


〔参考文献〕

秋山訓子著『ゆっくりやさしく社会を変える』2010 年　講談社

井上摩耶子編著『フェミニストカウンセリングの実践』2010 年　世界思想社

大槻奈巳・藤本隆史・堀内康史・羽田野慶子著『女性の NPO 活動の現状と課題──キャリア支援から地域づくりへ』2008 年　独立行政法人国立女性教育会館

柏木宏著『NPO と政治』2008 年　明石書店

神原文子著『子づれシングル──ひとり親家族の自立と社会』2010 年　明石書店

鈴木尚子著『現代日本女性問題年表──1975-2008』2012 年　ドメス出版

田中優編著「おカネが変われば世界が変わる」2008 年　コモンズ

谷本寛治編『ソーシャル・ビジネス・ケース』2015 年　中央経済社

筒井惇也著『仕事と家族──日本はなぜ働きにくく産みにくいのか』（中公新書 2322）2015 年　中央公論新社

内閣府男女共同参画推進課『女性の再チャレンジと NPO についての調査報告書』2010 年

ナサニエル・ブランデン著、手塚郁恵訳『自信を育てる心理学──セルフ・エスティーム入門』1992 年　春秋社

野津隆志著『アメリカの教育支援ネットワーク──ベトナム系ニューカマーと学校・NPO・ボランティア』2007 年　東信堂

服部茂幸著『アベノミクスの終焉』（岩波新書新赤版 1495）2014 年　岩波書店

パブリックリソース研究会編『パブリックリソースハンドブック──市民社会を拓く資源ガイド』2002 年　ぎょうせい

原田晃樹・藤井敦史・松井真理子著『NPO 再構築への道――パートナーシップを支える仕組み』2010 年　勁草書房

レスリー・R・クラッチフィールド／ヘザー・マクラウド・グラント著、服部優訳『世界を変える偉大な NPO の条件――圧倒的な影響力を発揮している組織が実践する六つの原則』2012 年　ダイヤモンド社

若田部昌澄著『解剖アベノミクス』2013 年　日本経済新聞出版社

# 第4章
# アメリカの女性の
# 権利擁護運動の歴史とNPO

柏木　宏

隣保館運動の指導者として知られるジェーン・アダムスを記念した Jane Adams Hull House Museum（2017年8月、イリノイ大学シカゴ・キャンパスにて、筆者撮影）

1913年3月3日、首都ワシントンで行われた婦人参政権を求める集会のポスター（20017年8月、首都ワシントンのBelmont-Paul Women's Equality National Monumentで、筆者撮影）

自由と平等、そして人権の尊重。アメリカでは、これらが理念だけでなく、現実に守られ、推進されている、と考えている人が少なくないだろう。しかし、奴隷解放から150年以上、公民権法成立から50年余りが経過した今も、黒人に対する警察官の暴行事件が相次いでいることに象徴されるように、人種問題は、依然として深刻だ。

女性に関してはどうか。21世紀の今も、アメリカでは、男女同権が憲法上認められていない状況が続いている。さらに、2017年11月、ハリウッドの大物映画プロデューサー、ハーベイ・ワインスタインの行為がきっかけとなり、「#MeToo（私も）」の合い言葉でセクシュアル・ハラスメントを非難する声が噴出している。これらの事実は、アメリカで男女同権が現実化していないことを示している。

被差別者は、自らの状況を変えるため闘う。アメリカで、奴隷解放に向けて闘った黒人は、教会というNPOを拠点にしていた。女性は、自らの地位向上と権利の擁護と拡張、同胞の支援のために、NPOを積極的に活用してきた。

では、女性は、どのようにNPOを活用してきたのか。本章では、アメリカ社会における女性に対する差別の状況を踏まえつつ、差別をなくすためにNPOをツールとした女性の闘いの歴史について、NPOの創立者のバックグランドも含めて、みていくことにする。

なお、NPOには、NPO法人に代表される公益型の組織だけではなく、労働組合や協同組合、さらに法人格をもたないボランティア団体など、さまざまな団体が含まれる。また、20世紀に入るまで、法人制度やNPOへの寄付控除などの税制は、ほとんど整っていなかった。このため、ここで取り上げるNPOは、今日、法人格や税制で分類されるものと異なり、かなり幅広い団体が含まれることになる。

# 第1節　18世紀から20世紀初頭までの女性の運動

アメリカで女性差別の撤廃を求める歴史的な出来事といえば、女性の権利会議が真っ先に頭に浮かんでくる。1849年7月19日から2日間、ニューヨーク州セネカフォールズで開かれた会議のことだ。エリザベス・スタントンが

中心になって起草した「所感宣言」（Declaration of Sentiments）には、688 人の女性と 32 人の男性が署名。すべての男性と女性が平等であることを宣言した。1869 年、婦人参政権の獲得をめざし、スタントンらは全米婦人参政権協会（NWSA）を結成。同じ年、マサチューセッツ州で奴隷解放運動にもかかわっていたルーシー・ストーンは、アメリカ婦人参政権協会（AWSA）を立ち上げた。

NWSA と AWSA は、1890 年に合併、全国アメリカ婦人参政権協会（NAWSA）が発足した。翌年、コロラド州は、女性の参政権を認める法律を全米で最初に制定。1896 年にはユタ州とアイダホ州、1910 年にはワシントン州、11 年にはカリフォルニア州など、相次いで同様の法律が制定された。1918 年に連邦下院、19 年に上院が婦人参政権を認める憲法修正第 19 条を可決。州の批准投票が始まり、翌年 8 月 26 日、テネシー州が 36 番目に批准、改憲が実現した。

婦人参政権が女性の権利拡張運動にとってきわめて重要なことは、論をまたない。しかし、女性の権利擁護や NPO での活動という観点からみると、アメリカの女性は、参政権の実現を求める以前から福祉や教育の分野を中心にして、さまざまな事業や活動に取り組んでいた。以下、NPO への税制優遇制度などが形成される以前の 20 世紀初頭までの女性の運動について、NPO という視点を中心に、整理していこう。

### （1）女性による女性のための教育の促進

アメリカの女性は、18 世紀後半から、戦争の負傷者や遺族、災害の被災者などへの支援に加えて、貧困生活を送る未亡人や子どもの救済活動に積極的にかかわっていた。1797 に設立された、幼児をもつ貧しい未亡人救済協会（SP-WSC）は、そうした活動を行っていた NPO で、スタッフは全員女性だった。

1806 年、SPWSC のイザベル・グラハム会長は、6 人の子どもをもつ未亡人が亡くなった後、この子どもの養育問題に直面した。この時、貧窮院にまかせるのではなく、自分の娘と友人で未亡人のエリザベス・ハミルトンらに呼びかり、ニューヨーク市孤児避難協会（OASLNY）を設立。マンハッタン南部のグリニッジ・ヴィレッジの小さな一軒家で、孤児が生活できるようにした。[1]

グラハムのまいた種は、200 年以上たった今、グラハム・ウィンダムという名称の NPO として、里親プログラムやメンタルヘルス、放課後の学習支援な

どに加え、児童生徒数 300 人をもつグラハム・スクールという幼稚園から高校
までの学校の運営にもかかわっている。2015 年度の 990 書式によると、同年
度には、28 人の理事のもと、パートタイムを含めて 832 人の職員と約 350 人
のボランティアが活動。5575 ドルの歳入（歳出は 5470 万ドル）の大半は政府の
補助金だが、寄付も 230 万ドル余りにのぼっている。

　女性が 19 世紀から取り組んだ社会活動の重要な領域として、医療や教育を
あげることができる。背景には富裕層や中間層の女性のなかに高等教育を受け
る機会が増加した反面、学位を取得しても職業が男性に限定され、せっかくの
専門性が生かせないという状況があった。その典型例といえるのが、エリザベ
ス・ブラックウェルだ。

　全米で初めて女性として医師免許をえたブラックウェルは、1853 年にニュー
ヨーク貧しい女性と子どものための診療所（NYDPWC）を開設した。当初は
外来専門で、開業時間も週に数時間にすぎなかった。しかし、1857 年にこの
診療所を閉鎖した後、ニューヨーク女性・子ども病院（NYIWC）をスタート
させた。

　NYIWC は、外科手術も可能なうえ、入院患者用のベッドもある当時として
は本格的な病院だった。さらに、貧しい患者への治療だけでなく、女性医師の
職場でもあるとともに、医学や看護学を学ぶ女子学生へのトレーニング施設も
かねていた。大手の病院で女性が診療や治療を行うことが認められていなかっ
た時代に、医療や看護の世界で女性の進出を促す役割をはたしたといえよう。
ブラックウェルの病院は、合併を繰り返し、2013 年にニューヨーク長老派ロ
アーマンハッタン病院（NYPLMH）となり、現在に至っている。

　女性が高等教育を受ける機会を生み出す努力も、女性によって進められて
いった。19 世紀に設立された女性を対象にした高等教育機関といえば、セブン・
シスターズがあげられる。ハーバードなどのアイビー・リーグの大学がコーネ
ル以外すべて男子校だったことから、女子大学の名門校の代名詞として用いら
れるようになった。ヒラリー・クリントンが卒業したウェルズリーや津田塾大
学を創設した津田梅子が通ったブリンマーなど、7 大学からなる。

　セブン・シスターズ以前に、女性が設立した教育機関もあった。エンマ・
ハート・ウィラードのトロイ女性神学校（TFS）は、その一例である。TFS は、

1814年にニューヨーク州トロイに開設され、教員養成と大学進学に向けた準備教育を提供。ウィラードの死後の1895年、エンマ・ウィラード学校（EWS）に改名された。現在、中高一貫教育の教育機関として全米26州、世界35ヵ国からの生徒の学び舎として機能している[4]。

　南北戦争により、奴隷が解放されたものの、黒人が置かれた社会的、経済的、政治的な状況はあまり変わらなかった。このため、20世紀になると、黒人の地位向上をめざす運動が広がった。1909年の全米有色人種地位向上協会（NAACP）の設立は、その象徴だ。

　これに先立つ1904年、後に「黒人のファーストレディ」と呼ばれることになる、メリー・マックレオ・ベスーンは、黒人少女デイトナ文学産業訓練学校（DLITSNG）を開設した。生徒数わずか5人でのスタートだったが、1923年にクックマン大学と合併、41年にはフロリダ州から4年制大学として認可された。現在は、ベスーン・クックマン大学（BCU）として、教育、経営など8学部に4000人の学生が学ぶ、黒人大学に発展した[5]。

## （2）移民支援の隣保館と労働運動における女性の役割

　20世紀のアメリカは、移民の急増とともに始まった。1890年代には350万人だった移民は、20世紀の最初の10年間に900万人へと増加。19世紀末から20世紀初頭にかけて、中国、そして日本からの移民が規制される一方で、イタリアやギリシャ、ポーランド、スロバキアなどの南欧や東欧の諸国から移民が流入した。それまで主流だったアングロサクソン系とは言語や宗教も異なり、移民業者に多額の資金を支払い、渡米した後に働いて返却する契約労働者だった。当時のニューヨークでは、4人のうち3人がこうした移民だった。彼らを「隣人」として迎え入れようとして手を差し伸べたのが、隣保館運動だ。

　全米最初の隣保館が設立されたのは、1886年。ニューヨークのロアーイーストサイドのスタントン・コイトのネイバーフッド・ギルドである。ロンドンのトインビーハウスの影響を受けた人々により、隣保館は、ニューヨークをはじめとした大都市で相次いでつくられていった。そのひとつが、シカゴのウエストサイドでジェーン・アダムスがエレン・ゲイツ・スターとともに設立したハル・ハウスである。1889年の設立後、運動は拡大し、アダムスは、1911

第4章　アメリカの女性の権利擁護運動の歴史とNPO　145

年には、13の隣保館を運営。当時は、いわゆる進歩主義時代で、さまざまな社会運動が展開され、隣保館の設立も相次いだ。その結果、1913年の"Handbook of Settlements"には、全米32州で413件がリストアップされるまでになっていた。

ネイバーフッドハウスまたはセツルメントハウスと呼ばれる隣保館は、貧困地域の真っ只中に設立され、住民への英語教育の他、移民の子どもに対する教育、公衆衛生関係のサービスなどを提供していた。当時の隣保館のうち半数は、女性が運営していたといわれるように、高等教育を受け、社会問題に関心をもつ女性が結集した場でもあった。彼女たちは、隣保館をベースに、ロビー活動やアドボカシーなどを通じて、児童労働、労働基準法、公衆衛生、健康医療、婦人参政権などの問題に取り組んだ。

20代最後の年にハル・ハウスを設立した当時、アダムスは、貧しい人々にアートと文学を楽しむ場を提供したいという、穏健な思いを抱いていたといわれる。しかし、住民の現実にふれるなかで、アメリカ社会に適応していくために英語力を身につけ、料理や裁縫を学ぶとともに、アメリカの政府についての理解が必要と判断し、そのためのプログラムを実施した。

アダムスの活動は、ハル・ハウスに止まらなかった。1894年にはシカゴ隣保館連盟（CFS）、1911年には全米隣保館連盟の設立に尽力した。隣保館運動以外にも、NAACPの結成に協力し、アメリカ自由人権協会（ACLU）には共同設立者として加わった。第一次世界大戦に当たり、女性平和党（後の国際平和自由連盟）を設立し、アメリカの参戦に反対するなど、内外で活動するに至った。こうしたアダムスの活動は、1931年にアメリカ人女性として最初のノーベル平和賞の受賞となって評価されることになる。

労働力としてアメリカに渡った移民は、労働運動の発展にも寄与した。移民女性も例外ではない。縫製機の改良によって多数の女性労働者を雇用するようになったアパレル産業では、東欧からのユダヤ系移民が中心になり、国際婦人繊維労働者組合（ILGWU）が結成された。組織名に「婦人」が入っているのは、低賃金で過酷な労働条件を押し付ける、いわゆるスウェットショップ（搾取工場）で働く女性の縫製工の組合員が多かったためで、女性だけの労働組合ではない。初代の会長ハーマン・グロスマンをはじめ、幹部の大半は男性だった。

146

ILGWU が女性の労働運動の牙城として知られるようになったのは、1909 年から 10 年にかけて展開された、「2 万人の決起」だ。当時、ニューヨークにはブラウスの縫製工場が約 600 あり、3 万人の労働者が働いていた。女性の衣類が家庭でつくられるものから、工場で縫製されるものに変わってきたことを反映し、一大産業に発展していたのである。低賃金や長時間労働、労働災害などに加え、性的な嫌がらせや脅迫、プライバシーの侵害などさまざまな理由から、女性労働者の怒りが爆発。当初はそれぞれの工場で自然発生的に生じた小規模なストライキだったが、徐々に拡大した。しかし、経営側の強硬な姿勢と警察の厳しい取り締まりで、多くの逮捕者をだし、保釈金の支払いなどで、組合支部の資金は底をついていった。

事態を一変させたのは、1909 年 11 月 22 日の組合支部の役員会で「いま決めなければならないのは、ストライキをやるかどうかだ。ゼネストの決議を求める」という 23 歳の女性労働者の声だった。翌朝、1 万 5000 人の労働者がマンハッタンに集結。その 7 割は女性だった。夕刻には 2 万人とも 3 万人ともいわれる労働者が街頭を埋め尽くす事態に発展。この結果、経営側は、週 52 時間労働、年 4 日間の有給休暇、組合員への差別禁止など、組合の要求をほぼすべて呑む形で合意した[9]。

11 週間に及んだストライキは、今日に至るまで、アメリカ史上最大の女性を中心にした労働争議だっただけではない。それまで女性労働者は、家計を支える役割とはみなされておらず、労働組合の男性幹部は、女性の労働市場への参入は男性労働者の賃金の引き下げにつながると懸念していた。しかし、「2 万人の決起」とその勝利は、すでに女性の 2 割が労働力化していたにもかかわらず、組織化に消極的だった労働組合の幹部の意識を変え、労働運動における女性への期待度を大きく高めることにつながった。

このストライキには、多くの団体が支援を提供した。そのひとつに、1903 年に設立された婦人労働組合同盟（WTUL）がある。全米最初の本格的なナショナルセンター、全米労働総同盟（AFL）の大会で設立されたため、労働組合の活動家の集まりと思われがちだ。しかし、ジェーン・アダムスやハル・ハウスの活動家から労働運動に転身したメリー・ケリー・オサリバンらに加え、婦人参政権運動や富裕層の女性らも参加した「女性の絆」的性格をもった組織へと

第 4 章　アメリカの女性の権利擁護運動の歴史と NPO　147

成長した。

WTUL の活動中、アダムスの影響を強く受けながら、労働者の組織化や女性の地位向上の活動を進めたメリー・アンダーソンは、婦人参政権の憲法修正が実現する直前の 1920 年 5 月に発足した連邦労働省女性局の初代局長に就任。その後、四半世紀にわたり、働く女性の賃金や労働条件の改善に尽力した。

アメリカでは、NPO をはじめとした社会運動の指導者が行政の中枢のポジションをえて、運動で取り組んだ課題を政府として進めていくことが少なくない。例えば、ヒラリー・クリントンは、アーカンソー児童家族アドボケイト（AACF）の設立をはじめ、子どもや女性の権利擁護運動のリーダーとしても知られていた。アンダーソンは、こうしたキャリアを歩む活動家のパイオニア的存在ということができる。

### （3）社会を変えた女性篤志家

女性は、社会的な活動を行う NPO への寄付活動も積極的に展開した。大半は、少額の寄付だったが、助成財団の設立や福祉や教育など事業の発展に大きく貢献するような多額の寄付を行う、女性篤志家も存在した。男性中心の社会で、家庭に閉じ込められていた女性に財力があったのか、と疑問を感じるかもしれない。しかし、1860 年には、全米の資産の 5.6% は女性によって所有されていた。男性に比べると、圧倒的に少ないが、女性の間に富の偏在が大きく存在したこともあり、少数の女性が篤志家として生きることが可能だった。

助成財団を設立した例として、鉄道事業などで成功を収めたラッセル・セイジの妻、マーガレット・オリバー・セイジがいる。彼女が設立したのは、全米で最も歴史のある助成財団のひとつ、ラッセル・セイジ財団（RSF）である。福祉や教育事業に多額の寄付を行った例としては、スミス大学の設立のため遺産を寄付したソフィア・スミスや、女性の医師養成を行うことを条件にジョンズ・ホプキンス大学医学部に寄付を行ったメリー・エリザベス・ギャレットらが有名だ。さらに、クララ・ドリスコルのように、女性実業家として、寄付活動にかかわる女性も現れた。以下、彼女たちの足跡をみていこう。

ラッセル・セイジが死亡した翌年の 1907 年、妻のマーガレットは、遺産の一部の 1000 万ドルを基金として、RSF を設立、財団の事業運営に指導力を発

揮した。財団の目的についてマーガレットは、社会や人々の生活状況の改善のため、と記述している。財団設立直後に行われた事業に、ピッツバーグ調査がある。当時、鉄鋼の町といわれたペンシルベニア州ピッツバーグの労働者の状況を調査したものだ。アメリカで最初の本格的な社会調査といわれている。こうした調査をベースに、産業化が進むアメリカにおいて、健康医療、都市計画、消費者問題、労働法制、社会保障などの面で、先駆的な提言活動を続けた。助成活動よりも、調査研究啓発などを主体とした、事業財団といえる。

　1796年にマサチューセッツで生まれたソフィア・スミスは、豊かな農家の長女として育ったものの、高等教育を受ける機会はなかった。しかし、書物や新聞、雑誌などから学び、教養を身につけていった。7人の兄弟姉妹がいたものの、3人は幼少の時に死亡。残りの兄弟姉妹も彼女が60歳を過ぎるまでに亡くなり、父親の財産を受け取ることになった。40歳の時、聴力を失ったため、聾学校への遺贈なども検討したが、彼女の家の付近に聾学校が建設されたため、女性の教育に活用することを考えたといわれている。

　スミスが1870年に死去した翌年、38万ドル余りの遺産はスミス大学に寄贈され、大学は1875年にオープンした。学生14人という小さな一歩から140年が経過したいま、セブン・シスターズのひとつとして、また全米最大の女子大として、知られるまでに至った。

　メリー・エリザベス・ギャレットは、ボルチモアの鉄道王といわれた大富豪、ジョン・ギャレットの長女として生まれた。父親の死後、200万ドルの遺産を相続。父親が評議員をつとめていたジョンズ・ホプキンス大学と同大学の病院へ、多額の寄付を申し入れた。医学部を男女共学にすることを条件に30万ドルの寄付を行うというもので、女性の篤志家の間で用いられた「威圧的フィランソロピー」といわれる手法を最初に用いた例といわれる。大富豪の娘で文字通りのお嬢様育ちのギャレットに、なぜこうしたスキルがあったのかについては、父親の秘書としてビジネスや社交の場にいた経験のためといわれている。

　また、ギャレットは、医学部を大学院として、学士号の保持者のみを受け入れることやカリキュラムの厳格化も求めた。これに対して、「デグリーミル（学位製造所）」といわれた当時の医学部の関係者は、応募者が減ることを懸念して反対。1893年2月、30万ドルの寄付を受け入れることになったものの、そ

の後、サイエンス学部を共学にするため毎年3万5000ドルを寄付するという申し入れには、拒否回答を行った。これに対して、ギャレットは、友人とともに抗議活動を展開。経営状況が厳しくなったこともあり、結局、大学は、この寄付を受け入れることになった。

セイジ、スミス、ギャレットの3人は、いずれも夫や親が残した財産を活用して篤志家として活動した。女性が仕事を通じて大きな資産をえることがきわめて困難な時代のことだ。しかし、20世紀に入り、女性が実業界でも活躍するようになると、自らえた資産を社会のために役立てるようになっていく。クララ・ドリスコルは、そうした女性の先駆者のひとりといえる。

ドリスコルがテキサス州で生を受けたのは、1881年。父親は、実兄とともに、同州で農場や銀行、商業地域の開発などの事業を行う、実業家だった。ニューヨークで学び、パリの近郊にも住み、10代の後半には母親と兄とともに世界旅行をするなど、裕福さがうかがわれる生活ぶりだった。そんな彼女は、4ヵ国語を話すインテリ女性で、いくつもの顔をもつ。ひとつは、小説やミュージカルの作家。もうひとつは政治家で、民主党の全国委員会の委員もつとめ、1940年には、当時大統領だったフランクリン・ルーズベルトの対立候補を支援したことでも知られている。

「アラモの救世主」。これが地元テキサスをはじめとした、アメリカでドリスコルにつけられた異名である。アラモとは、1836年2月から3月にかけて、メキシコ共和国軍とテキサス分離独立派が戦った舞台で、いわゆるアラモ砦のことだ。伝道所と砦を兼ねたこの施設は廃墟と化し、1903年、所有者は、砦を取り壊し、ホテルの建設を計画。これに対して、地元の女性教員が土地を買収するための資金集めを開始した。この募金活動にドリスコルが協力して、テキサス共和国の娘たち（DTR）という女性団体に管理権を委譲させることに成功した。テキサス州民の魂ともいわれた砦を守ったことで、ドリスコルは一躍、時の人となった。

ドリスコルには、さらに別の顔がある。実業家だ。農場に加え、石油採掘事業やホテルの建設管理、さらに銀行を設立、頭取として事業を進めた。富を蓄えた彼女は、篤志家としての顔もつくり上げていく。テキサス婦人会連合（TFWC）が財政難に陥った1939年、9万2000ドルを寄付、負債を解消した。

そして1945年に死亡した時には、子どもの病院の建設費に遺贈することを遺書にしたためていた。この病院は、1953年に開業、現在、ドリスコル子ども病院として、1800人の医療スタッフを抱え、年間の入院が6500人、外来が13万2000人という、州内有数の病院として、子どもの健康医療に貢献している。

## 第2節　男女同権運動にみるNPOの多様性

　19世紀から20世紀にかけて展開された、アメリカの女性の権利拡張運動の中心的なテーマは、参政権の獲得であった。富裕層の女性には教育の機会がかなり保障されていたし、職業の選択の機会は限られていたとはいえ、家庭以外の場で働く女性の数は着実に増加していった。福祉の受給者の多くが女性であることに示されるように、女性に対する社会的、経済的権利の侵害を軽んじるわけにはいかないものの、参政権に関しては、すべての女性が否定されているという特殊性があった。

　このため、女性は、全国組織を結成し、運動を進めていき、1920年に憲法改正による、婦人参政権が実現した。その直後から、憲法に男女同権を盛り込むことを求める、いわゆるERA（Equal Rights Amendment）の成立をめざす運動が広がった。しかし、ここで、男女同権に関して女性の間で考え方の相違が明確になり、運動も分裂しながら進められていく。

　これをNPOという視点からみれば、男女同権という理念は同じだが、異なる考え方に立つ組織が合い並び、切磋琢磨していくという、多様な考えや運動の手法を尊重するという形が具現化されたということもできる。では、具体的に、どのような多様性をもった運動が男女同権というテーマに関連して、進められてきたのか。この点について、NPOの多様性を示す一例という意味も含め、整理してみよう。

### （1）婦人参政権からERAへ

　前述のように、婦人参政権の獲得をめざして、1869年に、全米婦人参政権協会（NWSA）とアメリカ婦人参政権協会（AWSA）という2つの団体が設立された。翌年、両者は合併し、全国アメリカ婦人参政権協会（NAWSA）が発

足した。それから60年後の1919年、連邦議会は婦人参政権を認める憲法修正第19条を可決。翌年、全米の3分の2の州が批准して、婦人参政権が実現した。

では、婦人参政権の獲得をめざす団体が生まれたのが、なぜ1869年だったのだろうか。これには、その前年に憲法修正第14条が成立したことが関係している。憲法修正第14条は、第1項でアメリカで出生または帰化した人はすべて市民であると規程したことに示されるように、南北戦争後の奴隷解放を受けて、人種の平等を法的に承認したものだ。

しかし、その第2項は、大統領選挙人や連邦下院議員などの人数を州ごとに決めることができるのは「男性市民」と明示していた。換言すれば、「女性市民」は、これらの選挙に関わることができない。この憲法修正条項によって、婦人参政権が明確に否定されたのである。当然のことながら、それまで婦人参政権を求めてきた女性たちは、強く反発、全米的な運動の展開を進めようとした。

なお、1788年に成立した合衆国憲法には男女同権や婦人参政権の規程はない。また、その2年前に起草された独立宣言には「すべての人間は平等につくられている」という記述があるが、ここでいう「人間」の原語（英語）はMenであり、「男性」ではなく、「人々」という意味と解釈できる。しかし、憲法修正第14条では、「男性市民」による選挙を通じた代表者の選出という概念が明文化された。これにより、女性の参政権が明確に否定されたことになる。

こうした背景のもとに進められた女性の権利拡張運動は、婦人参政権の実現後、本格的な男女平等を求める運動の必要性の主張へと発展していった。それが最初に結実したのは、1923年の連邦議会への男女同権憲法修正案（ERA）の提出である。女性の権利会議から75年後のことだ。その後、1972年に連邦議会でERAが可決されるまで、毎年、議会に修正案が提出されていた。しかし、今日に至るまで改憲は実現していない。

初期のERA運動の中心になったのは、1917年に議会連合（Congressional Union）と女性党（Women's Party）が合併した、全米女性党（National Women's Party: NWP）である。1923年に提出されたERAの条文を起草したNWPの創設者のひとり、アリス・ポールは、「合衆国とその施政権が及ぶ地域では、男女に同じ権利が保障されなければならない」とした。

## （2）ERA に反対した女性の運動

19 世紀から 20 世紀にかけての女性の権利拡張運動は、男女同権を否定する形で保障される権利も獲得してきた。ウイリアム・オニールが 1969 年の著書 "*Everyone Was Brave: The Rise and Fall of Feminism in America*" のなかで[10]最初に用いたといわれた、ソーシャル・フェミニズムによる運動とその成果だ。

ソーシャル・フェミニズムは、教育や財産所有、雇用、労働政策、医療などの分野で、男性と異なる女性特有の立場から権利を主張する。ハル・ハウスのジェーン・アダムスも、これに含まれる。産休や夜間労働をはじめとした労働時間の規制など、職場の女性の権利拡張を求める人々をレイバー・フェミニズムと呼ぶこともある。これらの女性は、女性の既得権が侵害されることを恐れ、反 ERA の立場をとった。また、ERA により女性の労働市場への参入が促され、男性労働者の賃金や労働条件の低下を恐れた全米労働総同盟（AFL）系の労働組合の大半も、ERA に反対した。

変化が訪れたのは、1960 年代に入ってからだ。ニューディール時代以降大きな社会的な勢力となった労働組合は、1950 年代から徐々に組織率を低下させていった。一方、黒人の公民権運動に象徴される権利の平等を求める動きが急速に拡大した。1963 年の同一賃金法による男女間の賃金差別の禁止と、翌 64 年の公民権法第 7 編による人種や性に基づく雇用差別の禁止の法制化は、女性特有の権利の主張が限界に達したことを意味し、レイバー・フェミニズムの影響力を低下させていった。

公民権法第 7 編で性に基づく雇用差別が禁止され、同法を管轄する雇用機会均等委員会（EEOC）が設立されたものの、女性差別への対応は、消極的だった。公民権法成立の翌年の 1965 年、リンドン・ジョンソン大統領は、行政命令で積極的差別是正措置、いわゆるアファーマティブ・アクションを導入したものの、女性に対する是正措置は 67 年まで盛り込まれなかった。こうした状況に不満をもつ女性は、1966 年 6 月、全米女性機構（NOW）を設立。「新しい女性の創造」の著者、ベティ・フリーダンを会長にすえ、街頭での抗議活動などを積極的に展開、公民権法の実効性を高めさせていった。

1967 年、NOW は、ERA の制定を求める運動を開始。1971 年に全米教育協会（NAE）と全米自動車労組（UAW）、72 年に女性有権者連盟（LWV）、73 年

にナショナルセンターの全米労働総同盟産業別会議（AFL-CIO）などの有力な組織が賛同を表明した。こうして ERA は、1971 年 10 月に連邦議会の下院、72 年 3 月に上院で可決された。下院では賛成 354、反対 24、棄権 51、上院では賛成 84、反対 8、棄権 7 という、いずれも圧倒的な大差での成立だった。しかし、憲法改正には、50 州のうち 3 分の 2 以上が批准する必要がある。

　ERA の成立をめざし、NOW は、さまざまな団体との連携を進めた。1977 年までに 450 以上の団体が ERA への賛同を表明、これらの団体の会員はあわせて 5000 万人を超えた。州による批准も 1972 年中に 28 州で成立、男女同権が憲法に認められる日が近いかと思わせた。

　しかし、新たな敵対者が現れた。"STOP ERA" をスローガンにした保守的な運動である。"STOP" が "Stop Taking Our Privileges"（私たちの特権を奪うな）の略だったことに示されるように、「夫に頼る妻」に象徴される伝統的な女性像を守ろうとしたのだ。女性弁護士のフィリス・シャラフィーが 1970 年に設立した、イーグル・フォーラム（EF）が、この運動の中心を担った。ERA の不成立が確定した 1982 年には、5 万人の会員をもつ組織に発展していた。

　女性の権利拡張に取り組む NPO というと、すべて同じ考えで行動しているように思われるかもしれない。しかし、ソーシャル・フェミニズムやレイバー・フェミニズムの団体が ERA に反対したように、女性の権利に対する理念や権利拡張に関する方向性は、同一ではない。さらに、EF のように伝統的な女性観に基づき、社会における男女のあり方を捉え、行動する NPO もあることを忘れてはならない。こうした多様性こそが、NPO の存在意義のひとつであるとはいえ、結果的に ERA の実現を妨げる一因になったことも事実だ。

# 第 3 節　女性・少女向けの伝統的な NPO

　前節までに紹介した婦人参政権に取り組んだ NPO の多くは、社会運動団体というべきだろう。NPO の関係者の間で用いられていることばでいえば、アドボカシー団体とほぼ同義語である。だが、NPO の圧倒的多数は、とりわけ寄付控除の特典をもつ公益型の NPO の多くは、特定の社会階層の人々の課題に対して、なんらかのサービスを提供することを主眼にしている。

もちろん、こうしたサービスを提供するうえで、必要となる社会に向けた教育や啓発を伴うことが一般的である。その意味では、大半のNPOは、サービスとアドボカシーを関連させながら活動を進めている。女性や少女に向けた活動に取り組むNPOも例外ではない。以下、こうした女性や少女向けの活動を行うNPOで、19世紀から20世紀初めに起源をもつ組織についてみていこう。

## （1）YWCAの成立と発展

　女性に関連するNPOというと、真っ先に頭に浮かんでくる組織のひとつにYWCAがある。1855年にロンドンで発足したNPOで、Young Women's Christian Associationという名称が示すように、キリスト教の影響を受けている。アメリカで最初のYWCAは、Ladies Christian Association（女性キリスト教徒協会）という名称で、ニューヨークで発足した。本家のロンドンでの設立からわずか3年後の1858年のことだ。アメリカでYWCAの名が初めて用いられたのは1866年。ボストンで組織が立ち上がったときだ。

　YWCAは当初、女性の学生や教師、労働者などに向けた宿舎を提供していた。そして、1872年にニューヨークで職業紹介施設を開設、74年には働く女性が低料金で楽しめる「リゾート施設」をオープンさせた。ペンシルベニア州のフィラデルフィアのYWCAによる事業だ。さらに、1877年にはシカゴで自宅療養中の女性のための訪問看護を始めた。今日、全米で実施されている訪問看護事業の先駆けである。1894年には、女性が一人旅を安心してできるように、トラベラーズ・エイドをスタートさせた。

　現在、YWCAは、全米47州と首都ワシントンで220余りの支部をもち、事業を行っている。有給職員は1万2500人、ボランティアは4万3000人にのぼる。年間の利用者は200万人で、全米で25番目に大きなNPOに成長している。このように述べてくると、YWCAは女性向けのビジネスのように思われるかもしれない。

　しかし、1920年の大会で、女性の工場労働者に関連して、8時間労働制と夜間労働の禁止、団結権の保障を求める決議を採択した。女性問題以外にも、日米開戦後、強制収容された日系人女性に対して、収容所で支援活動を実施。人種問題についても、1963年にマーチン・ルーサー・キング・ジュニア牧師が「私

には夢がある」スピーチを行ったことで知られるワシントンの集会と行進を共催したり、83年には南アフリカのアパルトヘイトに反対する法律の制定を支持するなど、進歩的な団体でもある。

## （2）少女を対象にしたNPO

　YWCAの主なターゲットは、成人女性だ。これに対して、少女を主なターゲットにしているNPOもある。歴史や規模からいえば、ガールスカウトやキャンプファイヤー、ガールズインクの3つをイメージするアメリカ人が多いだろう。ガールスカウトは、ボーイスカウトとともに日本各地でも活動しており、日本での知名度も高い。一方、キャンプファイヤーとガールズインクは、ほとんど知られていない。だが、いずれも19世紀に少女向けの活動団体として設立されたNPOだ。以下、これら3団体についてみてみよう。

　最も歴史をもつ団体は、ガールズインクだ。産業革命が進行していた1864年、農村から都会に出て、工場で働く女性のための組織として、コネチカット州ウォーターベリーでスタートした。その意味では、働く女性のための団体だったが、同時にこれらの女性の娘たちの遊び場を提供するとともに、服や靴のつくり方を指導しながら、長期にわたる友人関係を築く手助けなどをしていた。なお、ウォーターベリーはニューヨーク市から100キロ余り北西の農村地帯にある町だが、19世紀には「世界の真鍮工場」といわれる工業都市だった。

　ガールズインクは当初、ガールズ・クラブ・オブ・アメリカという名称だった。このため、野外活動などを少女が楽しむための団体のようにみられやすい。たしかに、アメリカとカナダにある82の加盟団体の活動は、少女向けの野外活動などが主といえる。しかし、ガールズインクの2017年度の990書式[11]をみると、ニューヨークの本部の活動は、加盟団体への支援に加えて、少女の健康・医療・教育などの分野に関する社会教育やアドボカシーなどにも資金を投入している。その額は、105万ドルと、873万ドルにのぼる事業費全体の1割余りを占めている。

　事業の参加者の多くは、マイノリティや低所得世帯の少女である。同じく2016年度の990書式によれば、同年度に事業に参加した14万人余りの少女のうち、黒人の38％、ヒスパニック系の21％を含め、非白人が7割を超えている。

また、参加者のうち、世帯所得が3万ドル未満というかなり所得の低い家庭の少女が68%に及ぶ。

キャンプファイヤーという名前からイメージされるのは、山や海岸などでキャンプをして、夜の帳が下りてから薪を井桁に組み、点火、立ち上る炎の周りで歌や踊りをして楽しむシーンだろう。ボーイスカウトの少年が楽しむ姿を横目にみるだけだった少女にも、こうした楽しみの機会を与えたい。そう考えたメイン州の医師、ルーサー・グリックとその妻シャーロットが、同州第2の湖、セバゴレイクで始めた活動が、このNPOの起源である。

1910年にスタートした活動は、12年にキャンプファイヤー・ガールズとして法人化。以降、夏のキャンプ活動を中心に、全米に広がっていった。1975年には、少年の受け入れも開始。現在では、少年と少女がほぼ半数ずつの団体になっている。1993年には、同性愛の児童の受け入れを決定するなど、ジェンダーにおけるアメリカの多様性を反映した組織へと変化してきた。

日本では最も知名度が高いと思われるガールスカウトだが、設立は、ガールズインクとキャンプファイヤーに遅れをとっている。イギリスでボーイスカウトを組織したベーデン・パウエル卿に会い、その活動に感銘を受けたジョージア州の女性、ジュリエット・ゴードン・ローが1912年に始めた活動だ。いわゆるスカウト活動で、元々、少年の冒険心や好奇心をキャンプ生活や自然観察、グループでのゲームなどで発揮させ、「遊び」を通して自立心や協調性、リーダーシップを身につけさせ、社会に役立つ人材を育成することをめざした。

ボーイスカウトの少女版としてスタートしたガールスカウトは、当初、ガールガイドと呼ばれていた。1912年にブルーの制服を身につけた、わずか18人の少女が参加して、ハイキングやバスケットボール、キャンプを楽しんでから100年余りたった今、活動は世界145ヵ国で1000万人（アメリカでは320万人）が参加するまでに成長した。

ガールスカウトは、ボーイスカウトと同様に、「隊」と呼ばれるグループに編成され、活動する。人種隔離が法的に求められていた時代には、黒人や先住民など、人種別に隊がつくられていた。しかし、1956年、テキサス州で人種を超える隊による活動が始まり、同年、マーチン・ルーサー・キング・ジュニア牧師が「人種差別廃止の推進力」と称えた。

第4章　アメリカの女性の権利擁護運動の歴史とNPO　157

これら4つのNPOの設立当初の活動や理念は、女性の権利とはかけ離れているようにみえるかもしれない。しかし、YWCAは女性の就労支援、ガールズインクは働く女性の子どもたちへのデイケア的な意味合いがあったし、キャンプファイヤーやガールスカウトは、少年には認められていても少女には機会がなかった活動への参加というジェンダーの不平等に目を向けた活動ということもできる。さらに、これらのNPOは時代の進展とともに、女性だけでなく、人種や同性愛者の問題にも取り組んでいった。まさにサービスとアドボカシーを連動させながら活動を進めた、NPOの社会変革の好事例といえよう。

## 注

1　Graham Windham, http://www.graham-windham.org/about-us/history/the-early-years/, (2018年8月7日閲覧)

2　Graham Windham, http://www.guidestar.org/FinDocuments/2015/132/926/2015-132926426-0cbdb940-9.pdf, (2018年8月7日閲覧)

3　Giesberg Ann Judith, Civil War Sisterhood, Northwestern University Press, 2000, p10, https://books.google.co.jp/books?id=CEi-0nkc56YC&pg=PA17&redir_esc=y#v=onepage&q&f=false, (2018年8月7日閲覧)

4　Emma Willard School, https://www.emmawillard.org/, (2018年8月7日閲覧)

5　Bethune-Cookman University, http://www.cookman.edu/, (2018年8月7日閲覧)

6　Koerin Beverley, The Settlement House Tradition: Current Trends and Future Concerns", Journal of Sociology and Social Welfare, Vol. XXX, Number 2, June 2003, p.53, http://scholarworks.wmich.edu/cgi/viewcontent.cgi?article=2894&context=jssw, (2018年8月7日閲覧)

7　前掲書

8　Jane Adams Hull-House Museum, http://www.hullhousemuseum.org/about-the-museum/, (2018年8月7日閲覧)

9　Michaels Tony, Uprising of 20,000 (1909), Jewish Women's Archive, https://jwa.org/encyclopedia/article/uprising-of-20000-1909, (2018年8月7日閲覧)

10　O'Neill L. William, Everyone Was Brave: The Rise and Fall of Feminism in America, 1969, HarperCollins

11　https://www.guidestar.org/FinDocuments/2017/131/915/2017-131915124-0e82b4e2-9.pdf, (2018年8月7日閲覧)

# 第5章
# トランプ政権下のNPOと女性

柏木　宏

トランプの政策に抗議する集会(2017年8月、シカゴのトランプタワー前にて、筆者撮影)

ホワイトハウス前でトランプ政権の移民政策に抗議する人々(2017年8月、首都ワシントンにて、筆者撮影)

2017年1月20日、アメリカの首都ワシントンの連邦議会議事堂前で、第45代大統領の就任式が行われた。式典の演壇には、ジョージ・W・ブッシュ元大統領夫妻をはじめとした共和党関係者だけでなく、ドナルド・トランプにバトンをわたし退任するバラク・オバマ、大統領選挙で激しく争ったヒラリー・クリントンと夫のビル・クリントン元大統領といった、民主党の重鎮も並んだ。「権力の平和的移譲」という民主主義の理念と、統一されたアメリカの姿を象徴しているかのようであった。

しかし、現実は、大きく異なる。大統領就任式は、就任式共同委員会という連邦上下両院の議員によって構成される、超党派の実行委員会ともいうべき機関によって実施される、一大イベントである。連邦議員は、いわばホスト役だが、民主党下院議員の3分の1以上がボイコットしたのである。トランプは、就任式の数日前、公民権運動の指導者で暗殺されたマーティン・ルーサー・キング・ジュニア牧師の長男と会談し、黒人社会との融和を演出したが、功を奏さなかったことになる。

大統領就任式を欠席した連邦議員は、過去にも存在した。2002年のジョージ・W・ブッシュの就任式にも欠席者はでた。しかし、これほど多くの連邦議員によるボイコットは前例がない。しかも、ボイコットした連邦議員の多くは、就任式の翌日の、反トランプを掲げた「ワシントン女性大行進」（以下、女性大行進）に参加することを表明していたのである。

ワシントン女性大行進実行委員会（以下、実行委員会）のウェブサイト[1]によると、女性大行進には、首都ワシントンに100万人、世界中で500万人以上が参加した。大統領選挙からわずか2ヵ月余り後に実施された、女性問題に取り組むNPOが中心になったこのイベントが、どのように準備され、膨大な参加者を集めるものになったのか。

そもそも、膨大な数の人々を女性大行進に駆り立てたトランプの女性に関する政策はどのようなもので、女性の問題を扱うNPOにどのような影響を与えていく可能性があるのか。トランプ政権発足から2年近くがたち、政権の政策も検討できるようになった今、アメリカにおけるNPOと女性を考えるうえで、現在進行形のホットな事例として、これらの点を考えていく。

# 第1節　反トランプを掲げた女性大行進

　日本やアメリカなどの、いわゆる民主国家では、代議制民主主義が定着している。代議制民主主義には、市民が直接議論し、政策を決定していく、直接民主主義に代わる制度、直接民主主義によって補われることが必要な制度など、いくつかの考え方が存在する。とはいえ、民主国家の大半は、代議制民主主義を基本としながらも、何らかの形で直接民主主義を導入している。

　代議制民主主義が主流になるにつれて、選挙で一票を投じることで民主主義が達成されていると、考えられがちだ。選挙で勝利を収めた候補者や政党は、有権者の信任をえたとして、政策を実施していく。しかし、多様な政策が争われる選挙において、多数を獲得したからといって、有権者からすべての政策について信任をえたことにならないのは、当然だ。

　では、選挙結果に不満をもった市民は、どうしたらよいのか。次の選挙で勝つための行動を始めることは、対応策のひとつである。後述する、エミリーズ・リストの女性候補者の育成活動は、その具体化だ。しかし、選挙結果に異議や懸念を表明することも、考えられる。NPOは、こうした意思表明を行う主体のひとつとしても位置づけることができる。このような考えに立ち、トランプの当選に対して、女性を中心にした市民が声をあげた女性大行進について、NPOをキーワードに検討していく。

## （1）ひとりの女性のフェイスブックでの呼びかけから

　大統領選挙の投票日からわずか2ヵ月余りの間にワシントンに100万人、世界中で500万人以上が参加するという、きわめて大規模なイベントが実現された結果からみれば、大手の組織が集まり、トップダウンで企画や準備が進められたと考えるのが普通だろう。しかし、こうしたイメージは、インターネット時代においては、すでに時代遅れなのかもしれない。

　女性大行進は、テレサ・シュークというひとりの女性のフェイスブックを通じた呼びかけから始まったのである。テレサ・シュークという名前を知る人は、ほとんどいないだろう。インディアナ州で弁護士をしていたが、引退後、ハワ

イのマウイ島に移住、4人の孫をもつ、ごく普通の「おばあちゃん」だ。女性の権利擁護運動やフェミニストといったことばとは、無縁の生活を送ってきた。

しかし、大統領選挙でトランプの勝利が確実になると、大きな衝撃を受けた。選挙中にトランプが主張してきた、マイノリティや移民、同性愛者、女性などに対する偏見や憎悪が広がっていくことへの懸念である。とはいえ、こうした懸念を共有し、議論する人々が周囲にいなかった。

このため、コンピュータに向かい、フェイスブックの「パンツスーツ・ネイション」というグループを開き、首都ワシントンで行進を行うという考えを書きこんだ。しばらくすると、イベントページを作成してはどうかという提案を受け、作成。ベッドに入る前に、数十人の「メル友」にメールを送り、賛同を呼びかけた。翌朝、フェイスブックを開いたテレサは、思わず息をのんだ。30万人もの人が「興味がある」と応えてくれたからだ。実際に行進に参加したい、という声も数多く寄せられたという。

このような大きな反響があったのは、「パンツスーツ・ネイション」を通じて、テレサの考えが伝わったという一面もあったようだ。パンツスーツ・ネイション・ファクト・シート[2]によると、ヒラリー・クリントンの支持者を中心にしたグループで、プライベート・グループとしてはフェイスブック最大の規模をもち、会員は370万人にのぼる。この規模に加え、多くの人々がもつ、トランプ政権誕生への懸念を表明し、具体的なアクションを呼びかけたことで、テレサ自身が思いもしなかったような大きな反響を呼んだのだろう。

行進に先立ち、演壇で短いスピーチをした後、ロサンゼルス・タイムス紙のインタビューに対して、テレサは、次のように述べている[3]。

「私は喜びの気持ちでいっぱいです。ネガティブに思えてきたことが、ポジティブに感じられるようになってきました。たくさんの人々が集まり、変化を生みだそうとしているのです。これこそ、私たちがこれから4年間やっていくことです。それがまさに起きていることを目に当たりにしています」

### （2）数々の課題を乗り越え実現した行進

多くの人々が関心を示したことは、重要な第一歩である。しかし、その関心が現実の行動に転化するとは限らない。女性大行進を組織する人々が必要な

表1　2016年大統領選挙における人種・性別にみた投票行動

| | 投票者の割合 | クリントン | トランプ | その他 |
|---|---|---|---|---|
| 白人男性 | 34% | 31% | 62% | 7% |
| **白人女性** | **37%** | **43%** | **52%** | **5%** |
| 黒人男性 | 5% | 82% | 13% | 5% |
| **黒人女性** | **7%** | **94%** | **4%** | **2%** |
| ヒスパニック系男性 | 5% | 63% | 32% | 5% |
| **ヒスパニック系女性** | **6%** | **69%** | **25%** | **6%** |
| その他 | 6% | 61% | 31% | 8% |

（出典）CNN, http://edition.cnn.com/election/results/exit-polls/national/president

である。もちろん、組織化にたけた女性は数多く存在し、実行委員会が組織された。だが、テレサの呼びかけに応じた女性の大半は、白人だった。人種や民族、宗教などの面で、より多様な人々によって運動がつくられる必要がある。組織化を進める最初の段階で、この課題が浮上した。

　トランプが選挙中に行った、移民排斥やムスリムへの批判などの主張は、多様性のある社会の否定に他ならない。女性大行進の組織化を進めようとした女性は、この点を共通の認識としてもっていた。しかし、女性大行進が白人女性中心に進められていくことになれば、トランプと同じスタンスに立つことになりかねない。この認識ゆえに、多様なバックグランドをもつ女性がリーダーシップを発揮する必要がある、と考えたのである。

　さらに、表1で示したように、大統領選挙の投票行動をみると、人種により大きな相違があることがわかる。クリントンを支持したマイノリティとトランプを支持した白人という、二極構造である。大統領選挙後、メディアが盛んに報じた「怒れる白人」を端的に示す数字といえよう。しかし、問題は、これだけではない。女性の間でも、人種によりかなりの差がみられたのである。投票者の37％を占めた白人女性は、トランプに投票した人が52％にのぼり、クリントンへの43％を9ポイントも上回った。このことは、白人女性が大統領選挙の帰趨を決めたといっても過言ではない。

　実行委員会の活動を始めた女性たちは、反トランプを訴えたり、選挙の正当性に疑問を投げかけるためのものではない、と主張してきた。これらの点を強調すると、大統領選挙における女性の内部における人種別に顕著に表れた投票行動の差が、マイノリティ女性と白人女性の対立に進むことを懸念したのだろ

第5章　トランプ政権下のNPOと女性　163

う。このため、実行委員会は、「団結に向けた原則」の最初に、「女性の権利は人権であり、人権は女性の権利である」としたうえで、黒人や先住民、低所得者、障害者、ムスリム、同性愛者をはじめとした女性が自由である社会を築くと表明している。

　当初、女性による行進は、「100万人の女性の行進」という名称で計画されていた。しかし、この名称は、20年前、フィラデルフィアで黒人女性が実施した行進と同じだった。このため、行進の名称は、「ワシントンの女性大行進」に改められた。なお、この名称は、1963年に故マーティン・ルーサー・キング・ジュニア牧師の「私には夢がある」演説で有名な、「ワシントン大行進」を借りたもので、黒人をはじめとしたすべての人々の人権に配慮した運動であることを示そうとしたものだ。こうした人種や宗教も考慮したうえで、全国レベルの実行委員会は、黒人とムスリムの女性を含む、4人の女性が共同代表として運営されるに至った。

## （3）きめ細かい配慮とNPOの専門性の活用

　形態からいえば、女性大行進は、集会とデモを組み合わせたイベントである。したがって、会場を確保し、演説をする人を決め、参加を呼びかける広報を行えばいいと思われるかもしれない。しかし、数十万人の参加が見込まれる大規模な集会やデモとなると、実に様々な作業が発生する。資金やボランティアの確保だけではなく、遠隔地からの参加者向けのバスの手配、宿泊場所の確保などに加え、仮設トイレや応急措置を提供する場の設置などは、その一部である。2ヵ月余りの間に、これらの作業は、どのように準備されたのだろうか。

　実行委員会は、4人の共同代表のもとに、主要な作業ごとに責任者を決めて、運営を行った。女性大行進の運営全般、コミュニケーション、ロジスティックスなどの責任者に加え、海外の団体との調整役と各州の実行委員会との調整役が、それぞれふたりずつ配置された。これらの調整役を通じて、全米すべて州に加え、世界各地でも集会やデモが実施され、実行委員会によると、その数は673ヵ所にのぼった。[4]

　さらに、集会の音楽やアート、ウェブサイトの作成やソーシャルメディア、法務、子どもや家族向けの参加者への担当なども置かれた。もちろん、ボラン

ティアのコーディネーターもいた。これらの責任者に対して、多数のスタッフ
やボランティアが作業を進めていった。なお、4人の共同代表をはじめ、こう
した運営の中心は女性だったが、ウェブサイトの責任者を含めて男性も積極的
にかかわっている。

　ここで注目すべき点として、大勢の人々が集まる場にくることが困難な人々
などに対するきめ細かい対応や、NPOの専門性を生かしたイベントの準備や
実施が行われたことがある。きめ細かい対応の代表的な例として、障害者向け
のものをあげることができる。集会に手話が用いられるというレベルではない。

　実行委員会が作成した行進のルートを示したマップには、障害者向けのサー
ビスを提供するスポットが記載されている。ここには、手話通訳や代読ができ
るボランティアが常駐しているだけでなく、障害者が休憩や暖を取ったりでき
る場が設けられていた。また、低血糖の人向けにジュースや菓子類を提供でき
るように準備されていた。さらに、女性大行進にふさわしく、乳幼児をもつ母
親が授乳させたり、妊娠中の女性が休息をとれる場所も設置された。

　NPOの専門性を生かした取組みとして、外国籍の人々向けのものがある。
全米移民プロジェクトが外国籍の人々向けに制作したパンフレットには、警官
の職務質問や所持品検査を拒否する権利があるものの、警官の行為を妨害した
場合、重罪になる可能性などを指摘している。

　また、外国籍の人々だけを対象にしたものではないが、アメリカ自由人権協
会（ACLU）は、「正義のモバイル」という取組みを実施。警察が不当と思わ
れる行為を行った場合に、アイフォンなどのモバイル機器にその様子を記録し、
ACLUに提供することを公表した。そうした行為を抑制したり、実際に行為
が行われた場合、被害者への救済に役立てようというものだ。


## （4）多様な課題に取り組む団体を糾合した運動

　こうした人々は、いわば実行委員会の内部のリソースである。しかし、この
限られた人々で、すべてが準備、実施されたわけではない。パートナーやスポ
ンサーと呼ばれるNPOなどの団体の協力を受けていたのである。パートナー
は主に広報などの協力、スポンサーは資金協力と考えることができる。前者に
は200余り、後者は10団体が名を連ねている。いずれにおいても、2つの団

第5章　トランプ政権下のNPOと女性　165

体に、最も主要な団体として「プレミア」がつけられている。プランド・ペアレントフッドと全米資源保護評議会（NRDC）である。

　プランド・ペアレンツフッドは、1916年10月、ニューヨークのブルックリンでマーガレット・サンガーによって、家族計画に関するサービスを提供するためにオープンされたクリニックを起源としている。このNPOが実施している避妊や妊娠中絶に対しては、キリスト教原理主義者を中心に、強い反発があり、トランプ政権下で補助金の削減が懸念されていた。NRDCは、1970年に環境問題に取り組んでいた学生や法律家によって設立され、科学者や法律家が環境保護の活動家とともに、大気や水の汚染防止や生態系の保護に向けた活動を世界中で展開しているNPOだ。

　女性大行進の実行委員会の「プレミア」のパートナー兼スポンサーになぜ環境保護団体が、と思われるかもしれない。たしかに、パートナー団体をみると、全米女性機構（NOW）やエミリーズ・リスト、米国YWCAなどの女性を対象にしたNPOが多い。

　しかし、全米最大の労働組合のナショナルセンターである全米労働総同盟産業別会議（AFL-CIO）をはじめとした労働団体、消費者運動家として知られるラルフ・ネーダーが設立したパブリック・シチズン、大手環境保護団体のシエラクラブ、国際協力団体のオックスファム、銃規制の強化を求めている銃暴力に反対するニューヨーク市民の会など、多様な団体が参加している。特に、環境保護団体にとっては、「想像を絶する環境敵視政策」（ニューズウィーク誌[5]）をトランプが実施していこうとしているなかで、危機感を募らせていた。

　前述したように、実行委員会は、「団結に向けた原則」のなかで、黒人や先住民、低所得者、障害者、ムスリム、同性愛者をはじめとした女性にとって自由な社会を築くと主張している。このことばを具現化したように、パートナー団体には、全米最大の黒人団体のNAACP、アメリカ・インディアン運動、ムスリム・コミュニティ・ネットワーク、同性愛者の権利擁護団体のヒューマンライツ・キャンペーンなど、女性団体以外のNPOも数多くみられる。多様な課題に取り組む団体を糾合して実施されたあとがうかがえよう。

## 第2節　トランプの NPO に関する政策

　選挙が行われる際、政党や候補者は、公約を発表する。公約がマニフェストということばに変わりつつあるが、内容的には、政権を取ったり、当選した場合に、どのような政策を行うのか示した文書である。英語では、プラットフォームと呼ぶことが多い。しかし、どの程度詳細なプラットフォームを提示するかは、政党や候補者により、大きく異なる。

　大統領選挙において、候補者はかなり体系的で詳細な公約を示すことが多い。NPO は、有権者が一票を投じる際に活用してもらうために、こうした公約を比較検討し、どの候補がどのようなテーマに好意的なのか、あるいは否定的なのかといった点を整理し、提示している。こうした活動は、選挙活動ではなく、有権者への選挙に関する教育とみなされるため、NPO でも法的に問題ない。

　体系的かつ詳細なプランを発表した大統領候補のひとりに、バラク・オバマがいる。2008 年の大統領選挙にあたり発表した、「変革のためのブループリント」というタイトルの文書である。全部で 83 ページに及ぶこの文書には、経済、教育、エネルギー、国防などと並んで、サービス（ボランティアや NPO の活動）もあり、さらに高齢者、女性、移民などの人々向けの政策が示されていた。

　では、トランプはどうか。大統領就任後もツイッターで意見表明を行っていることが注目されていることから推察されるように、公約に関しても投票日直前まで体系的なものは発表されなかった。「アメリカの有権者とドナルド・トランプの契約」というタイトルがつけられた公約が発表されたのは、2016 年10 月 22 日。しかし、この文書には、NPO に関する政策はみられない。このため、大統領就任前の私人としての立場や就任後の言動から、トランプの NPO 政策を考えていくことにしたい。

### （1）トランプ財団を通じた NPO への支援の実態

　トランプは、自ら政治家ではなく、実業家であると主張している。父親のビジネスを引き継ぎ、倒産の経験などもしたものの、いまでは「不動産王」と呼ばれ、31 億ドルの資産を保有するまでになった、企業経営の成功者といえる。

アメリカでは、企業経営に成功し、財を成した人々の多くは、自ら助成財団を設立し、NPOへの資金提供を通じて、さまざまな社会課題に取り組んでいる。古くは、「石油王」ジョン・ロックフェラーや「鉄鋼王」アンドリュー・カーネギー、最近ではマイクロソフトの創業者のビル・ゲイツなどが、その典型だ。

「不動産王」も、自らの助成財団を設立している。1988年にニューヨーク・タイムズ紙のベストセラー・リストのトップを13週間にわたり手にした、*"Trump: the Art of the Deal"* [9] の印税を原資としてつくった財団だ。NPOが連邦政府の内国歳入庁に毎年提出する事業報告書の990書式[10]によると、2015年度末の資産総額は、111万6241ドル、助成額は89万6380ドルとなっている。邦貨に換算すると、1億円余りをNPOに寄付したということだ。

日本のNPO関係者が1億円の助成と聞けば、驚くに違いない。例えば、日本でNPO向けの助成事業を行っている財団の老舗といえるトヨタ財団は、複数の助成事業を実施しているが、助成財団資料センターのデータによると、国内のNPO活動を対象にした国内助成プログラムの2014年度の助成実績[11]は、1億2800万円である。トランプ財団の助成額は、これに匹敵する。

しかし、アメリカの助成財団は、助成規模が日本とは大きく異なる。例えば、財団センターの財団データ[12]によると、2014年度におけるロックフェラー財団の助成額は1億5027万3949ドル、カーネギー財団（正式名はニューヨーク・カーネギー法人）は9689万716ドルと、邦貨にすると100億円を突破している。ビル・ゲイツ財団に至っては、34億3967万1894ドルにもなる。アメリカの助成財団からみれば、トランプ財団の助成実績は、決して驚くほど大きなものではないことがわかるだろう。

では、助成の中身はどうだろうか。上記の990書式によると、助成金はすべて寄付控除の資格をもったNPOに提供されている。1件当たりの助成額は、最大で10万ドル、最小は415ドルで、大半は1万ドル未満の小口である。10万ドルの助成を受けたNPOは、海兵隊警察財団（MCLEF）という海兵隊の遺児への支援団体と国内外の貧困問題に取り組むコミック救済（CR）というNPO、負傷した兵士とその家族に支援を行っている軍人の家へのケア（CMF）の3団体である。

大口助成先NPOの3つのうち2つが軍人に関係しているということだけみ

168

表2　女性や子どもに関連したNPOへのトランプ財団の助成提供実績

| 団体名 | 事業内容 | 金額 |
|---|---|---|
| Nicklaus Children's Health Care Foundation | 小児医療 | 25,000ドル |
| Suzan Komen Breast Cancer Foundation | 乳がん治療研究 | 20,000ドル |
| Ronald MacDonald House of New York | 入院児童家族支援 | 15,000ドル |
| Tanzanian Children's Fund | タンザニアの児童支援 | 15,000ドル |
| Make a Wish Foundation | 児童への医療支援 | 1,000ドル |
| Children's Hospital Foundation | 小児医療 | 10,000ドル |
| Women in Need | 女性と家族支援 | 5,000ドル |
| Resources for Children with Special Needs | 障害児支援 | 2,500ドル |
| Children Mind Institute | 精神障害児への支援 | 5,000ドル |

(出典) 2015年度のトランプ財団の990書式を基に筆者が作成

ると、タカ派的なイメージにつながるかもしれない。しかし、赤十字や学校、教会など、多くのアメリカ人が寄付を行う対象も少なからず含まれている。表2で示したように、女性を対象にしたNPOも皆無ではない。また、子どもを対象にしたNPOには、かなりの数の助成を行っていることがわかる。

## (2)「熱烈なフィランソロピスト」への疑念

　アメリカの大統領選挙では、候補者がNPOにどの程度寄付をしているかについて、候補者自らが情報開示を行うことが多い。2016年の大統領選挙に立候補した民主党のヒラリー・クリントンやバーニー・サンダースも、この慣例にならった。トランプも、大統領選挙に立候補を表明した際、2010年から14年の間に1億200万ドルの寄付をNPOに行ったと表明した。同時に、93ページに及ぶ寄付先と寄付額のリストが開示され、4844件の寄付先が示されていた。

　アメリカの経済誌、フォーブスが発表している「アメリカのトップ寄付者10人：2015年[13]」をみると、同年に最も多額の寄付を行ったのは、ウォーレン・バフェット。ネブラスカ州オマハに本社を置く世界最大の持ち株会社、バークシャー・ハサウェイの会長兼CEOである。寄付額は、この年だけで28億4000万ドル、生涯を通じての額は255億4000万ドルにのぼる。なお、マイクロソフト社の創業者、ビル・ゲイツと妻のメリンダは、第2位で14億ドル。ただし、生涯寄付額では、329億1000万ドルとハサウェイを上回っている。

　こうした超一級のフィランソロピストに比べると見劣りするものの、5年間で1億ドル余りという寄付額は、決して少ないものではない。さすが「不動産

第5章　トランプ政権下のNPOと女性　169

王」と思われるだろう。トランプのさまざまな事業を統括するトランプ・オーガナイゼーションのウェブサイトの自身の履歴のなかでも、「熱烈なフィランソロピスト」だとアピールしていた。なお、この文言は、後日、削除された。

　しかし、トランプが開示した寄付リストをワシントン・ポスト紙が分析したところ[14]、数々の疑念がでてきたのである。疑念のひとつは、トランプ個人によるものはひとつもなく、多くはトランプ財団を通じたものであることだ。通常、自らの氏名を冠した財団には、その人自身が継続的にかなりの額の寄付を行う。しかし、トランプ財団には、トランプ個人の寄付がない。前述した2015年の990書式においても、財団の収入にトランプ個人からの寄付は計上されていない。換言すれば、他人やトランプと関係のない企業や団体がトランプ財団に提供した寄付を元にした助成金を、トランプ自身がNPOに寄付したようにみせかけようとしたのである。

　とはいえ、トランプ財団は、表2に示したように、女性や子どもに関する問題を扱っているNPOにも少なからず、助成している。第三者の資金を受け取り、それを女性や子どものために用いるなら適切なのではないか、と思われるかもしれない。しかし、こうした点について、ワシントン・ポスト紙は、全米癌協会や白血病協会などにも助成金が提供されているとしながらも、こうしたNPOは、トランプが所有する会員制のリゾート・ホテル、マー・ア・ラゴ・クラブで募金のイベントを開催していたという。ちなみに、マー・ア・ラゴは、2017年2月、安倍首相がトランプに招かれ、ゴルフを行ったところだ。

　この他、ワシントン・ポスト紙は、いくつもの疑念を示している。そもそもNPOへの個人からの寄付は所得税から控除することができるため、寄付者は確定申告書に寄付先と金額を記載する。したがって、これを開示すれば、疑念が妥当かどうか判明する。しかし、トランプは、他の大統領候補と異なり、開示を拒んできた。これに対して、ホワイトハウスの「国民の声署名サイト」[15]に、トランプの確定申告書の開示を求める署名が100万人以上から寄せられる事態が生じた。なお、「国民の声署名サイト」は、2011年にオバマ大統領（当時）がスタートさせたものだ。トランプ政権もこれを引き継いでおり、署名集め開始から30日以内に10万人以上の署名が集まれば、政府としての対応を示すことになっている。にもかかわらず、トランプ政権は何ら対応を行っていない。

## （3）新政権による NPO 関連予算削減

「国民の声署名サイト」は、国民が重要だと考える課題に対して、インターネットを通じて、ホワイトハウスに行動を求める嘆願を行うものである。国民が重要と考える課題は、多様だが、NPO に直接的、間接的に関係するものも少なくない。全米芸術基金（NEA）と全米人文科学基金（NEH）の存続を求める署名と両基金への補助金廃止に反対する署名は、その一部である。

NEA は、芸術文化活動に関する助成を行うために、1965 年に設立された連邦政府機関である。「クイックファクト[16]」という NEA の概要説明文によると, 2016 会計年度における連邦政府から NEA 提供された予算は、連邦政府予算の0.004％にあたる、1 億 4790 ドル。このうち約 8 割は、助成金として、NPO や芸術家に提供されている。2016 年度の助成は、2400 件余り。助成金の多くは、低所得者地域の事業や障害者や施設の入居者などを対象にした事業向けだ。

NEH の H は、ヒューマニティーズの頭文字である。日本語では、人文科学となるが、助成の対象は、博物館、図書館、大学、テレビやラジオなどの公共放送、さらに個人の研究者と幅広い。2015 年度の年報によると、同年度の助成事業は、教育、文化保存、パブリック・プログラム、調査など 8 つのプログラムにわけられているが、あわせて件数で 822 件、金額で 1 億 2154 万ドルにのぼっている。

トランプの就任式の前日、政治問題に特化したメディア、ザ・ヒルは、トランプが連邦予算の大幅削減を計画していると報じた。[17] ザ・ヒルによると、トランプは、10 年間で 10 兆 5000 億ドルの予算削減をめざしているとしたうえで、NEA と NEH を廃止する考えだと伝えた。保守的なシンクタンク、ヘリテイジ財団が作成した「財政均等に向けた青写真：2017 年の連邦政府予算」[18] に基づくとされる、このトランプの予算削減計画を受けて、文化芸術や人文科学に関心をもつ人々や団体は、相次いで NEA と NEH の重要性を指摘するとともに、廃止への懸念を表明した。

こうした懸念を「国民の声署名サイト」で表明したのが、前述した 2 つの署名活動といえよう。署名活動は、ともに大統領就任式の翌日から開始された。NEA と NEH の存続を求める署名には 20 万 9000 人、両者への補助金廃止に反対する署名には 10 万 9000 人が賛同。いずれも 10 万人を超えたことから、

第 5 章　トランプ政権下の NPO と女性　171

トランプの確定申告書の開示と同様に、ホワイトハウスは対応を求められているが、無視したままだ。

「国民の声署名サイト」での署名活動だけではない。NEH の補助金を受けている大学をはじめとした教育系の NPO を会員とする全米人文科学連盟（NHA）は、ザ・ヒルが報じたのと同じ 1 月 19 日、次期大統領と連邦議員に NEH の意義を伝えるよう求める文書を発表した。このなかで、NHA は、NEH の資金が呼び水となり、民間の資金が追加されていることを指摘。例えば、NEH の補助金 1 に対して、民間資金が 3 の割合で提供されているという。政府の少ない資金で、多額な事業が実施されていく仕組みということだ。

NEA が扱う芸術文化や NEH がカバーしている人文科学は、女性やジェンダーとは無関係と思われるかもしれない。しかし、NEA の補助金は、女性の芸術家への支援やジェンダー問題を取り上げたアート・プロジェクトにも提供されている。NEH は、全米各地の大学で開講されている女性研究の講座やコースなどを拡大するうえで重要な資金源となったことも知られている。

## （4）ジョンソン修正廃止案に異論続出

トランプは、2017 年 7 月の共和党全国大会における、大統領候補指名受諾演説のなかで、宗教団体の選挙活動を禁止する法律を批判した。指名獲得までに大きな支えとなった、キリスト教福音派を意識しての発言とみられる。トランプは、この法律を批判するだけでなく、撤廃に向け尽力する考えも表明した。大統領に就任したトランプは、毎年 2 月最初の木曜日に首都ワシントンで開催される「国家の祈りの朝食」と呼ばれる、連邦議会とフェローシップ財団と呼ばれる宗教団体によって開催されるイベントで、再びこの考えを示した。

アメリカでは、すべての宗教団体が選挙活動を行うことを禁止されているわけではない。寄付控除の資格をもつ NPO が選挙活動を禁止されているということであり、宗教団体であっても、寄付控除の資格をもっていない場合は、選挙活動を行うことができる。しかし、活動資金の多くを寄付に依存する傾向の強い宗教団体にとっては、選挙活動を行うことで、寄付控除を放棄することは考えにくい。

この法律は、ジョンソン修正と呼ばれている。1954 年に、NPO の税制を規

定した内国歳入法を改定する形で制定されたものだ。提唱者は、当時、民主党の上院院内総務で、ジョン・F・ケネディのランニングメイトとして副大統領になり、ケネディが暗殺された1963年に大統領に就任したリンドン・ジョンソンである。ジョンソン修正は、寄付控除を受けた資金が宗教団体をはじめとしたNPOにわたり、選挙活動に用いられることを問題視したものだ。ここでいう選挙活動とは、政党や候補者を支援したり、反対する活動をいい、政治的な問題一般に関して賛否を表明する行為や、候補者の政策などを党派性によらず提示することなどは除外される。

なぜ、トランプは、ジョンソン修正に反対するのか。直接的な理由は、支持母体であるキリスト教福音派を中心にした保守的なキリスト教の団体からの支援を受けるためとみられる。ただし、公には、憲法で保障された表現の自由を侵害する行為であるため反対する、と述べている。これは、トランプひとりの考えではない。2016年の大統領選挙における共和党の選挙公約のひとつでもある。そして、2017年2月1日、連邦下院にジョンソン修正を撤廃する法案が提出されたが、不成立に終わった。

では、アメリカ国民は、この問題をどのように考えているのだろうか。ピュー調査センターが2012年7月に発表した調査報告書によると、宗教団体が選挙[19]の候補者を推薦するべきか否かという問いに対して、「すべき」は27%と、「すべきでない」の66%の半分にも満たなかった。同センターは、2002年から同じ質問の調査を実施してきたが、「すべき」が最も多かった時でも29%で、少なかった時は22%にすぎなかった。なお、男女別にみると、2012年7月の時点で、「すべき」という男性は30%だが、女性は25%に止まった。「すべきでない」は、男性の64%に対して、女性は67%にのぼった。

NPOの関係者からは、ジョンソン修正の撤廃に反対の声が強くだされた。NPOセクターの強化に向けてNPO、助成財団、企業の助成部門の全米規模の組織であるインディペンデント・セクターのダニエル・カーディナリ会長兼CEOは、「過去60年にわたり、この法律は、NPOに対する人々の信頼と支援に重要な役割をはたしてきた」と述べ、NPOが党派性をもたないことの重要性を指摘した。[20]また、NPOの業界誌ノンプロフィット四季報も、2017年2月6日付の論説のなかで、ジョンソン修正の廃止に対するNPO界の懸念の声を

紹介した後で、同修正に反対する人々の輪に加わる意思を表明した。[21]

# 第3節　トランプ政権の女性政策

　日本では、衆議院議員と参議院議員の選挙が行われる際には公示、国会議員の再選挙と補欠選挙、地方自治体の首長と議会議員の選挙については、告示が行われる。いずれも、選挙があることを人々に広く知らせる行為をいう。この公示や告示がなされる前に、選挙活動を行うことはできない。これに対して、アメリカでは、公示や告示がない。したがって、候補者は、立候補を表明し、選挙管理委員会に届け出れば、いつでも選挙活動を始めることができる。

　トランプの場合、立候補表明を行ったのは、2015年6月16日。投票日の1年4ヵ月以上前から選挙活動をスタートさせたことになる。ちなみに、民主党の大統領候補者になったヒラリー・クリントンは、2015年4月12日に立候補を表明。クリントンと民主党の候補者指名を争ったバーニー・サンダースは、同年4月30日だ。ふたりとも、1年半以上前ということになる。

　選挙期間が長いことは、一部の候補にとって、有利に働くこともある。しかし、長期間の選挙戦を通じて、メディアなどの厳しい目にさらされることになる。トランプの場合、「女性蔑視」発言が集中砲火を受けた。日本のメディアでも紹介された、自らをスーパースターだとしたうえで、「相手がスターなら、女はやらせる」とした発言をはじめ、アメリカのメディアがトランプの「女性蔑視語録」を作成するほどだった。

　こうした批判に対して、クリントンとのディベートで、「私ほど女性に敬意を払っている人間はいない」と釈明を兼ねて語った、トランプ。では、大統領に就任し、女性に関連して、どのような政策を打ち出しているのか。選挙公約や閣僚などの人事、就任後の大統領行政命令、そしてトランプに大きな影響を与えているといわれる前述のヘリテイジ財団の報告書やオルトライトの女性観・家族観などを通じて、考えていく。

## （1）選挙公約に盛り込まれた働く女性への支援策

　前述のように、トランプは、大統領選挙の投票日の2週間ほど前に「アメリ

カの有権者とドナルド・トランプの契約」という選挙公約を発表した。わずか4ページに箇条書きに近い簡単なもので、大統領に就任した日と就任後100日間に行う予定の内容を示したものだ。就任日に行うものには、大統領行政命令という大統領の権限だけで実施できる措置などで、環太平洋戦略的経済連携協定（TPP）からの離脱などが含まれる。

就任後100日間で実施するものは、連邦議会による立法化などが必要な措置である。中間層への減税やアメリカ企業が海外生産を行い国内に輸入しようとした場合に特別な関税をかけることなど、10項目があげられている。そのなかに、女性に関係が深い項目がある。6番目の児童と高齢者へのケアに関する法律の制定が、それだ。日本流にいえば、子育てや高齢者の介護に対する支援策である。

子育て支援というと、日本では、保育所の建設がイメージされることが多い。これに対して、トランプが提唱しているのは、育児や高齢者介護にかかった経費を税控除の対象にすることや、職場に育児サービスを行う場を設けるためのインセンティブを提供することである。また、税控除に関連して、被扶養者ケア口座を設けるとしている。

この内容は、わずか5行の簡単な説明であり、被扶養者ケア口座の詳細も示されていない。しかし、この公約が発表される以前のトランプの発言から考えると、就労中の家族向けの税控除策とみられる。職場に設けられる柔軟貯蓄口座（FSA）と呼ばれているもので、年間で最大5000ドルまで口座に振り込むことができる。どの程度の額が所得税から控除されるかは、納税者の税率や子育てや介護に要した費用により異なるが、30%程度を控除することが可能だ。

この他、「アメリカの有権者とドナルド・トランプの契約」には含まれていないが、トランプは、有給の出産休暇制度の導入も提唱していた。期間は6週間で、対象は女性だけである。すなわち、父親は対象にならない。失業保険の一部として制定するものだ。なお、ヒラリー・クリントンは、期間を12週間としたうえで、対象者を父親も含め、就労中の所得の3分の2を負担するプランを示していた。

第5章　トランプ政権下のNPOと女性　175

## （2）伝統的な家族観を重視するオルトライトの影響

　日本でトランプといえば、TPP からの離脱に象徴される経済や外交などが注目されがちだ。しかし、「アメリカの有権者とドナルド・トランプの契約」をみると、育児や高齢者問題が、トランプの政策上のプライオリティのひとつとして位置づけられているといえる。では、それは、どのような理由からなのだろうか。

　最も単純な理由は、選挙で女性票を獲得するためということが考えられる。トランプの「女性蔑視語録」がメディアで流れるなかで、投票者数で男性を上回る女性の票がクリントン候補に取られるのを少しでも防ぎたいという選挙戦略上の判断に基づいた行動、ということだ。結果的にみれば、第 1 節の表 1 で示したように、白人女性に関していえば、クリントンを上回る票を獲得することに成功し、選挙に勝利するうえで大きな意味をもった。

　より現実的な理由からいえば、トランプ自ら育児支援策を表明した際に述べたように、女性が結婚後も働き続け、共働き家庭が増加している事実があげられる。ピュー調査センターのデータによると、18 歳未満の子どもをもつ夫婦のうち、共働きをしている割合は、1960 年には 25% にすぎなかったが、2012 年には 60% と、多数派になった。逆に、父親だけが働いている家庭は、70% から 31% へと大きく減少した。なお、母親だけが働いている家庭は、2% から 6% に増加した。

　こうした状況になると、育児支援や出産休暇の制度を拡充していかなければ、共働き家庭の生活が困難になったり、企業の労働力が不足する事態を招きかねない。これは、女性活躍の促進に関連して、育児支援の充実をめざす日本の状況に似ている。しかし、日本では、イクメンということばが 2010 年の流行語大賞トップ 10 に入ったことや、政府による男性の育児休暇の取得増加をめざす動きが活発化しているのとは対照的に、トランプの有給の産休制度は、女性だけしか対象としていない。

　なぜか。そこには、トランプに大きな影響を与えているといわれるオルトライトのイデオロギーが影響していると考えられる。オルトライトとは、オルタナティブ・ライトの省略形で、直訳すると、代替右翼となる。オルトライトの運動を本格的に展開したのは、リチャード・スペンサーで、2010 年に「オル

タナティブ・ライト」というウェブサイト[24]を立ち上げた。このサイトには、「我々が信じるもの」として 10 の価値観を示している。白人の優越性、伝統的な家族と女性の役割の尊重、多文化主義の否定、移民排斥、国際問題に対する非干渉主義などが、それである。

オルトライトの代表的な人物のひとりに、右派のニュースサイトのブライトバート・ニュースの会長、スティーブ・バノンがいる。自らブライバートを「オルトライト運動のプラットフォーム」と呼んだ人物である。一方、ニューヨーク・タイムス紙は、ブライト・バート・ニュースをミソジスト（女性嫌悪主義者）、ゼノフォビア（外国人嫌悪）、レイシストのサイトと批判している。

トランプは、2016 年 8 月、大統領選挙の選挙対策本部の CEO だった保守的なテレビ局の FOX の会長を解任、新たにバノンを指名した。さらに、トランプは、選挙からわずか数日後、バノンを主席戦略官・大統領上級顧問に指名。バノンは、政権内で大きな影響力を発揮するようになった。しかし、2017 年 8 月、通商政策などにおけるトランプとの意見の違いから解任されることが決まり、自ら辞任した。

### （3）閣僚人事における女性の少なさ

首相就任後、最大の関心事が内閣の人事であるように、アメリカの大統領選挙後に最も関心をもたれることがらのひとつが、閣僚人事である。閣僚とは、連邦政府のトップとして、大統領の下で職務を遂行する立場の人々で、副大統領と各省の長官をさす。その数 16 人。また、中央情報局（CIA）や国連大使など、省庁のトップではないが、閣僚級高官といわれるポジションが 7 つ存在している。副大統領を除き、閣僚も閣僚級も、大統領の指名を受け、上院の公聴会をへて、本会議で承認されることが必要だ。閣僚も閣僚級高官も、閣議に出席することになる。

副大統領は、上院本会議での承認の必要がない。大統領とともに、選挙で選ばれているからだ。このため、閣僚人事では、22 人の閣僚と閣僚級高官にだれが指名され、承認されるかが、焦点になる。トランプが指名した 22 人のうち女性は、閣僚、閣僚級高官ともふたりずつで、合わせて 4 人。割合にすると、18% である。この割合が高いのか、低いのか。それは、トランプの女性に対

第 5 章　トランプ政権下の NPO と女性　177

する意識や政策にも関わってくるだろう。

　アメリカで閣僚または閣僚級高官に女性がつくようになったのは、比較的新しい現象である。1933年にフランクリン・ルーズベルトによりフランシス・ペーキンスが労働長官に指名されたものの、次に女性の閣僚が登場するには1953年まで待たなければならなかった。アメリカ女性と政治センター（CAWP）の資料によると、第二次世界大戦直後から2期務めたハリー・トルーマンから1970年代のリチャード・ニクソン（2期目途中で辞任）の政権まで、閣僚または閣僚級高官になった女性は、ゼロかひとりだった。

　表3は、1992年の大統領選挙で当選したクリントン以降の政権における女性の閣僚と閣僚級高官が同時に最大何人存在したのかについて、整理したものだ。一見して明らかなように、ブッシュ、トランプという共和党の政権下では、女性の閣僚と閣僚級高官の数や割合は少ない。一方、民主党の政権では、クリントン、オバマとも、共和党の2倍前後の数字を残している。トランプをみると、その前の第2次オバマ政権の半分にすぎない。

　では、トランプが指名した女性閣僚と閣僚級高官は、どのような人物なのか。閣僚としては教育長官にベッツィ・デヴォス、運輸長官にイレイン・チャオ、閣僚級高官には中小企業庁長官にリンダ・マクマホンと国連大使にニッキー・ヘイリーが指名された。チャオ、マクマホン、ヘイリーの3人は、上院本会議で圧倒的多数の賛成で、承認された。しかし、デヴォスは、賛否が50票ずつとなり、史上初めて議長を務める副大統領の一票により承認されるという事態に陥った。

　この4人の女性を政治献金という観点からみると、興味深い実態がある。政

表3　アメリカ政府の閣僚・閣僚級高官における女性の割合

| | 女性閣僚・閣僚級の最大数 | 閣僚・閣僚級の人数 | 女性の割合 |
|---|---|---|---|
| トランプ | 4人 | 23人 | 17% |
| オバマ第2期 | 8人 | 23人 | 35% |
| オバマ第1期 | 7人 | 23人 | 30% |
| ブッシュ第2期 | 5人 | 21人 | 24% |
| ブッシュ第1期 | 4人 | 21人 | 19% |
| クリントン第2期 | 9人 | 22人 | 41% |
| クリントン第1期 | 7人 | 22人 | 32% |

（出典）アメリカ女性と政治センター

治家の選挙資金などに関する調査研究を行っている NPO、反応する政治セン
ター（CRP）によると、2016 年の大統領選挙において、労働長官への指名を辞
退したアンディ・パズダーを含め、トランプに指名された閣僚または閣僚級高
官により、トランプ候補に直接または同候補を支持する政治活動委員会を通じ
て提供された政治資金は、604 万 3473 ドルにのぼる。また、これらの被指名
者が 1990 年から 2016 年までに共和党または保守的な候補に提供した政治資金
は、2675 万 8466 ドルに達した。

　これらの政治資金の最大の提供者は、マクマホンである。トランプ候補に対
してだけで 600 万 2700 ドル、共和党及び保守的な候補へは 1504 万 2655 ドル
も献金してきたのである。デヴォスとチャオ、ヘイリーの 3 人は、トランプ候
補への献金はない。しかし、デヴォスは、共和党と保守的な候補に 807 万 684
ドルもの資金を提供してきた。一方、チャオは 19 万 5960 ドル、ヘイリーに至っ
ては 500 ドルにすぎず、マクマホンとデヴォスに比較すると、政治資金提供者
としての位置は大きく異なる。

## （4）女性に関する行政執行措置の問題点

　トランプは、大統領就任直後から大統領の権限に基づき、大統領行政命令な
どの行政執行措置を取り始めた。日本をはじめ世界中のメディアで取り上げら
れた、紛争地域からの入国禁止令は、大統領行政命令のひとつである。日本政
府に衝撃を与えた TPP からの離脱は、大統領メモという形で実施された。日
本では、行政命令だけでなく、大統領メモも「大統領令」と訳されることが多
い。両者とも法的な性格をもつものの、行政命令は、依拠する憲法の条項や法
令などを示す必要があるが、大統領メモには、そうした規定はない。

　大統領行政命令と大統領メモの他に、大統領宣言と呼ばれる行政執行措置が
ある。エブラハム・リンカーンの奴隷解放宣言は、その最も知られたものひと
つだ。大統領宣言は、大統領行政命令と大統領メモと異なり、法的な性格はな
く、政府の政策に関する大統領の声明にすぎない。とはいえ、大統領がどのよ
うな課題に関して、どのような見解をもっているのか理解するうえで、カギを
握ると考えることができる。では、実態はどうなのか。

　トランプは、就任から 3 ヵ月足らずの間に、20 の大統領宣言に署名した。

第 5 章　トランプ政権下の NPO と女性　179

このなかに女性に関するものが2つ、子どもに関するものがひとつある。女性に関するものは、女性史月間と性暴力意識向上予防月間、子どもに関するものは、全米児童虐待防止月間についての声明だ。いずれも、「月間」とあるように、特定の月に特定の社会的な課題や人々に関する理解を深めるための措置である。トランプが行った大統領宣言の大半は、こうした月間や「週間」、あるいは「日」などで、いわば年中行事のひとつといえよう。

　女性に関して重要な政策転換をはかる大統領行政命令と大統領メモに、トランプは署名した。前者は、2017年3月27日に署名されたもので、連邦政府の事業契約者に対して2014年7月、オバマが署名した大統領行政命令（後に2度改正）を撤廃するとしている。オバマの行政命令は、多くの企業が重大な労働法違反を犯しながら、連邦政府の事業を受注していたことを受けて、取られたもので、公正労働基準法や家族医療休暇法などの労働法の遵守を求めた。

　この「公正賃金安全職場」と呼ばれるオバマの行政命令をトランプが撤廃したことに対して、サンフランシスコにある女性の権利擁護団体のイコール・ライツ・アドボケイツ（ERA）のノリーン・ファーレル事務局長は、「女性と納税者に対する攻撃だ」[27]と批判している。ここで「納税者」と述べたのは、労働法違反の企業に、事業契約という形で税金を提供することになるからだ。

　トランプによる女性に関する大統領メモは、就任からわずか3日後の2017年1月23日に署名された。メキシコシティ政策、あるいはグローバル・ギャグ・ルール（口封じの世界ルール）といわれ、1984年にレーガンが制定したものの、2009年にオバマによって撤廃された措置を復活させるものだ。具体的には、アメリカ政府の資金を受け取っている外国のNGOに対して、その団体の自己資金を用いた事業であっても、人工妊娠中絶に関する情報やサービスの提供、中絶についての議論、安全でない中絶の批判に加えて、自国政府の要請を受けて、これらの問題に取り組むことを禁止する措置である。

　アメリカ政府は、国際開発局（USAID）だけで年間30億ドルの資金を途上国の妊娠中絶や性教育などの事業に提供してきた。国務省や平和部隊などの資金も含め、アメリカは世界最大に援助国だった。メキシコシティ政策が導入されれば、途上国で妊娠中絶や性教育を提供してきたNGOは大きな影響を受けざるをえない。実際、大手の人権団体、ヒューマンライツ・ウォッチが2017

180

年7月にケニアとウガンダで行った調査によると、クリニックの閉鎖や広報活動の中止などの形で影響がでているという。一方、国際プランド・ペアレントフッド協会（IPPA）は、アメリカ政府からの資金を妊娠中絶には用いていないが、この政策にしたがう意思はないとして、1億ドルの補助金を失うことを覚悟しているという。[29]

## 第4節　トランプに対する女性とNPOの姿勢

　2016年10月9日、ミズーリ州で行われた第2回大統領候補者討論会で、司会のCNNテレビのアンカーマン、アンダーソン・クーパーから、数々の女性蔑視発言や女性に対する性的な行為に関連して、「女性に同意なしにキスをしていないのですか」と問われたトランプは、この問いに直接答えず、「私は誰よりも女性を尊敬しています」と答えた。トランプがどのような意味で「女性を尊敬している」と述べたのかは不明だが、これまでみてきたように、就任後のトランプの女性に関する人事や政策は、女性差別を積極的に解消していこうという意思を感じさせるものではない。

　大統領選挙と同時に実施された連邦議会選挙において、共和党は、上下両院で多数を占めた。さらに、後述するように、空席となっていた連邦最高裁判所の判事のポストに関して、トランプは、女性の権利擁護に否定的とみられる保守的なニール・ゴーサッチ判事を指名。同判事の指名は、2017年4月7日に上院本会議で承認された。これにより、女性に関連していえば、1973年に妊娠中絶を女性の権利として認めた、いわゆるロー対ウェイド判決が覆される可能性もでてきた。

　こうした状況に対して、女性団体やNPOは、どのように対応していこうとしているのだろうか。女性大行進は、女性の権利後退に異議を唱えることをメインにして、トランプ政権で予想される超保守的な政策に反対する幅広い人々を結集させ、政権の独走を抑えようとした試みということができる。全米だけでなく、世界各地で人々が声をあげたことは評価できる。2018年にも同様に実施されたが、1日のイベントという性格は否めない。

　では、そもそも2016年の大統領選挙において、女性やNPOは、どのよう

な活動を行ったのか。そして、どのような課題が残ったのか。特に資金との関係からこの点を検討したうえで、前述したトランプの閣僚人事や行政執行措置を含めた女性に直接関連する政策、さらに医療や福祉といった女性への影響が大きい政策に対して、女性やNPOがどのように対応し、今後の展望を切り開こうとしているのか。本章を締めくくるにあたり、これらの点について、考えていきたい。

### （1）クリントンを支えた女性の政治献金

　前述したように、女性初の大統領の誕生を訴えたクリントンは、投票者の37%を占めた白人女性に関して、トランプの52%に対して43%しか獲得できなかった。これがクリントン敗北の大きな原因のひとつといえる。しかし、この事実は、女性がクリントンへの支援に消極的だったということを意味しているわけではない。黒人をはじめとしたマイノリティ女性の多くは、クリントンに一票を投じた。また、クリントンを資金面で支えたのも、女性だった。

　「不動産王」のトランプと、元大統領夫人で連邦上院議員や国務長官を務めた実績があるとはいえ、法律家としての経験が長いクリントンのどちらが多くの選挙資金を集めたかと問われれば、大半の人々は、トランプに手をあげるのではないだろうか。しかし、反応する政治センター（CRP）によると、[30]クリントンが集めた選挙資金は、5億6375万6928ドルにのぼる。このうち70%は、個人からのものだ。この個人献金のうち「大口寄付」に分類される200ドル以上の寄付は、約3億ドルと、全体の半分をやや上回った。

　では、トランプはどうなのか。選挙資金の総額は、3億3312万7164ドルと、クリントンの6割弱にすぎない。このうち個人献金は40%に止まり、200ドル以上の寄付も4687万3083ドルで、全体の14%にすぎなかった。ふたりの違いは、クリントンが自己資金をほとんど投入していないのに対して、トランプは、集めた資金の20%に当たる6600万ドルを自ら拠出したことだ。「不動産王」の「カネの力」をみせつける数字といえる。

　表4は、連邦選挙管理委員会に提出された個人による200ドル以上の政治献金のデータをCRPが集計したものを、筆者が整理したものだ。[31]一見して明らかなように、トランプの場合、献金者のうち男性が7割と圧倒的に多いのに対

表4　2016年の大統領選挙における政治献金の男女別割合

|  |  | 献金者の割合 | 献金件数 | 献金総額 |
|---|---|---|---|---|
| クリントン | 男性 | 48.0% | 19万4838人 | 1億7300万2080ドル |
|  | 女性 | 52.0% | 27万1392人 | 1億8766万2659ドル |
| トランプ | 男性 | 71.4% | 19万0903人 | 4453万7371ドル |
|  | 女性 | 28.6% | 10万8329人 | 1787万0201ドル |

（出典）反応する政治センター

して、クリントンは48%にすぎない。また、献金の件数でみると、クリントンの場合、女性が6割近くで、男性は4割強に止まる。

　これは、ひとり当たりの献金額が女性より男性の献金者が多いことを示している。ただし、5400ドル以上という最も高額な献金をした人々のカテゴリーをみると、男性の5449人に対して、女性は4587人と、極端な差があるわけではない。いずれにせよ、女性の政治献金がクリントンの選挙活動を支えたことを示している。

## （2）NPO関係者や女性団体の財政支援

　CRPは、大統領選挙の候補者への選挙資金の提供者について、産業別のデータも作成している。クリントンの場合、クリントンに直接提供された資金だけではなく、クリントンを支援するためのさまざまな政治活動委員会への資金も含めると、トップは証券・投資業界だった。その額、実に8466万42ドル。これに対して、トランプが証券・投資業界から受けた資金は、107万6151ドルにすぎない。クリントンが「ウォールストリートに近すぎる」と批判されたこともうなずける数字だ。

　クリントンには、「非営利機関」と「女性問題」という「産業」が第7位と8位に入っている。非営利機関からは2096万4140ドル、女性問題からは1830万1349ドルの選挙資金が提供されたという。この2つを合わせると、約4000万ドルと、証券・投資業界の半分に迫っている。なお、これら2つのカテゴリーは、トランプの選挙資金のトップリストにはみられない。

　非営利機関による選挙資金というと、奇妙に思われる人もいるだろう。NPOは、政党や選挙の候補者を支援または批判する活動に関われないとされているからだ。しかし、選挙に関連していても、政策などに限定されれば、資

第5章　トランプ政権下のNPOと女性　183

金を投入することもできる。また、NPO が政治活動委員会を設立すれば、政党や候補者への資金の提供を含めた選挙に関連する活動に関わることが可能だ。このことを踏まえたうえで、CRP は、NPO や助成財団、フィランソロピスト[32]などを、非営利機関に分類している。

20 世紀には、非営利機関による政治献金は、ほとんど存在しなかった。しかし、今世紀に入り急増。2016 年の大統領選挙や連邦議会選挙では、8701 万 4676 ドルが提供された。CRP によると、[33]非営利機関で最も多くの選挙資金を提供したのは、ローレル財団の 801 万 199 ドルで、すべて民主党の候補に対するものだった。次は、バーナード・マルカス家族財団で、758 万 3050 ドル。こちらは、すべて共和党の候補に提供された。このふたつだけみると、民主、共和両党にほぼ同じ額の資金提供が行われているようにみえる。しかし、全体の 4 分の 3 は、民主党の候補に向けられたものだ。

女性問題を扱う団体からの選挙資金も、今世紀に入ってから急増している。1988 年には 421 万 5810 ドルだった提供額は、2000 年に 767 万 5302 ドルとなり、2008 年には 2084 万 3228 ドルと、2000 万ドルの大台を突破。2016 年には 3188 万 5490 ドルと、過去最高を記録した。女性問題を扱う団体からの選挙資金は、大半が民主党向けだ。例えば、2016 年に共和党に提供された献金は、わずか 2% にすぎなかった。[34]女性問題を扱う団体で最も多額の選挙資金を提供しているのは、エミリーズ・リストである。2016 年は 529 万 8545 ドルで、第 2 位のバーバラ・リー家族財団の 257 万 4507 ドルの 2 倍以上に及ぶ。[35]

エミリーズ・リストは、1985 年にエレン・マルコムが中心になって設立したプロチョイスの女性議員の選出を進めるための政治活動委員会である。女性の名前でもある EMILY ということばは、"Early Money Is Like Yeast" の頭文字をとったもので、イースト菌がパンを膨らますように、選挙戦の初期に女性候補へ資金援助を行い、当選に結びつけようという意味が込められている。2017 年 1 月までに、連邦議会に 100 人余りのプロチョイスの女性下院議員と 23 人の女性上院議員に加え、12 人の女性知事を誕生させた実績をもつ。[36]

このように、エミリーズ・リストというと、選挙資金の提供団体というイメージが強い。しかし、女性の議員候補の育成に加え、2016 年の大統領選挙では、トランプの当選を阻止するためのキャンペーンも展開した。#Women-

CanStopTrump や #WhyImWithHer がそれだ。前者は、集会やデモなども含め、5500万人を超える有権者にトランプの言動の問題を訴えた。後者は、アメリカ・フェレーラやウゾ・アドゥバなど、ハリウッドの女優とともに、クリントンを支援する活動を展開した。[37]

### (3) 閣僚候補の承認問題への女性団体やNPOの対応

トランプが指名した22人の閣僚と閣僚級高官の候補のうち、2017年4月12日までに上院本会議は、19人を承認した。この数字だけみると、トランプは、順調に政権基盤を形成したかのようにみえる。しかし、上院本会議における採決の前の上院小委員会での審議で、多くの候補に強い反発があった。その結果、本会議での採決において、財務長官が賛成53、反対47、司法長官が賛成52、反対47、健康福祉長官が賛成52、反対47、環境保護長官が賛成52、反対46という数字が示すように、薄氷を踏むような承認が少なくなかった。

閣僚と閣僚級高官の候補への反発は、議会の民主党からだけではなく、女性団体や労働団体、環境保護団体などの草の根レベルからも噴出した。ここでは、上院の承認投票で史上初めて同数となり、副大統領の1票で承認された教育長官候補のベッツィ・デヴォスと、辞退に追い込まれた労働長官候補のアンディ・パズダーの承認における女性団体の動きを中心にみていくことにする。

教育長官へのデヴォス就任反対は、スクール・チョイスという学校の選択の自由化を推し進める姿勢にあったことは間違いない。夫婦で設立したデヴォス家族財団の2013年度の財務報告書によると、自らが理事長を務める全米最大[38]のスクール・チョイス団体であるスクール・チョイス連盟（ASC）に25万ドルの助成金を提供している。スクール・チョイスに批判的で、組合員170万人をもつアメリカ教職員連盟（AFT）をはじめとした教育界の反発は、それを物語っている。しかし、教育に関するデヴォスの問題性は、これに止まらない。

教育における男女の機会均等を定めた教育法第9編への否定的な見方も、デヴォスへの批判の対象になった。デヴォス家族財団との関係でみれば、2013年度に5000ドルの助成金を教育における個人の権利財団（FIRE）に提供した[39]とが、上院公聴会でも問題視された。

2017年1月30日には、全米の主要な人権団体の連合体である公民権人権指

導者会議（LCCHR）が中心になって、デヴォスの承認に反対する声明が発表された。この声明には、全米大学女性協会（AAUW）やフェミニスト・マジョリティ財団、全米女性法律センター（NWLC）、米国 YWCA などのアメリカの主要な女性団体も名を連ねた。教育の男女の機会均等に関するデヴォスの考えに懸念したためである。

パズダーは、ハーディーズとカールズジュニアという大手のファーストフードのチェーン店を展開する企業の親会社、CKE レストランの CEO である。CKE は、全米 44 州と海外 40 ヵ国などで、2016 年 10 月現在、3729 のフランチャイズ店などを経営している[41]。

ファーストフード産業は、低賃金労働が一般的で、かつ「不法移民」の労働力に依存せざるをえない現実がある。大統領選挙と同時に行われた、4 つの州の最低賃金引き上げに関する住民投票では、そのすべてが成立した。このことに示されるように、アメリカ国民は、労働者が低賃金で働くことを良しとしていない。しかし、パズダーは、最低賃金の引き上げが産業のオートメーション化を促し、結果として雇用を減少させるとして批判。また、オバマ政権が進めてきた、給与水準が低い管理職への時間外手当にも反対の姿勢を示してきた。

このため、全米最大の労働組合のナショナルセンターである全米労働総同盟産業別会議（AFL-CIO）は、パズダーの指名が取りざたされると、懸念を表明。女性団体の多くも、ファーストフードの低賃金労働者の多数が女性であることから、パズダーの労働長官就任に反対の意思を表し、全米女性機構（NOW）のテリー・オニール会長は、草の根レベルから反対のキャンペーンを展開する考えを示した。指名後は、女性と家族のための全米パートナーシップ（NPWF）などが共和党の女性上院議員にターゲットをあて、ロビー活動を展開、上院公聴会への影響力行使を狙った[42]。

批判が高まるなかで、パズダーは、必要な書類の作成ができないという理由で、公聴会を延期し続けた。その間、前妻への性的暴行への嫌疑や「不法移民」を家政婦として雇い、この家政婦の報酬に伴う納税を怠っていたことなどが表面化してきた。このため、パズダーは、公聴会に出席することなく、指名辞退に至った。女性団体や労働団体にとっては、大きな勝利といえよう。

## （4）ニール・ゴーサッチの最高裁判事指名反対の活動

　閣僚人事と並んで関心をもたれたのが、2016年2月にアントニン・スカリア判事が死去したことで1年近く空席になっていた、連邦最高裁判所の判事にだれが指名されるかであった。トランプは、2017年1月31日、第10巡回控訴裁判所の判事、ニール・ゴーサッチを指名した。閣僚や閣僚級の高官と同様に、最高裁の判事も上院本会議で承認されなければならない。本会議に先立ち、3月20日に始まった上院司法委員会の公聴会では、野党民主党からゴーサッチ批判が噴出したものの、同委員会は4月3日、賛成11、反対9で承認した。民主党は、上院本会議においてフィリバスター（長時間演説）で対抗する姿勢を示したものの、共和党は、「核選択」と呼ばれる単純過半数で審議を打ち切る動議を提出、4月7日に賛成54、反対44で承認にこぎつけた。

　最高裁の判事に指名された後、上院を二分する議論になることは、珍しいことではない。例えば、ゴーサッチを含めた現在の判事のうち、クラレンス・トーマスとサミュエル・アリートには、上院の100人の議員のうち、40人以上が反対票を投じている。しかし1年以上も最高裁の判事の後任が決まらなかったことや、少数意見を否定する「核選択」が採用されることは異例だ。なぜ、このような事態になったのか。また、超保守といわれるゴーサッチの指名に、女性団体はどのように対応したのか。これらの点について、みていこう。

　前述のように、ゴーサッチの指名は、スカリアの死去に伴うものだ。スカリアが死去した2016年2月の時点における大統領は、オバマである。オバマは、同年3月、後任に首都ワシントン巡回控訴裁判所の主席判事、メリック・ガーランドを指名した。しかし、当時の野党共和党は、大統領選挙年であることを理由に審議を行うことを拒否。このため、最高裁の判事の9つのポストのひとつが空席のまま、後任の人事は、新政権に引き継がれることになった。

　ゴーサッチの指名に反発するNPOは、運動のハブ的な役割をもつ組織として、ピープルズ・ディフェンスを立ち上げた。女性大行進実行委員会やエミリーズ・リスト、NARALプロチョイス・アメリカなどの女性団体の他、同性愛者の法律擁護団体のラムダ・リーガル、環境保護団体のシエラクラブ、反戦平和団体のムーブオン・ドットオルグ、自治体の職員などを組織している国際サービス労働者組合（SEIU）などによって構成されている。

ピープルズ・ディフェンスだけではない。例えば、女性の法律擁護団体の全米女性法律センターは、ゴーサッチが指名された1月31日に指名に反対する声明をだした。また、上院司法委員会の公聴会で指名反対の証言も行った。さらに、公聴会に先立ち、「女性の権利に関するゴーサッチ判事の実績」と題する26ページにわたる報告書を発表。ゴーサッチが過去にだした判決内容など[43]の分析を踏まえたこの報告書のなかで、女性のリプロダクティブヘルスに対する敵対的な姿勢、女性差別を禁止する政策を制約しようとしてきたこと、人権を擁護しようとする連邦政府機関への敬意の欠如などの問題を指摘した。

　上院司法委員会の公聴会が近づくと、女性団体などのゴーサッチ指名反対の活動は、さらに広がっていった。3月14日には、全米の主要な55の女性団体がリプロダクティブヘルスの問題に焦点をあて、共同で声明を発表した。[44]ゴーサッチへの批判は、女性の権利に関するものだけではなかった。同じく3月14日には、アメリカ教職員連盟（AFT）、全米女性機構（NOW）、グリーンピース、全米有色人種地位向上協会（NAACP）など121団体が上院司法員会の中心的な委員に対して、ゴーサッチの政治資金に関する姿勢を問題視し、指名に強く反対する書簡を送付した。[45]

## （5）トランプ政権とNPO、女性の今後

　結果としてみれば、女性団体をはじめとしたアメリカのNPOは、ゴーサッチの最高裁判事就任を阻止することができなかった。女性団体などが懸念したのは、ゴーサッチが最高裁に入ることで、ロー対ウェイド判決が覆されることを含め、女性の権利が侵害される判決が相次ぐのではないか、ということといえよう。

　この懸念を杞憂として一笑に付すことはできない。ただし、ゴーサッチの前任者のスカリアは、ゴーサッチと同じ、オリジナリストと呼ばれる保守派である。オリジナリストとは、憲法を起草者の意思に沿って解釈すべきというスタンスをとる人々のことだ。このスタンスは、必ずしも特異とはいえないが、現実の法解釈とは大きくずれることもある。その典型のひとつが、ロー対ウェイド判決だ。オリジナリストにいわせれば、妊娠中絶が女性の権利であるとは憲法のどこにも記述されていない。したがって、この判決は違憲であるというこ

とになる。

　オバマが指名したガーランドが最高裁判事に就任していれば、リベラル5人、保守派3人、中間派ひとりになった判事構成が、ゴーサッチの就任により、リベラルと保守が同数になった。さらにリベラル派の判事の多くが高齢であることを考えると、近い将来、最高裁が保守派主導になる可能性が大きい。事実、2018年9月、引退したアンソニー・ケネディの後任に保守派のブレット・カバノーが指名され、10月に上院本会議で承認された。これにより、1960年代から70年代、そしてそれ以降に獲得された女性の権利は大きく制約されることは必至といえよう。

　こうした司法の保守化への懸念が女性大行進にみられる、大統領選挙中に、ロー対ウェイド判決を覆す判事を指名するとしていたトランプへの大規模な異議申し立ての背景にある。この懸念は、女性の権利だけではない。納税申告期限日にあわせてトランプの納税申告書の開示を求めた4月15日の税金集会や、大統領就任100日にあわせて全米各地だけでなくヨーロッパなども含めトランプの環境問題への姿勢を批判する気候温暖化防止に向けた大規模な集会やデモが開催されるなどは、その一部だ。

　集会やデモは、為政者に対して人々の意思を示すとはいえ、政治を直接変えるものではない。大統領の監視役でもある議会に働きかけをしたり、選挙で勝利し、議会の多数や首長の椅子を取ることが重要だ。大統領選挙でトランプが勝利した直後から、こういう認識に基づく、リベラルな人々の動きが全米で急速に広がっている。

　例えば、ヤフーニュースによると[46]、首都ワシントンの民主党支持者が設立したインディビジブル（分断されない）という団体は、数ヵ月の間に18人の職員を採用し、全米に5800もの支部をもつ組織に発展しているという。しかも、連邦下院議員の全選挙区に少なくとも2ヵ所の支部を設け、トランプの政策に異議を唱えるため議員らへの働きかけを行っている。クリントンの選挙スタッフが選挙後にスタートさせた、ランフォアサムシングは、若手の政治家の育成が必要だという認識から、若手政治家の育成支援の活動を展開、すでに8000人もの若者が関心を示したという。

　この動きを牽引しているのが女性の政治進出を進めているNPOの筆頭、エ

ミリーズ・リストだ。エミリーズ・リストというと女性政治家や女性の課題に好意的な男性政治家を財政的に支援する政治活動委員会のように思われがちだ。しかし、将来の女性政治家を発掘し、育成していく事業も積極的に展開している。2016 年の大統領選挙にあたり、エミリーズ・リストに支援を求めた女性は約 900 人だった。しかし、2017 年に入ると、わずか 4 ヵ月足らずの間に 1 万 1000 人を超える女性が立候補の意思を表明してきたという。その多くは、地域の教育委員会や州議会の議員などへの立候補だが、ステファニー・シロオック会長によると、連邦議会へ調整することを真剣に検討している女性も 20 人余りにのぼっている。[47]

　1960 年代に高揚した公民権運動の流れとともに、アメリカの女権の権利拡張の動きは、2016 年の大統領選挙のクリントン当選によって、男女同権の現実化として結実するかにみえた。しかし、選挙制度の問題はあるにせよ、クリントンは敗北。代わって大統領に就任したトランプは、女性の権利を真っ向から否定する政策を進めている。こうした動きに対して、アメリカの女性と女性の NPO は、沈黙ではなく、集会やデモ、議会への働きかけ、さらには政界への進出によって対抗しようとしているのである。


注
1　https://www.womensmarch.com/. (2018 年 8 月 8 日閲覧)
2　http://www.pantsuitnation.org/uploads/1/5/5/9/1559332/pantsuit_nation_fact_
　　sheet_-_11_22.pdf. (2018 年 8 月 8 日閲覧)
3　http://www.latimes.com/nation/la-na-pol-womens-march-live-who-started-the-march-
　　one-1485033621-htmlstory.html. (2018 年 8 月 8 日閲覧)
4　https://www.womensmarch.com/sisters. (2018 年 8 月 8 日閲覧)
5　http://www.newsweekjapan.jp/stories/world/2017/01/epa.php. (2018 年 8 月 8 日閲覧)
6　https://archive.org/details/346512-obamablueprintforchange. (2018 年 8 月 8 日閲覧)
7　https://www.realclearpolitics.com/video/2016/10/22/trump_addresses_contract_with_
　　the_american_voter_in_gettysburg_term_limits_energy_immigration_more.html. (2018
　　年 8 月 8 日閲覧)
8　https://www.forbes.com/profile/donald-trump/. (2018 年 8 月 8 日閲覧)
9　1987 年 11 月 1 日 Random House 発行、ISBN: 978-0446353250
10　http://www.guidestar.org/FinDocuments/2015/133/404/2015-133404773-0d216463-F.
　　pdf. (2018 年 8 月 8 日閲覧)
11　http://www.jfc.or.jp/grant-search/z_aplist.php5?zaidanID=f-00016&programID=1.
　　(2018 年 8 月 8 日閲覧)

12  http://foundationcenter.org/gain-knowledge/foundation-data,（2018 年 8 月 8 日閲覧）

13  https://www.forbes.com/sites/katiasavchuk/2016/10/05/meet-americas-top-givers-of-2015/#d96c58128e45,（2018 年 8 月 8 日閲覧）

14  https://www.washingtoNPOst.com/politics/a-portrait-of-trump-the-donor-free-rounds-of-golf-but-no-personal-cash/2016/04/10/373b9b92-fb40-11e5-9140-e61d062438bb_story.htmlm,（2018 年 8 月 8 日閲覧）

15  https://petitions.whitehouse.gov/,（2018 年 8 月 8 日閲覧）

16  https://www.arts.gov/sites/default/files/nea-quick-facts.pdf,（2018 年 8 月 8 日閲覧）

17  http://thehill.com/policy/finance/314991-trump-team-prepares-dramatic-cuts,（2018 年 8 月 8 日閲覧）

18  http://thf-reports.s3.amazonaws.com/2016/BlueprintforBalance.pdf,（2018 年 8 月 8 日閲覧）

19  http://www.pewforum.org/files/2012/07/Little-Voter-Discomfort-Full.pdf,（2018 年 8 月 8 日閲覧）

20  http://www.independentsector.org/news-post/statement-johnson-amendment/,（2018 年 8 月 8 日閲覧）

21  https://nonprofitquarterly.org/2017/02/06/losing-johnson-amendment-destroy-unique-political-role-nonprofits/,（2018 年 8 月 8 日閲覧）

22  http://www.nbcnews.com/politics/2016-election/comparing-trump-clinton-s-child-care-plans-n647711,（2018 年 8 月 8 日閲覧）

23  http://www.pewresearch.org/ft_dual-income-households-1960-2012-2/,（2018 年 8 月 8 日閲覧）

24  http://altright.net/,（2018 年 8 月 8 日閲覧）

25  http://www.cawp.rutgers.edu/sites/default/files/resources/womenapptdtoprescabinets.pdf,（2018 年 8 月 8 日閲覧）

26  https://www.opensecrets.org/trump/political-appointees,（2018 年 8 月 8 日閲覧）

27  http://www.nbcnews.com/news/us-news/trump-pulls-back-obama-era-protections-women-workers-n741041,（2018 年 8 月 8 日閲覧）

28  https://www.hrw.org/news/2018/02/14/trumps-mexico-city-policy-or-global-gag-rule、（2018 年 9 月 2 日閲覧）

29  https://www.theguardian.com/world/2017/jan/23/trump-abortion-gag-rule-international-ngo-funding,（2018 年 8 月 8 日閲覧）

30  https://www.opensecrets.org/pres16/candidate?id=N00000019,（2018 年 8 月 8 日閲覧）

31  https://www.opensecrets.org/pres16/donordemcid?id=N00000019 と https://www.opensecrets.org/pres16/donordemcid?id=N00023864,（2018 年 8 月 8 日閲覧）

32  https://www.opensecrets.org/industries/indus.php?ind=W02++,（2018 年 8 月 8 日閲覧）

33  https://www.opensecrets.org/industries/contrib.php?cycle=2016&ind=W02,（2018 年 8 月 8 日閲覧）

33  https://www.opensecrets.org/industries/totals.php?cycle=2016&ind=Q08,（2018 年 8 月 8 日閲覧）

35  同上、（2018 年 8 月 8 日閲覧）

36  http://www.emilyslist.org/pages/entry/women-we-helped-elect,（2018 年 8 月 8 日閲覧）

37　http://www.emilyslist.org/news/entry/what-to-look-for-on-election-day,（2018 年 8 月 8
　　日閲覧）

38　http://www.guidestar.org/FinDocuments/2013/382/902/2013-382902412-0ae0849f-F.pdf,
　　（2018 年 8 月 8 日閲覧）

39　同上、（2018 年 8 月 8 日閲覧）

40　http://www.civilrights.org/advocacy/letters/2017/oppose-confirmation-of-betsy.html,
　　（2018 年 8 月 8 日閲覧）

41　https://www.bloomberg.com/research/stocks/private/snapshot.asp?privcapId=282503,
　　（2018 年 8 月 8 日閲覧）

42　http://www.politico.com/story/2017/01/trump-labor-pick-womens-march-233949,（2018
　　年 8 月 8 日閲覧）

43　https://nwlc.org/wp-content/uploads/2017/03/NWLC-Report-on-the-Record-of-Judge-
　　Gorsuch.pdf,（2018 年 8 月 8 日閲覧）

44　http://static.politico.com/6f/ee/4c59ce1e416e9a177ce4d0a4d914/abortion-letter.pdf,
　　（2018 年 8 月 8 日閲覧）

45　http://everyvoice.org/wp-content/uploads/2017/03/MIPCoalitionLetter.pdf,（2018 年 8
　　月 8 日閲覧）

46　https://www.yahoo.com/news/trump-transformed-left-221454985.html,（2018 年 8 月 8
　　日閲覧）

47　http://www.emilyslist.org/news/entry/11000-running-for-office-refinery29,（2018 年 8
　　月 8 日閲覧）

# 第6章
# アメリカの女性の現状と
# NPOにおけるジェンダー問題

柏木　宏

全米最大のNPOの経営指導組織、CompassPointsの元CEO、Jan Masaoka（左）とNPOに関する訪米視察団一行（2016年3月、サンフランシスコにて、筆者提供）

NPOとNPOの理事候補のマッチングを行うイベント、Board Fairの様子（2018年3月、サンフランシスコのヒルトンホテルにて、筆者撮影）

ヒラリー・クリントンが民主党の大統領候補に指名されたことをみれば、ア
メリカにおいて、女性の社会進出が大きく進んでいると思われるかもしれない。
しかし、2009年にオバマが大統領に就任したことが黒人の地位向上と関連づ
けて論じられたにもかかわらず、白人警官による黒人への射殺や暴行事件が相
次ぎ、"Black Lives Matter"（黒人の命は大切だ）というスローガンの運動が
全米に広がりをみせている現実もある。

　オバマやクリントンのような、黒人や女性のシンボリックなトップリーダー
が現れたことと、社会全体の状況の変化は、必ずしも同時進行しているわけで
はない。このような観点から、本章では、アメリカにおける女性の社会進出が
進む一方、依然として根強い、女性への差別の現状について、政治、経済の両
面からみていくことにする。

　さらに、本書がNPOと女性をテーマにしているため、NPOにおいて、ジェ
ンダー問題は、どのような形で表出しているのか考えていきたい。この点につ
いて、NPOの主要なヒューマンリソースである、ボランティア、理事、スタッ
フという三者の実態について、組織の規模なども考慮に入れて、具体的なデー
タを示しながらみていく。

# 第1節　政治面における女性の進出

　アメリカにおける女性の地位向上を政治面でみれば、第4章でみたように、
1920年に憲法修正第19条が成立し、婦人参政権が実現した。ニュージャージー
州のラトガース大学のアメリカ女性と政治センター（CAWP）によると、2014
年現在の登録有権者のうち、女性は7600万人と、男性の6600万人をほぼ
1000万人も上回っている。男女別の投票率をみても、2008年と12年の大統領
選挙時では、女性が約7割だったのに対して、男性は6割にすぎない。

　こうした女性の登録有権者の数の多さとともに、投票率が高いため、アメリ
カの選挙では女性票の重要性が語られることになる。実際、2008年の大統領
選挙におけるオバマの勝利には女性票全般、そして2016年のトランプの勝利
には白人女性の票が大きな影響を与えていたことが、出口調査の結果から明ら
かになっている。

とはいえ、参政権には、投票権だけではなく、被選挙権もある。しかし、被選挙権を行使した女性の政界進出は、有権者や投票率における女性の占める割合からみると、きわめて不十分なのが現状だ。以下、この点について、参政権獲得当時にさかのぼって考えていく。

### （1）参政権獲得後も少ない女性連邦議員

連邦下院議会の歴史芸術アーカイブス[2]は、女性の連邦議会進出の歴史について記録している。また、連邦議会の議会調査局（CRS）も、上下両院の議員になった女性についてのデータを整理し、「連邦議会の女性：1917年から2015年」という報告書として発表している。[3]

これらの記録をみると不思議な記述がある。1916年に、婦人参政権や平和運動の活動家として知られていた、ジャネット・ランキンが女性としてアメリカで最初の連邦下院議員に選出されていたのである。婦人参政権が認められる4年も前にもかかわらず、なぜなのだろう。

ランキンが立候補したのは、モンタナ州（2人区）で、連邦レベルに先立ち、同州では1914年に婦人参政権が認められていた。州法が連邦法よりも上位に位置づけられていたため、女性の立候補が実現したのである。1916年の選挙には、6人の候補者が名乗りを上げた。ランキンは、24.3％をえて、第2位となり、女性として初めて連邦議会の議席を獲得した。

なお、連邦議員が死亡した場合、配偶者がそのポストを継承する制度がある。これを「未亡人継承」制度という。この制度に基づき、連邦議員になった最初の女性は、メイ・エラ・ノランだ。1923年から25年まで下院議員を務め、女性として初の委員会の委員長となった。「未亡人継承」制度は、現在でも維持されている。2005年には、日系人のロバート・マツイ下院議員の死去にともない、妻のドリス・マツイがその職を継承した。「継承」と記されているように、任期は、配偶者の残りの期間だけである。ただし、その後、個人として立候補し、当選することは可能だ。実際、ドリス・マツイは2013年まで議員を務めた。

アメリカの連邦議会は、上院と下院で構成されている。下院は、人口に基づき、435の議席が各州に配分される。一方、上院は、州ごとに2つの議席が割り当てられている。議員の任期は6年だが、選挙は2年ごとに行われる。上院

第6章　アメリカの女性の現状とNPOにおけるジェンダー問題　195

議員の３分の１ずつが改選されるためだ。したがって、各回の選挙で選ばれるのは、ひとりだけである。

1922年に、女性として最初に上院議員に選ばれたレベッカ・フェルトンは、わずか１日しか職にとどまることができなかった。現職の死去により知事から指名されたものの、補欠選挙で別の候補が当選。フェルトンは、就任式に出席しただけで、議員として活動できなかったためだ。次に女性として上院議員に選出されたのは、ハッティ・キャラウェイ（アーカンソー州）で、1932年のことだ。戦後になっても、1945年から47年、73年から78年までは、上院にひとりの女性もいない状態が存在した。

下院については、1921年以降、最低ひとりの女性議員がいた。とはいえ、戦前、戦後しばらくは１ケタ台が続き、継続して２ケタ台になったのは1951年からだ。1991年に21人と初めて20台を突破。その後、一貫して増加し、2016年現在、435人中84人、割合でいえば19％になった。なお、党派別では、民主党62人、共和党22人と、民主党が圧倒的に多い。上院は、100人中20人が女性だが、このうち共和党は、6人にすぎない。

## （2）半数を超える州で誕生した女性知事

これまで大統領や副大統領に就任した女性はいない。なお、アメリカの大統領選挙では、1864年のエイブラハム・リンカーン以降、正副大統領候補がペアで立候補することが慣行になっている。民主、共和の二大政党でも、副大統領候補に女性が選ばれた実績がある。

1984年に民主党のウォルター・モンデールの指名を受けたジェラルディーン・フェラーロと、2008年における共和党のジョン・マケインのランニングメイト、セイラ・ペインの２人だ。モンデールがロナルド・レーガンに敗れ、マケインがバラク・オバマに敗北したことで、女性副大統領は誕生しなかった。

アメリカの大統領の多くは、州知事から転じている。最近では、ジョージ・W・ブッシュ（テキサス州）、ビル・クリントン（アーカンソー州）、ロナルド・レーガン（カリフォルニア州）、ジミー・カーター（ジョージア州）などがいる。このように、州知事は、大統領に最も近いポストのひとつである。では、女性は州知事に、どの程度、就任してきたのか。前述のCAWPによると、女性で最[4]

初に知事になったのは、民主党のネリー・ロス。1925年に、ワイオミング州の知事に就任した。しかし、彼女自身の実績に基づいてではなく、知事だった夫の死去に伴う特別選挙での当選だった。その後、同様に夫の後を継いだ女性知事が2人誕生した。

　政治家として活動したうえで知事の椅子を手にした最初の女性は、1975年に民主党からコネチカット州知事選挙に立候補した、エラ・グロッソだ。これら4人を含め、これまで知事に就任した女性は、全米50州の半数を超える27州で、37人に及ぶ。このうち22人は民主党である。このようにいうと、知事職の多くが女性で占められていると思われるかもしれない。しかし、2017年現在、女性の知事は、オクラホマ、ニューメキシコ、オレゴン、ロードアイランド、アラバマ、アイオワの6州にすぎない。

　では、知事以外に、州レベルの選挙で選ばれた政府関係者や議員のなかに、女性はどの程度いるのだろうか。CAWPによると、副知事などの州政府の関係者については1970年代半ばから80年代初頭までは10%程度だったが、90年代後半から25%前後に増加。しかし、その後は頭打ちの状態で、今日まで3割を超えたことはない。

　州議会の議員も、同様だ。ネブラスカ州以外は、連邦議会と同様に、州議会も上院と下院がある。両院を合わせた女性議員の割合は、1970年代後半には10%弱だったが、80年代以降徐々に増加し、95年には20%台に突入。しかし、その後、伸び悩みが続き、2016年には過去最高とはいえ、24.5%に止まっている。なお、州別では、コロラド州が42%と最も高く、次いでバーモント州の41.1%となっている。一方、最も低いのはワイオミング州の13.3%だ。

## 第2節　経済面におけるグラスシーリングと女性の貧困

　アメリカにおいても、男女の経済関係は、「男性が外で働き、女性が家を守る」時代が長く続いてきた。しかし、この状況は大きく変化してきている。女性の労働力化率が1970年代から急激に高まり、男女間の格差が大きく縮小していることはそのひとつだ。

　また、BMOフィナンシャルの調査部門、BMO富研究所が2015年に発表し

た「女性の財政的関心」という報告書によると、18歳未満の子どもがいる世帯で、主な稼ぎ手が女性である割合は4割に達し、全米の個人資産の51%に当たる14兆ドルは女性の手に握られており、その額は2020年には22兆ドルに達する見込みだという。

こうした女性の経済力が強調される反面、男女間の賃金格差の存在や、エリート女性にとってはグラスシーリング、社会の底辺に位置する女性にとっては貧困率の高さなど、経済面において女性が直面する問題の深刻さは過去の遺物になっているわけではない。以下、最近のデータを中心に、アメリカにおける女性の経済的な状態についてみてみよう。

## （1）男性に比べ高いパートの割合と低い給与水準

アメリカにおける戦後の労働力化率は、表1に示したように、1950年以降、2000年まで一貫して増加していたが、その後、減少に転じた。その背景には、男性は一貫して減少しているのに対して、女性は2000年まで増加したことがある。しかし、2000年以降、女性も減少に転じたため、全体が減少した。

男女間の格差をみると、1950年には、男性の9人のうち8人近くが働いていたが、女性の就労者は3人にひとりにすぎなかった。しかし、2015年には、男性の労働化率が70%弱であるのに対して、女性は60%に手が届きそうな状況にある。このように過去65年の間に、男女の労働力化率の差は大きく縮まっている。なお、アメリカでは、労働力化率の対象を16歳以上の人々から軍人と精神病院やナーシングホーム、刑務所などの施設で生活している人々を除外している。ただし、年齢の上限がないため、高齢化が進むと、労働力化率が低下する。

このように男女間の労働力化率の差は小さくなってきたが、雇用形態は同様ではない。パータイムの女性の割合の高さは、そのひとつだ。連邦労働省の統

表1　アメリカの労働力化率の変化（単位%）

|  | 1950年 | 1960年 | 1970年 | 1980年 | 1990年 | 2000年 | 2010年 | 2015年 |
|---|---|---|---|---|---|---|---|---|
| 全体 | 58.9 | 59.7 | 60.3 | 63.9 | 66.6 | 67.3 | 64.6 | 62.6 |
| 男性 | 86.2 | 83.3 | 79.4 | 77.3 | 76.4 | 74.8 | 71.4 | 69.3 |
| 女性 | 34.2 | 37.9 | 43.1 | 51.5 | 57.5 | 60.1 | 58.8 | 56.7 |

（出典）　Federal Reserve Bank of St. Louis, https://fred.stlouisfed.org/series/CIVPART

計によると、2015年の16歳以上の就労者は、1億4143万人で、週34時間未満のパートタイムで働いている人は、3576万人と、25%である。男性に限定すると、就労者数が7516万人に対して、1428万人と19%にすぎない。一方、女性は、就労者数6627万人のうち2129万人と、32%に及ぶ。また、25歳以上に限定すると、男性では16%だが、女性では29%と、ほぼ2倍の差がある。

パートタイム労働が女性に多いことは、男女間の所得格差を想定させる。しかし、問題は、そこに止まらない。同じフルタイムでも、男性と女性により、所得が大きく異なっている。2014年に連邦商務省人口統計局が発表した「アメリカの所得と貧困」という資料によると、同年にフルタイムで年間を通して働いていた男女の中位所得を比較すると、男性の5万383ドルに対して、女性は3万9621ドルと、男性の79%にすぎなかった。この割合は、1960年に6割、90年に7割だったことに比べると改善されている。男性の中位所得が1970年代以降ほとんど変化していないのに対して、女性の中位所得がインフレ調整後、1960年当時に比べ、2014年にはほぼ2倍になっためだ。

## (2) 大差ない男女間の学歴

所得は、教育水準に比例する傾向がある。では、女性の所得が少ないのは、女性が低学歴だからなのだろうか。事実は、逆である。連邦労働省の2015年の統計によると、学士号の学位をもつ男性は2014万人なのに対して、女性は2303万人にのぼる。学士号以上の学位をもつ人は、男性の1242万人に対して、女性は1355万人と、ここでも女性優位である。ただし、労働力化率は男性の方が高いため、学士号をもって就労している人は男性の方がやや多い。一方、学士号以上の学位の場合、女性の方が多くなっている。

以上のように、男女の学歴をみると、女性は男性と同等といえる。では、なぜ男女間に所得格差は存在しているのだろうか。表2示したアメリカ大学女性協会（AAUW）のデータによると、2015年時点で、フルタイムの労働者の1週間の中位所得を学歴別に検討すると、男女の賃金格差は、学歴が高くなるほど拡大していることがわかる。

この理由として、教育学部を卒業し、比較的賃金が低い教員になる女性が多いことや、出産や育児によりキャリアが中断される女性が少なくないことがし

表2　アメリカ人の学歴と賃金格差（中位週給　単位ドル）

|  | 高卒未満 | 高卒 | 短大卒／<br>大学中退 | 大卒 | 大卒以上 |
|---|---|---|---|---|---|
| 男性 | 520 | 759 | 883 | 1,304 | 1,637 |
| 女性 | 418 | 586 | 664 | 975 | 1,204 |
| 女性の割合 | 80% | 77% | 75% | 75% | 74% |

(出典) Simple Truth about the Gender Pay Gap, Spring 2016 Edition,
American Association of University Women (AAUW), http://
www.aauw.org/files/2016/02/SimpleTruth_Spring2016.pdf

ばしば指摘される。これに対して、AAUW は、ファイナンシャル・マネージャー
やコンピュータ・プログラマーのように男性優位といわれる職種だけでなく、
中等教育や看護師などの職においても、女性の中位所得が低い実態があると主
張。さらに、出産や育児の影響がほとんどないと思われる、大学卒業から 1 年
後の男女間にも賃金格差が存在していると述べている。

## （3）グラスシーリングと女性の貧困

　女性の中位所得は、増加しているものの、男性に比べ、低い水準にある。こ
の事実は、いわゆるグラスシーリングの議論にもつながっている。マイノリティ
や女性が企業のトップに近づきながらも、最も重要なポストを前にすると「目
にみえないガラスの天井」があるかのように、頭がつかえてしまい、上に登れ
ない状況を比喩したことばだ。

　この問題に取り組んでいる NPO、カタリストが発表した「2016 年カタリス
ト統計：女性と男性の取締役[10]」によると、2016 年の株主総会時におけるアメ
リカの大手企業の代名詞でもある S&P500 社の取締役のうち、男性は 78.8% を
占め、女性は 21.2% にすぎなかった。ただし、2016 年度に新たに就任した取
締役に限定すると、女性の割合は 25.7% と、改善の兆候もみられる。その一方
で、女性の取締役がひとりもいない企業が 0.8% 存在するうえ、ひとりだけの
企業も 21% にのぼる。

　女性の問題を経済面からみるならば、貧困との関連に注目する必要がある。
連邦政府は、家族数に応じた貧困ラインを定めているが、表 3 から明らかなよ
うに、全米の貧困率は 12% と、ほぼ 8 世帯にひとつの割合である。しかし、2
人親世帯の場合、その半分程度にすぎない。一方、男性が世帯主で配偶者がい

表3　アメリカの世帯の種類別に見た貧困世帯の数と割合

| 世帯の種類 | 2013年 | | | 2014年 | | |
|---|---|---|---|---|---|---|
| | 全体 | 貧困世帯数 | 貧困世帯率 | 全体 | 貧困世帯数 | 貧困世帯率 |
| 全体 | 82,316 | 9,645 | 11.7% | 81,703 | 9,467 | 11.6% |
| 二人親世帯 | 59,643 | 3,394 | 5.7% | 60,015 | 3,735 | 6.2% |
| 女性世帯主 | 16,176 | 5,203 | 32.2% | 15,553 | 4,764 | 30.6% |
| 男性世帯主 | 6,497 | 1,048 | 16.1% | 6,162 | 969 | 15.7% |

（出典）Current Population Reports, U.S. Department of Commerce Economics and Statistics Admin istration, U.S. CENSUS BUREAU census.gov, Income and Poverty in the United States: 2014, http://www.census.gov/content/dam/Census/library/publications/2015/demo/p60-252. pdf
（注）世帯数の単位は1000

ない場合、貧困率は全米平均をやや上回る程度だ。これに対して、女性が世帯主で配偶者がいない場合、貧困率は3割を超え、全米平均の3倍近く、2人親世帯の5倍にものぼる。また、貧困世帯全体の5割を超える。

# 第3節　NPOにおける女性のボランティアと理事

　社会進出が大きく進んだとはいえ、大手企業においてはグラスシーリングが存在し、政治の世界でも男性に比べ、圧倒的に少数にとどまっているアメリカの女性。さらに、配偶者がいない女性が世帯主になっている家庭の貧困率が全米平均の3倍近い割合であることに示されるように、経済的にも男性に比べて、はるかに厳しい状態にある。

　では、女性だけを対象にしているわけではないが、政治的、経済的、そして社会的問題に取り組むことを主眼とするNPOにおける男女間の状態は、どのようなものなのだろうか。これまで何度か指摘したように、NPOは「女性産業」ともいわれている。そのNPOを支える人的資源には、ボランティア、理事、スタッフ（有給職員）という3つのタイプがある。この節では、無償を原則とするボランティアと理事における男女差についてみていく。

## （1）ボランティア活動における男女差

　ボランティアは時間に余裕のある、学生をはじめとした若者や主婦、高齢者などが大半を占めていると考えている人が少なくない。しかし、表4に示した連邦労働省の統計によると、16歳から24歳までの若者のうちボランティア活

**表４　アメリカ人のボランティア活動への参加者数と参加率**

|  | 全体 | 参加者 | 参加率 | 男性 | 参加者 | 参加率 | 女性 | 参加者 | 参加率 |
|---|---|---|---|---|---|---|---|---|---|
| 16歳以上 | 251,325 | 62,623 | 24.9% | 121,365 | 26,498 | 21.8% | 129,960 | 36,126 | 27.8% |
| 16～24歳 | 38,525 | 8,415 | 21.8% | 19,409 | 3,702 | 19.1% | 19,115 | 4,714 | 24.7% |
| 25歳以上 | 212,801 | 54,208 | 25.5% | 101,956 | 22,796 | 22.4% | 110,844 | 31,412 | 28.3% |
| 65歳以上 | 46,830 | 11,024 | 23.5% | 20,872 | 4,681 | 22.4% | 25,957 | 6,343 | 24.4% |

(出典) Bureau of Labor Statistics, Volunteering in the United States, 2015
(注)「全体」「参加者」「男性」「女性」の単位は1000人。

動に参加している人は、21.8％と、16歳以上のアメリカ人全体の24.9％を３ポイント下回っている。65歳以上の高齢者も、23.5％と平均より低い。ただし、年齢とともに、体力などが低下することを考えれば、かなりの高齢者が参加しているということもできる。

　一方、表４には含めていないが、連邦労働省の統計で、子育て世代とボランティア活動の関係をみると、18歳未満の子どもがいない人の参加率は22.6％だが、いる人は31.3％と、大きな差がある。また、仕事をもっている人の方が、失業中や労働市場に参入していない人よりも高い割合で活動に参加している。「ボランティア活動は暇な人がやること」ではないのだ。

　なお、表４で示したボランティア活動の実態に関するデータは、連邦労働省が毎年実施しているものである。そこには、政治活動や地域の活動も含まれている。最も多いのは、宗教団体での活動で、全体の３割にのぼる。ただし、宗教団体もNPOであり、ホームレス救済などの社会的な活動に取り組んでいるところも少なくない。また、政治活動もNPOとして実施していケースも存在する。したがって、これらのデータは、アメリカにおけるNPOにおけるボランティア活動の実態を概ね示していると考えてよいだろう。

　では、ボランティア活動への参加に男女差はあるのか。表４から明らかなように、年代を問わず、女性は男性に比べ、より多くの割合で参加している。特に、16歳から24歳までの若者の間では、女性の24.7％に対して、男性は19.1％と5.6ポイントも差がある。この年代層では、男女により、学業や仕事、家庭などのかかわりに大きな差は存在しない。にもかかわらず、参加率で大きな差があることは、注目に値する。また、ボランティア活動への参加者全体に占める男性の割合は42.3％にすぎず、女性の57.6％に比べ、10ポイントも少ない。

　ボランティア活動への参加は、年に１時間であっても「参加」とみなされる。

ボランティア活動をフルタイムでやっている人も、参加者のひとりでしかない。このため、年間どの程度の時間ボランティア活動に関わっているのかについても把握しなければ、参加の程度について理解したことにならない。

この点を考慮して同じ連邦労働省のデータをみると、ボランティア活動参加者の年間中位時間は、16歳から24歳までが36時間と短い反面、65歳以上は94時間にのぼる。他の年代層は、男女を問わず、50時間程度である。男女別のボランティア活動時間をみると、女性は短時間の人が多い。これに対して、100時間以上という、長時間のボランティア活動にかかわる人は、男性が女性より高い割合になっている。換言すれば、男性は、参加率は低いが、参加している人は長時間かかわっている、ということになる。

では、人々は、どのようなボランティア活動を行っているのだろうか。労働省のデータによると、一般的に指導性が求められると考えられる「スポーツのコーチ、審判」「理事を含む専門的、経営的な作業」については、男性が高い割合を示している。また、「一般的な労務や移送サービス」のように、力仕事的なものにも、男性の多くがかかわっている。

一方、女性は、「その他」を除くと、高齢者やホームレスなどの人々への会食プログラムなどのような、「食料や食品の収集、配布、給仕」が最も多い。また、「オフィスの一般的な作業」に象徴される補助的な業務に携わる女性も少なくない。「家庭教師、教師」では女性が多いのは、小中学校の教員の大半が女性であることの反映だろう。一方、同様に教えることを基本とする「若者へのメンター」については男性が多い。

以上から、ボランティア活動を男女別にみると、単純に結論を導くことはできない。例えば、ボランティア活動への参加率については、女性が男性より6ポイント近く高い。一方、男性は、女性より長時間、ボランティア活動にかかわっていることを示している。とはいえ、ボランティア活動に参加している人の実数をみると、女性は男性より、1000万人近くも多い。これにボランティア活動の内容における男女の相違と合わせて考えると、ボランティア活動において、アメリカ社会の男女差別の少なくとも一部が反映されている面があるといえよう。

第6章　アメリカの女性の現状とNPOにおけるジェンダー問題　203

## (2) NPO の理事や企業の取締役の男女差の問題性

日本で NPO について議論されるとき、理事について言及されることはほとんどない。NPO 法人の理事は、法人の代表であり、対外的に法人を代表し、対内的には定款や社員総会の決議にしたがい、職員による法人の業務の執行状況を監督する役割をもっている。にもかかわらず、現実的には理事会の議題を承認するだけの形式的な存在になっている場合が少なくない。また、代表理事や理事長が職員を兼務していることに示されるように、組織の意思決定差者と執行者の役割や権限について十分理解がなされていないように思われる。

一方、アメリカでは、理事の大半は、無給のボランティアとして、組織の意思決定に当たっている。法律上、理事が報酬を受けることができないわけではないが、NPO の評価機関のひとつ、ワイズギビング・アライアンスが報酬を受ける理事は、理事会のなかでひとり、もしくは 10% 以下であるべきという基準を示しているように、報酬を受ける理事は例外的とみなされている。

アメリカの NPO の理事は、ファンドレイジングや渉外的な役割を積極的に担うことが期待されている。こうした期待が「理想」として語られるにすぎない面もあるが、企業の取締役に対応する存在として NPO では、理事の役割が明確に位置づけられ、組織運営の重要な一翼を担っていることも事実だ。

営利、非営利を問わず、アメリカでは、組織のミッションの達成や業績の向上に向け多様性の確保が重要という認識から、女性やマイノリティなどが意思決定に参画することが必要とされている。このため、企業における女性の社会進出の指標のひとつとして CEO や取締役における女性やマイノリティの割合が問われるように、NPO においても CEO や理事に占める女性やマイノリティの割合に関心が寄せられている。

## (3) NPO における女性理事の現状

2020 年までに大手企業の取締役における女性の割合を 20% とすることをめざして 2010 年から活動している NPO、女性取締役 2020[11] によると、すでに目標の一部は達成されている。大手企業の代名詞であるフォーチュン 500 社において、2015 年の女性取締役の割合は、10 年の 16.4% から 3 ポイント以上増えて、19.7%% に達した。さらに、そのなかの大手 100 社に限定すると、女性が

22.3% を占めたからだ。ただし、1000 社に拡大すると、15.9%（10 年は 12.5%）に止まっている。また、前述のように、カタリストの調査によれば、2016 年時点における S&P500 社の取締役のうち、女性は 20% を超えている。

　NPO の理事のジェンダーバランスについては、こうした数値目標が設定されているわけではない。とはいえ、この問題についての調査や研究、それに基づく改善案の提示などが行われている。以下、NPO の理事（会）に関する調査研究、啓発などの活動を行っているボードソースという NPO の「意思をもった導き」と題する 2015 年に発表された調査報告書などを用いながら、この問題について検討していこう。

　この報告書によると、NPO 全体では、男性と女性の理事の割合に大きな差はみられない。しかし、後述するように、NPO の職員の 4 分の 3 が女性といわれる現実を考慮すると、理事に占める女性の割合が相対的に低い。また、NPO の予算規模と合わせてみてみると、予算規模が小さいと女性理事が過半数（52%）を占めているものの、大きくなるほど女性理事の割合が低下、1000 万ドル以上の NPO では 4 割にすぎなくなる。なお、代表理事または理事長の男女比は、54% 対 46% で、理事全体の割合とあまり大きな差はない。

　また、同じ NPO でも、「形態」によって理事に占める女性の割合が異なる。ここでいう「形態」には、「慈善」、「協会」、「助成財団」の 3 種類がある。「慈善」は、医療、福祉、教育、環境、青少年育成などの事業を行う、公益慈善団体である。全体の 83% の回答が、このタイプの NPO からだった。「協会」は、商工会議所などの共益型の NPO で、全体の 8%。「財団」は、NPO に助成金を提供することを主とする「助成財団」などで、全体の 6% にすぎない。なお、「その他」として政府系の団体などが区分されている。

　NPO をこの形態別にみた場合、慈善型の NPO では、理事の男女比は 51% 対 49% と、ほぼ同じだ。しかし、協会や助成財団においては、男性が 6 割近くを占めている。一般的に、助成財団は、慈善型の NPO よりも規模が大きい。この点を考慮すると、予算規模の大きな NPO は、より男性中心の理事構成になっているということができよう。

　この点は、NPO の「地域」をみてもいえる。「地域」とは、事業を行っている地理的な範囲である。最も小さい「ローカル」は、単一または複数の市や郡

をさす。なお、郡とは、アメリカの行政単位のひとつで、州の下に位置づけられ、市町村は、郡のなかに住民が自主的に設立する。通常、地域が広くなれば、団体の規模も大きくなる。ローカルでは、女性理事の方が男性より多い。一方、複数州や全米、国際的に活動するNPOでは、女性理事の割合が低下している。このことは、大手のNPOの理事が男性中心であることを示している。

　なお、「意思をもった導き」は、全米レベルの調査に基づくものだが、2万6962人のCEOにアンケートを送り、有効回答数は846に止まっている。また、送付先は、ボードソースに関わりがあったNPOのCEOである。このため、地域差は反映されておらず、理事の問題に関心をもつCEOが回答した可能性もある。

　これに対して、ボストンクラブという女性の社会進出をめざす団体による「マサチューセッツの大規模NPOの女性理事とCEOの調査」[13]という報告書をみると、女性の理事の割合がはるかに少ない。この調査は、マサチューセッツ州の大手NPO150と、対象が限定されている。2017年5月に発表された報告書によると、女性の理事は35%と、ボードソースの調査より13ポイントも低い。また、年間予算が1億ドル未満のNPOでは女性理事が38%だが、10億ドル以上では31%に低下しており、ここでも大手NPOにおける男性優位の現状がある。

　なお、ボストンクラブの調査は、2013年から隔年で実施されている。NPOの財政規模と女性理事の割合についての調査結果をみると、比較的短い間隔で実施されていることもあってか、3回の調査結果は、それほど大きく異なっていない。とはいえ、財政規模が大きいNPOほど、女性理事の割合が少ない傾向があることは読み取れる。

## 第4節　NPOの有給職員におけるジェンダー問題

　世界最大のNPOセクターをもつアメリカだが、長年にわたり政府は、NPOの有給職員に関するデータを収集してこなかった。このため、NPOの有給職員の実態を把握するには、ジョンズ・ホプキンス大学の研究プロジェクトや、NPOを研究領域のひとつとしているシンクタンクであるアーバン・インス

ティテュート（UI）などの民間のデータを利用するしかなかった。しかし、今世紀に入り、政府はNPOのデータ収集に着手。2014年10月に、連邦労働省統計局は2007年から12年までのNPOの雇用、賃金、団体数のデータを公表した。

　これらの調査により、NPOにおける有給職員の雇用や賃金の実態がかなり明らかになってきた。ここでは、以上の3つを含めた各種のデータを用いながら、NPOの有給職員における男女の給与やベネフィットの差に加えて、トップマネジメントにおけるジェンダーによる報酬の違いも検討していく。

## （1）NPOの有給職員数や給与水準

　前述の連邦労働省統計局が2014年に公表したデータは、同局の「NPO調査データ」というサイト[14]に掲示されている。対象となるNPOは、医療、福祉、教育、科学、文化、助成、宗教などの事業を行っている、内国歳入法第501条c項3号に規定された公益型のNPO（以下、501c3団体）に限定される。換言すれば、労働組合や生活協同組合などの共益型のNPOや、ロビー活動を中心とする内国歳入法第501条c項4号で規定された「社会福祉団体」などは含まれていない。この点を確認したうえで、NPOの団体数と職員数、賃金水準を整理すると、表5のようになった。

　表5で示された2007年から12年というと、いわゆるリーマンショック前後の数年間である。連邦労働省の雇用データ[15]によると、2009年4月から11年9月までの2年余り失業率は9%台となり、9年10月には10%を記録したことに示されるように、雇用情勢が極めて悪化していた。上記の連邦労働省のデータによれば、民間セクター全体の就業者数は、2007年1月には1億5314万

表5　アメリカのNPOの団体数と職員数、賃金の変化

| | 団体数 | 職員数 | 総給与額 | 平均年収 | 平均週給 |
|---|---|---|---|---|---|
| 2012年 | 267,855 | 11,426,870 | 532,123,350ドル | 46,568ドル | 896ドル |
| 2011年 | 261,673 | 11,265,233 | 511,026,741ドル | 45,363ドル | 872ドル |
| 2010年 | 254,236 | 11,111,096 | 491,117,090ドル | 44,201ドル | 850ドル |
| 2009年 | 247,026 | 10,997,668 | 475,879,344ドル | 43,271ドル | 832ドル |
| 2008年 | 240,272 | 10,837,928 | 454,008,986ドル | 41,891ドル | 806ドル |
| 2007年 | 232,396 | 10,534,183 | 421,337,553ドル | 39,997ドル | 769ドル |

（出典）連邦労働省統計局、http://www.bls.gov/bdm/nonprofits/nonprofits.htm
（注）給与総額の単位は1000ドル

4000人だったが、12年12月になっても1億5562万8000人と、わずか1.6%の伸びに止まった。

　一方、NPOセクターでは、この5年間に1053万人から1142万人へと8.5%も増加した。NPOが「成長産業」であることを物語る数字といえよう。支払われた給与の総額も、26.3%も増加。なお、連邦労働省のデータによると[16]、2005年12月を100とした場合、全米の給与総額は2013年12月に117.8で、NPOの伸び率よりもかなり低い。

　実際、NPOは、生活可能な職場でもある。連邦社会保障局の年間賃金指標[17]によると、2012年の全米の労働者の平均年収は、4万4321ドルだった。これに対して、NPOの職員の平均年収は4万6568ドルと、わずかながら全米平均を上回っている。ただし、NPOの多くを構成する医療、福祉、教育には、病院や介護施設、福祉施設、大学なども含まれる。一般的に高い学歴が必要とされる職種も多く、学歴を考慮すると、大手企業に比べると、給与水準は低い。

　「生活可能な職場」であれば、そこで働く人々は、賃金以外にも労働者として保障されるべきベネフィット（福利厚生）があることを期待するだろう。では、実態はどうか。NPOの業界紙、ノンプロフィット・タイムズが行った調査の「2014年度NPOの給与とベネフィット報告書」[18]よると、NPOの多くは各種のベネフィットを提供している。具体的には、医療保険（85%）、歯科保険（71%）、退職手当（53%）、フレキシブルタイム（52%）、駐車代補助（44%）などとなっている。なお、この調査は、週30時間以上働く職員を雇用しているNPOを対象に行われたもので、約800団体が回答した。

## （2）NPOのトップにおける男女の給与差

　このように、賃金やベネフィットなどの労働条件がかなり整備されているアメリカのNPOだが、男女平等は確保されているのだろうか。マサチューセッツ州にあるサードセクター・ニューイングランドというNPOの経営指導組織が発表した「2014年度マサチューセッツとロードアイランド及びその周辺地域におけるNPOの給与とベネフィット調査」[19]という報告書によると、マサチューセッツ州とその周辺地域のNPOのCEOの59%は女性である。

　CEOの平均年収をみると、男性の13万9500ドルに対して、女性は10万

6600ドルと、男性の76%にすぎない。また、年間予算が25万ドル未満の小規模なNPOではCEOの75%を女性が占めているのに対して、2500万ドル以上の大規模なNPOになると、CEOの6割は男性である。

　各種の調査をみると、NPO全体の職員のほぼ4人に3人は女性であり、この数字と比較すると、女性のCEOの割合は少ない。とはいえ、カタリストの調査によると、2016年6月現在のS&P社のCEOのうち女性は、ゼネラル・モータースやゼロックス、ヤフー、ペプシコ、IBMなど、誰もが知っている大企業にも就任しているが、23人、4.6%にすぎないことから考えると、NPOは「女性産業」ということもできる。なお、その前年の4月にUSAツデー紙が発表したレポートによると、S&P500社のなかで報酬が公開されているCEOのうち22人の女性の報酬の平均は1880万ドルで、455人の男性CEOの1270万ドルを大きく上回っていた。

　一方、NPOのCEOの男女間の収入格差は、全米レベルでの調査でも指摘されている。NPO関連の情報開示や事業運営の評価などを行っているガイドスターの調査は、そのひとつである。2013年に発表された「ガイドスターNPO報酬調査[21]」によると、表6に示したように、NPOの予算規模にかかわらず、男性のCEOは女性のCEOより、多くの報酬をえている。

　ただし、年間予算25万ドル未満の小規模なNPOでは、男性4万6526ドルに対して、女性は4万2683ドルと、男性の92%であり、その差は比較的小さい。一方、年間予算5000万ドル以上の大手のNPOになると、男性の45万2196ドルに対して、女性は39万5544ドルと、87%にすぎず、男女間の格差

表6　NPOの予算規模とCEOの年間中位報酬額

| 予算規模 | 女性 | 男性 | 全体 |
|---|---|---|---|
| 5000万ドル以上 | 395,544ドル | 452,196ドル | 436,149ドル |
| 2500万ドル～4999万ドル | 222,820ドル | 263,508ドル | 252,087ドル |
| 1000万ドル～2499万ドル | 167,938ドル | 199,164ドル | 188,219ドル |
| 500万ドル～999万ドル | 134,663ドル | 162,988ドル | 151,722ドル |
| 250万ドル～499万ドル | 111,252ドル | 131,278ドル | 121,221ドル |
| 100万ドル～249万ドル | 87,378ドル | 104,231ドル | 94,924ドル |
| 50万ドルから99万ドル | 68,948ドル | 80,444ドル | 72,793ドル |
| 25万ドル～49万ドル | 55,374ドル | 64,201ドル | 58,120ドル |
| 25万ドル未満 | 42,683ドル | 46,526ドル | 43,470ドル |

(出典) The Chronicle of Philanthropy, September 26, 2013, P.33

はより大きくなっている。

　長期的にみても、NPO の CEO に関する男女の中位年収の格差は、大きく改善されたとはいえない。例えば、同じくガイドスターが行った調査によると、2004 年には、年間予算 25 万ドル未満の NPO の CEO の女性の中位年収は、男性の 97% であった。2013 年には、この差が拡大していたことになる。ただし、年間予算 5000 万ドル以上の大手の NPO では、男性の 28 万 3392 ドルに対して、女性は 18 万 4212 ドルと、男性の 65% だったことから考えれば、男女間の格差はかなり縮小したことになる。

### （3）格差是正に求められる理事の役割

　これまで NPO を支えるボランティア、理事、スタッフ（有給職員）という 3 つのタイプの人的資源について、ジェンダーの視点から検討してきた。その結果、それぞれ異なる特徴を示しながらも、いずれのタイプにおいても男女間に格差が存在することが明らかになった。このうち、ボランティアについては、パートタイム労働者の多くを占める女性が、ボランティアとして NPO に関わることが示唆されるなど、社会全体の男性を中心とした就業構造が影響しているとみられ、NPO 内部だけの努力での対応には限界があるといえよう。

　これに対して、理事やスタッフ、とりわけ職員のトップである CEO に関しては、NPO 内部、より具体的には理事会の対応によってかなり変化を生み出すことが期待できる。「2012 年版 NPO ガバナンス指標」というボードソースの報告書によれば、慈善型、すなわちいわゆる 501c3 団体では、76% が新たな理事を理事会で選出している。CEO についてのデータはないが、CEO の選出と監督は、理事会の最も重要な役割であり、ほぼすべての NPO では、理事会が CEO を選出していると考えられる。

　では、NPO の理事は、男女格差の現状をどのようにみているのだろうか。前述のボードソースの報告書「意志をもった導き」によると、NPO の理事長と CEO では、男女格差の現状認識や格差是正の意義について見方がかなり異なっている。具体的にいえば、理事会における男女構成の現状について、理事長の 34% が「非常に満足」と回答。「満足」の 51% よりは低いものの、「不満」「非常に不満」を合わせた 15% の 2 倍以上だ。一方、CEO の間では、「非常に満足」

が 20% にすぎず、「満足」は 50% と理事長と同様だが、「不満」と「非常に不満」は合わせて 29% に達している。現場のトップからみると、意思決定者の男女差を問題視している傾向が強いのである。

　女性の理事が少ないことへの問題意識は、ミッションの達成に影響があることに関係している。NPO が取り組む課題の多くは、女性や子ども、高齢者などに関連しており、一般的に女性の方が男性より、理解が深い課題である。にもかかわらず、女性の理事の割合が少ない現状を放置しているのは、女性理事を増やしてもミッションの達成に寄与しないと考えられているのかもしれない。実際、同じボードソースのデータは、そのような認識が存在していることを示唆させる。

　女性理事の増加がミッションの達成に重要かという問いに対して、理事長の 54% は「重要ではない」と回答。「ある程度重要」は 39% にのぼるものの、「非常に重要」は 8% に止まる。また、CEO の間でも、同じ問いに対して、それぞれ 53%、36%、2% と、理事長に比べれば、女性理事の増加がミッション達成につながると考えている割合が若干高いものの、それほど大きな割合を占めているわけではない。

　このようなトップの認識では、NPO が内部の意思による女性の理事や CEO を増やしていくことは困難とみなされても仕方がない。前述のように、大手企業において女性の取締役や CEO が増加したのと異なり、NPO における女性の CEO の割合は過去 10 年間、それほど増えているわけではなく、予算的に小規模または中規模の NPO の多くは後退している。また、理事に関してみると、前述のボードソースの「2012 年版 NPO ガバナンス指標」によれば、1994 年から 2007 年にかけて理事に占める女性の割合は減少、男女格差は 10% を超えた。その後、女性の割合が増加に転じたものの、2012 年に再びこの差が拡大、女性の割合は 45% と、男女間の差はちょうど 10 ポイントになった。

　理事会が理事や CEO を選ぶ方式をとる NPO。その NPO の理事会のトップである理事長が理事の男女構成の現状に概ね満足しているだけでなく、女性の理事の増加がミッションの達成につながると考えていない。であるならば、「女性産業」といわれながら、トップが男性中心の NPO において、NPO の内部からの男女格差解消を期待するのは無理ではないのか。このような考えがでて

第 6 章　アメリカの女性の現状と NPO におけるジェンダー問題　211

くるのは当然ともいえる。しかし、現実は、そう単純ではない。

　ペンシルベニア州にあるロバート・モリス大学のバイエル NPO マネジメント・センターのペギー・オートン事務局長は、NPO の業界紙であるクロニクル・オブ・フィランソロピー紙の 2015 年 4 月号に寄稿している[23]。このなかで、同事務局長は、NPO の CEO の男女間の所得格差の問題を指摘しているが、その理由として男性理事が格差解消の障害と断定しているわけではない。同センターがペンシルベニア州にある年間予算 700 万ドル未満の NPO を対象に実施した調査の結果、男性が理事長の NPO で男性が CEO の場合の平均年収が22 万 4607 ドルであるのに対して、男性が理事長で女性が CEO の場合は 14 万6183 ドル、女性が理事長で女性が CEO の場合は 12 万 7667 ドルだったからだ。

　このデータによれば、男性が理事長の場合、CEO の性別による平均年収は、8 万ドル近い差がある。しかし、女性の CEO に対して、理事長が男性であるか、女性であるかで CEO の平均収入の差をみると、女性が理事長の場合の方が 2万ドル近く少ない。この結果は、「女性が女性を助けていない」ことを示唆しており、理事長と CEO のジェンダーからいえば、女性の理事長の女性 CEOへの姿勢に疑問がでても不思議ではない。ただし、予算規模の小さな NPO の理事長や CEO には女性が多く、これらの NPO には支払い能力があまりないため、女性の CEO の平均年収が少ない可能性もある。

　だが、オートン事務局長が問題視しているのは、理事や CEO のジェンダーについてではない。NPO の経営において、半数近くの NPO のトップリーダーへの業務実績への評価が行われていない現状を指摘したうえで、経営全体の効率化や成果向上だけでなく、職員への公正な対応という観点からきちんとした評価を行い、人材活用を進めていくべきだと主張しているのである。同事務局長は、直接言及していないが、その役割を担うのは、理事（会）以外にはありえず、その意味で NPO の男女格差是正に向け、理事（会）の意識改革を前提にした積極的な取り組みが求められるといえよう。

注

1　http://www.cawp.rutgers.edu/sites/default/files/resources/genderdiff.pdf.（2018 年 8月 8 日閲覧）

2　http://history.house.gov/Exhibition-and-Publications/WIC/Women-in-Congress/.（2018

年 8 月 8 日閲覧）

3 http://www.fas.org/sgp/crs/misc/RL30261.pdf, （2018 年 8 月 8 日閲覧）

4 http://www.cawp.rutgers.edu/history-women-governors, （2018 年 8 月 8 日閲覧）

5 http://www.cawp.rutgers.edu/sites/default/files/resources/stilltoofew-carroll.pdf, 8 月 （2018 年 8 月 8 日閲覧）

6 https://www.bmo.com/privatebank/pdf/Q1-2015-Wealth-Institute-Report-Financial-Concerns-of-Women.pdf, （2018 年 8 月 8 日閲覧）

7 http://www.bls.gov/cps/cpsaat22.htm, （2018 年 8 月 8 日閲覧）

8 http://www.census.gov/content/dam/Census/library/publications/2015/demo/p60-252.pdf, （2018 年 8 月 8 日閲覧）

9 http://www.bls.gov/cps/cpsaat07.htm, （2018 年 8 月 8 日閲覧）

10 2016 Catalyst Census: Women and Men Board Directors. New York: Catalyst, 2016, http://staging.catalyst.org/knowledge/2016-catalyst-census-women-and-men-board-directors, （2018 年 8 月 8 日閲覧）

11 2020 Women on Board Gender Index.: 2011–2015 Progress of Women Corporate Directors by Company Size, State and Sector, https://www.2020wob.com/sites/default/files/2020GDI-2015Report.pdf, （2018 年 8 月 8 日閲覧）

12 Board Source, Leading with Intent: A National Index of Nonprofit Board Practices, January 2015, https://leadingwithintent.org/wp-content/uploads/2017/09/LWI2015-Report.pdf?hsCtaTracking=bb3fa3b0-26f5-42d8-b6a5-d938c064193a%7C45248f56-2de0-4c54-a5ca-684e9bb95b91, （2018 年 8 月 8 日閲覧）

13 Boston Club, The 2017 Census of Women Directors and Chief Executives of Massachusetts' Largest Nonprofit Organization, 2017, http://www.thebostonclub.com/index.php/download_file/view/835/1/, （2018 年 8 月 8 日閲覧）

14 https://www.bls.gov/bdm/nonprofits/nonprofits.htm, （2018 年 8 月 8 日閲覧）

15 https://www.bls.gov/webapps/legacy/cpsatab1.htm, （2018 年 8 月 8 日閲覧）

16 https://www.bls.gov/web/eci/echistrynaics.txt, （2018 年 8 月 8 日閲覧）

17 https://www.ssa.gov/oact/cola/awidevelop.html, （2018 年 8 月 8 日閲覧）

18 Nonprofit Organizations Salary & Benefits Report 2014, The Non Profit Times, http://www.thenonprofittimes.com/wp-content/uploads/2014/03/2014-NPT-Nonprofit-Organizations-Salary-Benefits-Report.pdf, （2018 年 8 月 8 日閲覧）

19 A Compensation and Beefits Survey of and for Nonpfotis in Massachussetts, Rhode Island and Adjoining Communities 2014, Third Secror New England, https://www.tsne.org/sites/default/files/Valuing-Our-Nonprofit-Workforce-2014-Report_0.pdf, （2018 年 8 月 8 日閲覧）

20 http://www.usatoday.com/story/news/nation-now/2015/04/30/women-trump-men-ceo-pay-yahoo-marissa-mayer/26022717/, （2018 年 8 月 8 日閲覧）

21 The Chronicle of Philanthropy, September 26, 2013, P.33

22 BoardSource, Nonprofit Board Governance Index 2015, http://www.gnof.org/wp-content/uploads/2013/07/BoardSource-Governance-Index_2012.pdf, （2018 年 8 月 8 日閲覧）

23 Peggy Outon, A Movement for Equality, Chronicle of Philanthropy, March 29, 2015

# 第7章
# 社会変革に向けてNPOに求められる政策力と経営力

柏木　宏

法律家の国際的ネットワークを通じてジェンダー平等をめざすInternational Action Network for Gender Equity and LawのPresident Nancy Newman（左から2人目）とCecilia Ripp（右）。2人の間は筆者（2016年3月、サンフランシスコにて、筆者提供）

NPOの女性関連事業などに助成を行う、Women's Foundation of CaliforniaのNicole Collins-Puri（右）。左は筆者（2016年3月、オークランドにて、筆者提供）

これまでみてきたように、日本でもアメリカでも、長年にわたり、女性が自らの権利を擁護、拡大し、社会進出を進めるために活動してきた。もちろん、こうした活動は、日本やアメリカだけではなく、世界中で進められてきた。そして、女性を中心に行われてきた活動が今後も継続されていくことが重要であることは、いうまでもない。

こうした活動をさらに進めていくためには、個々の組織としてだけではなく、それぞれのNPOがより効果的、かつ社会的に大きな影響力をもつために、いわばセクターとしてのNPO（以下、NPOセクター）として取り組む必要がある。では、女性の社会進出と権利擁護をさらに進めていくために、日本のNPOセクターに何が求められているのだろうか。

この問いは、きわめて大きなテーマである。求められている内容を具体的に示すとなれば、際限のないリストになってしまう。このため、このテーマを検討するための枠組みを最初に示しておくことにする。

## 第1節　NPOに必要な力、政策力と経営力

NPOに限定されるわけではないが、何かを行うということになれば、だれが、何を行うのか、という2つの点がカギになる。換言すれば、実施主体と実施内容から考えていくということだ。

ここでの実施主体は、NPOである。これを大別すると、NPOセクターと個々のNPO（以下、個別NPO）になる。なぜなら、NPOは、集団としてだけでなく、個々の組織として存在し、独自の役割を担っている。換言すれば、セクターあるいは複数のNPOが連携して取り組む課題と、個別NPOが実施すべき内容がある。

実施内容は、権利擁護や社会進出に必要なサービスなどを提供するためにNPOがなすべきものだ。これを、女性の権利擁護や社会進出を進めるための政策の改正や制定に向けた政策力に関連するものと、これらの活動を担う組織を維持、発展させるための経営力に関するものに分類したい。

## （1）政策力と経営力からみた 4 分類

　NPO セクターとともに個別 NPO にとっても、同じ内容が扱われることもある。例えば、日本において個別 NPO の財政基盤のぜい弱さが常に問題にされてきた。この状況を改善するためもあり、NPO セクターとして民間公益活動を促進するための休眠預金等に係る資金の活用に関する法律（通称、休眠貯金等活用法）の成立の動きが進められ、2016 年に実現した。

　実施主体に比べると、実施内容は、際限なく存在する。しかし、NPO の役割は、サービス提供とアドボカシー活動に大別することができる。いずれの活動を行う場合でも、経営がしっかりしていることが重要だ。前述のように、NPO の経営力の強化を一方に置き、アドボカシー能力、すなわち政策力の強化をもう一方に位置づけたのは、このためだ。なお、政策力は、日本の NPO 全体として弱いといわれており、女性問題を扱う NPO も例外ではない。

　以上を踏まえると、女性問題を扱う NPO を含めた NPO セクターに求められるものは、実施主体と実施内容をベースにすると、次の 4 つに分類することができる。

①NPO セクターによる政策力の強化

②NPO セクターによる経営力の強化

③個別 NPO による政策力の強化

④個別 NPO による経営力の強化

　ここでは、③と④については補足的に扱うに止め、①と②の NPO セクターとして扱うもの中心に考えていく。その理由は、個別 NPO は、財政や人的な規模や事業内容、運営方法などがそれぞれ異なっており、NPO と女性全般を扱うことを優先している本書の趣旨を超えるためである。

　NPO セクターにおける政策力と経営力について、具体的なイメージをまず提示しておこう。政策力に関しては、女性問題を専門とする、リーガル・アドボカシーや公共政策など政策関連の専門的な NPO の必要性について検討していく。経営力については、NPO の理事や女性の活躍推進と女性の権利擁護についの政策を進める人材の育成や女性に関連するサービス事業やアドボカシー活動に必要となる資金を生み出す仕組みづくりなどについて考えていく。なお、いずれも、主としてアメリカの NPO による事例を中心にみていきたい。

## 第2節　日米のNPOの政策力に関連する活動

　サービスとアドボカシーについて考える際、特定非営利活動法人（以下、NPO法人）との関係で常に議論になることがある。特定非営利活動促進法（NPO法）の第2条の「政治上の主義を推進し、支持し、又はこれに反対することを主たる目的とするものでないこと」という文言である。この文言から、NPO法人が政治的な活動にかかわることができないと誤解する人が少なくない。

　しかし、ここでいう「政治上の主義」とは、資本主義や社会主義のような、政治によって実現される基本的、恒常的、一般的な原理や原則をいう。これに対して、環境保全や高齢者福祉などの活動については、政治によって具体的な政策を実現しようとするものであり、政治上の主義の推進には該当しない。

　このように、NPO法人への「制約」は、「政治上の主義の推進」であって、政策を実現するための活動（以下、政策関連活動）は含まれない。また、「政治上の主義の推進」もあくまで「制約」されているだけで、禁止されているわけではない。ただし、税制優遇措置をもつ認定NPO法人に対しては、NPO法第45条において、「政治上の主義の推進」が禁止されている。

　では、日本のNPOは、どの程度、政策関連活動にかかわっているのか。一方、アメリカでは、どのような枠組みでNPOの政策関連活動が行われているのだろうか。

### (1) 日米のNPOの政策関連活動の比較

　日本のNPO法人は、「政治上の主義の推進」はもとより、政策関連活動にもあまりかかわっていないといわれている。実際、筆者が大阪市立大学で2009年に実施した調査[1]によると、NPO法人の活動をサービスと、政策関連活動を中心とするアドボカシーにわけて、その割合を聞いたところ、次のような結果だった。

　サービス活動が80%以上と回答したNPO法人は、全体の72%にのぼった。これに対して、アドボカシー活動が80%超えるというNPO法人はわずか3%で、20%未満というNPO法人が55%と半数を上回っていた。このことは、個

別NPOとして、政策関連活動を活動の主軸に据えている団体は、ほとんどないことを意味している。

　もちろん、個別具体的な活動において、NPOが積極的に政策関連活動にかかわることはある。前述した休眠貯金等活用法の制定はそのひとつだ。また、NPO法の成立までは、NPO法人制度が存在していなかったため、NPO法人がNPO法の成立にかかわることはなかった。しかし、NPO法の成立にかかわった団体のうち、任意団体だった組織の多くは、法律の成立後、NPO法人として認証を受けた。また、NPO法人に税制優遇を与える認定NPO法人制度の成立にあたっては、NPO法人が中心になった。しかし、こうした政策関連活動などを行うNPOの多くは、財政基盤がぜい弱といわれている。

　では、アメリカでは、どうか。アーバン・インスティテュート（UI）と日本の国税庁に相当する連邦財務省内国歳入庁は、NPOを26の活動分野に分類している。全米免税団体（NTEE）と呼ばれるものがこれだ。NTEEによると、政策関連活動に近いと考えられる「人権・社会変革・アドボカシー」に該当するNPOは、団体数で2368、総収入で31億8018万2745ドルにのぼる。[2] これは、1団体の平均収入が134万ドルと、邦貨で1億5000万円近い。最大の団体は、ニューヨークにある自由人権協会財団（ACLUF）で、2016年度の990書式[3] によると、同年度の歳入は1億5217万8320ドルで、このうち寄付と助成金が1億4000万ドル余りを占めている。

## （2）法律をテコに社会変革をめざすリーガル・アドボカシー

　現在の国家は、ほとんどが「法治国家」である。日本やアメリカも、これに含まれる。「法治国家」とは、法律によって権力が拘束されることを意味する。女性をはじめとした人々の権利が権力によって侵害されないようにするためには、人権を擁護する法律が必要になる。NPOのなかには、人権をはじめとしたさまざまな権利を擁護していくために、法律を活用していく団体がある。リーガル・アドボカシー団体が、それだ。

　リーガル・アドボカシーとは、社会変革に向けて、法律（司法制度）を活用する運動の形態で、裁判での勝利、あるいは訴訟の途中の和解などを通じて、法律の解釈や運用、政府や企業のビヘイビアを変更させるなど、社会に大きな

影響を及ぼすことも少なくない。日本ではあまり知られていない概念だが、各地の弁護士会が社会正義や人権擁護などのために行っている活動と同様なものと考えてよいだろう。

アメリカには、人権や環境、教育、医療、福祉、まちづくりなど、さまざまな分野にリーガル・アドボカシー団体が存在している。前述の NTEE の 26 分類によると、リーガル・アドボカシーの担い手と考えられる NPO は、「犯罪・法律関係」に含まれる。そのひとつに「公益法律活動」というサブカテゴリー[4]があり、団体数で 116、総収入は 3 億 727 万 5983 ドルにのぼる。1 団体平均の収入は、264 万ドルである。邦貨に換算すると 3 億円に近い。

財政規模でみると、全米で最大のリーガル・アドボカシー団体は、アラバマ州にある南部貧困法律センター（SPLC）で、同センターの 990 書式によると、[5] 2016 年度の収入は、5817 万 6499 ドルにのぼっている。このうち、寄付と助成金は、5000 万ドルと、収入全体の 8 割を超える。なお、同センターは、リーガル・アドボカシーの他に、白人至上主義団体の監視やヘイトクライムに関する調査活動などでも知られている。

リーガル・アドボカシーの古典的な例に、ブラウン判決がある。1954 年 5 月にだされた連邦最高裁判所の判決で、カンザス州トピカ市の教育委員会による公立学校の人種分離政策が違憲と判断され、その後の公民権運動に大きな影響を与えた。この裁判は、全米最大の黒人団体の全米有色人種地位向上協会（NAACP）の関連団体である NAACP 法律擁護教育基金が中心になった。

女性問題に関する最近の事例として、リプロダクティブ・ヘルス／ライツ（性と生殖に関する健康と権利）に関するものがある。第 5 章で紹介したトランプ政権によるリプロダクティブ・ヘルス／ライツに対する攻撃は、国内において低所得者向けの家族計画事業への支援を行う、いわゆるタイトル X の予算削減となって現実化している。これに対して、全米家族計画リプロダクティブ・ヘルス協会（NFPRHA）は、2018 年 5 月、タイトル X を管轄する連邦保健福祉省（DHHS）を相手取り、訴訟を起こした。[6] この裁判の原告代理人には、前述の自由人権協会財団（ACLUF）の弁護士が就任している。

## （3）調査研究を通じて公共政策に影響を与える活動

　このように、リーガル・アドボカシー団体は、法律の解釈をめぐって政策に影響を与えるNPOである。これに対して、同様に政策に影響を与える活動に取り組むNPOのもうひとつの形態として、公共政策団体をあげることができる。調査研究をベースに、政策面の問題を指摘したり、新たな制度の提案を行うことなどを主眼としたNPOだ。シンクタンクのイメージに近いが、政治的なスタンスを明確にしているところが多い。

　NTEEの分類に基づく統計によれば、公共政策系のNPOは、複数の分野に存在する。例えば、NTEEのデータ[7]によれば、文化芸術分野には44団体、総収入は7776万2817ドル、教育分野には332団体、総収入は11億5973万6156ドル、環境分野には217団体、総収入は4億6614万3661ドルとなっている。このことは、NPOのさまざまなセクターで、それぞれの活動分野の課題を扱う公共政策系のNPOが多数存在していることを意味している。

　なお、女性の権利を扱うNPOという点でいえば、NTEEの「人権・社会変革・アドボカシー」のなかに、「女性の権利」というサブカテゴリーがある。ここをみると[8]、団体数が284、総収入は1億8958万9304ドルとなっている。収入が最も多いのは、ニューヨークにある女性のためのミズ財団（MFW）、次いで首都ワシントンに本部を置く全米女性法律センター（NWLC）である。

　ジェンダー関連のリーガル・アドボカシー団体には、保守的な女性観に立つイーグル・フォーラム（EF）、女性の権利擁護を進めるイコール・ライツ・アドボケイツ（ERA）、同性愛者の権利擁護のラムダ・リーガル、レズビアンの権利を擁護する全米レズビアン権利センター（NCLR）、全米最大の女性団体であるNOWの関連団体の全米女性機構法律擁護教育基金（NOW-LDEF）などがある。また、公共政策系では、女性政策調査研究所（IWPR）などをあげることができる。

　リーガル・アドボカシーや公共政策関連のNPOが重要な理由は、政府の政策の問題を指摘し、これを変更させ、女性やマイノリティ、環境などの社会的課題の解決を促すだけでない。政策変更により、政府の予算を変え、NPOの財源をつくり出していくことにつながることもある。前述のリプロダクティブ・ヘルス／ライツに関する訴訟は、その一例だ。アメリカのNPOが多額の政府

資金を継続的に受けながらサービス活動ができている背景には、この事実もあることを忘れてはならない。換言すれば、日本でNPOへの政府資金が十分でないのは、リーガル・アドボカシーや公共政策系のNPOが未成熟なことに一因があるといえよう。

　政策や選挙に関連する活動として、議員の政策や投票行動をモニターし、整理、提示して、政策に影響を与えていく活動もある。この活動を専門にしたNPOの代表例といえる賢い投票プロジェクト（PVS）のウェブサイト（https://votesmart.org/）は、議員名を入れて検索すると、経歴に加えて、主要な法案への賛否、特定の政策へのスタンス、特定の政策に対するNPOの評価、政治資金などについての情報をえることができる。有権者に対して、これらの情報を提供することで、投票、そして政策に影響が及ぶと考えられる。

　PVSの特定の政策に対するNPOの評価には、女性に関連するものも少なくない。妊娠中絶、リプロダクティブ・ヘルス／ライツ、雇用とアファーマティブ・アクション、セーフティネット（生活保護などの施策）などだ。ここには、評価を行うNPOと評価点も記載されている。例えば、妊娠中絶問題では、中絶を女性の権利だとするNARALプロチョイス・アメリカ、中絶反対派の全米命の権利委員会（NRLC）のように、賛否両論の団体が評価している。

　このことは、特定の政策に対して、議員の投票行動などをモニターしているNPOが少なからず存在していることを意味する。こうしたNPOは、議員の「通信簿」を作成するだけでなく、それを公開し、有権者を啓発し、議員の投票行動に影響を与えようとしているのである。こうした活動は、主として公共政策系のNPOによって行われている。


## （4）選挙への取組みの重要性

　アメリカの大統領は、有権者により直接選出され、連邦上院が承認した閣僚などとともに政府の運営を行う。また、連邦上院と下院の議員は、有権者による選挙で選出される。したがって、選挙結果を通じて、政策が変わっていく。このため、市民の政治への参加が重要になる。では、女性団体のなかに、政策を超えて選挙に直接に関わるところはあるのだろうか。また、あるとすれば、どのような関わり方なのか。以下、この点について、みてみよう。

222

女性と選挙に関して、最も有名な団体のひとつに、エミリーズ・リストがある。政党や政治家、候補者への献金を行うことを主眼にした、いわゆる政治活動委員会（PAC）のひとつで、公益または共益のNPOではない。しかし、1995年に「女性投票！」という、イシュー・アドボカシーなどを行う団体を設立している。なお、イシュー・アドボカシーとは、選挙時に特定の課題や政策に関してテレビや新聞などに広告をだすなどして、その課題や政策の実現や改廃をめざす運動形態をいう。

　2016年の大統領選挙と連邦上下両院の選挙にあたり、エミリーズ・リストは、総額576万2000ドルの政治献金を行った。大半は、民主党の候補者向けのものだ。最も多くの献金を受けたのは、大統領候補のヒラリー・クリントンで、75万7000ドル。次いで、ペンシルベニア州から上院議員選挙に出馬したミギンティ・ケイティの75万3000ドルで、このふたりを含め、10万ドル以上献金した候補者は9人いた。また、「女性投票！」は、119万4000ドルを集め、36州で投票を呼びかけたほか、28のテレビ広告を行った。

　こうした資金力を背景に候補者、そして議員、さらに政策に影響を与えようとする行動に加えて、エミリーズ・リストは、政界進出をめざす女性候補者の育成活動を実施してきた。1986年の設立以来、トレーニングを受けた女性は1万人を超える。2017年に入ると、新たに「勝利に向けた立候補」という取組みをスタートさせた。前年の大統領選挙結果に懸念して、1万5000人を超える女性が立候補の意思を表明してきたことに対応するもので、2017年7月から12月にかけて全米約20の都市で、立候補希望者への説明会を開催すると発表。この動きはさらに拡大し、2018年7月までに、立候補を希望し、問い合わせをしてきた女性は4万人を超えたという。

　これらの取組みは、2020年の大統領選挙をターゲットにしたものだが、当面、州レベルの選挙に焦点をおいている。州レベルとは、州知事や州議会の選挙である。州知事や州議会の多数は共和党に握られているが、連邦下院議員を選出する選挙区の区割りは、州が決定する。このため、共和党主導の議会と知事の下で、民主党に不利な区割りが進み、連邦下院で民主党が多数を取ることが困難になっている。民主党系の候補を州レベルの選挙で勝利させることで、この状況を変えていく、という考えに基づくものだ。

第7章　社会変革に向けてNPOに求められる政策力と経営力　223

# 第3節　NPOの経営力の強化に向けた活動

　NPOの経営には、ヒト、カネ、プランの3つの要素が不可欠である。ヒトは、理事やスタッフ（有給職員）、ボランティアなどで構成される。カネは、いうまでもなく資金のことだ。NPOは寄付で成り立っている、と考えている人も少なくないが、現実には、事業収入や政府の補助金や委託費、助成財団の助成金が大半を占めている団体が多い。プランとは、活動または事業の企画立案、実施などをはじめとした、組織運営全般の計画をいう。

　こうした経営に必須とされているものは、個々のNPOの経営者が自ら獲得するだけでは十分とはいえない。例えば、今日の企業にとって、経営に関するアドバイスを提供するコンサルティング会社や、資金を調達するうえで株式市場や銀行などの金融機関は、欠かせない存在になっている。NPOでいえば、経営指導組織やNPOバンク、助成財団などがこれにあたる。

　アメリカでは、こうしたNPOの経営力を支援、強化する仕組みがかなり整っている。例えば、助成財団を例にとると、10万近く存在し、NPOの重要な資金源になっている。一方、日本では、数百にすぎない。アメリカでは、NPOの経営力を高める仕組みがどの程度、そのように存在しているのか。女性との関係を中心にして、その実態をみることを通じて、日本でNPOの経営基盤を強めていく方向性について、考えていきたい。

## （1）人材育成を進める経営指導組織

　第6章でみたように、アメリカの大手企業において、女性はグラスシーリングに直面している。「女性産業」といわれるNPOにおいても、大手になればなるほど、女性の理事が少なかったり、CEOの給与水準が男性に比べて低いなど、男女間に不均衡な状態が存在する。政治面において、男女の不均衡を是正する動きには、前述のエミリーズ・リストの「勝利に向けた立候補」がある。では、NPOの指導的なポジションに関して女性をターゲットにした人材育成を進める動きは、存在するのだろうか。

　アメリカでも、NPOの人材育成で最も一般的に取られて行われている方式

は、オンザジョブトレーニング（OJT）だろう。職場の先輩や上司から見様見真似、あるいは時折アドバイスを受けながら、知識を増やし、スキルを習得していくやり方である。しかし、OJT は、その場その場の指導となり、体系的に学ぶ必要性に応える方式ではない。人的資源が限られている NPO としては、外部に適切な経営ノウハウなどを指導する組織があれば助かる。

　こうした考えを具体化したのが、いわゆる経営指導組織（MSO）で、1980年代から急速に発展してきた。その背景には、1981 年に登場したレーガン政権の政策がある。すなわち、1960 年代に本格化した NPO に対する政府からの助成金や補助金、事業委託は、1970 年代にも大幅に拡大していった。しかし、レーガン政権の財政縮減策により、社会福祉関係を中心に予算に大ナタが振るわれ、多くの NPO が経営難に陥った。この経営難に対応できるスキルをもった人材の育成を求める NPO が、MSO を成長させたのである。

　全米最大の MSO、コンパス・ポイントは、ワークショップやコンサルティングなど、さまざまな手法を用いて、NPO への経営指導を行っている。2015年度の年報によると、同年度に開催されたワークショップは 136 回、参加者は 2381 人にのぼった。この他、NPO の CEO らを対象にした集中セッションもあり、参加者は 148 人だった。ただし、これらは女性だけを対象にしているわけではなく、男女ともに参加している。

　女性に限定した NPO の人材育成プログラムのひとつに、ジョージア州のアトランタ女性財団（AWF）の「女性理事」プロジェクトがある。1986 年に広域アトランタ・コミュニティ財団（CFGA）の一部としてスタートし、98 年に独自の NPO へと発展した助成財団である。連邦政府に提出した 990 書式によると、2016 年度の助成金は 63 万 5000 ドルにのぼる。

　「女性理事」プロジェクトは、アトランタ周辺の NPO に女性の理事を増やしていくことを目的に 2000 年から開始された。NPO の理事会について紹介する入門編と、理事の責任に加えて NPO の運営などについての理解を深めるための応用編に分けられている。ともに有料のワークショップ形式で、これまでの参加者は 3000 人を超える。

　AWF では、「女性理事」プロジェクトの一環として、ジョージア州内で理事やボランティアを募集している NPO の募集要項をウェブ上に掲示して、女

性が理事やボランティアとして活動する機会を検索できるようにしている。ただし、これを利用できるのは、「女性理事」プロジェクトのワークショップに参加した人々だけである。

## （2）女性による NPO への資金確保の取組み

アメリカの NPO の関係者が資金を確保しようとする場合、真っ先に頭に浮かべるのは、助成財団だろう。アメリカの助成財団は、20 世紀初頭から企業経営で巨万の富をなした人々やその遺族が私財を投入して設立した家族財団を中心に発展してきた。地域の課題に取り組む NPO への財政支援を目的にしたコミュニティ財団や企業が一種の外郭団体として設立する企業財団などを含め、助成団体の情報センターである助成財団センター[15]によると、2012 年度における全米の助成財団は 8 万 6192 団体にのぼる。

同センターは、このうち大手 1000 財団のデータを集め、集計し、開示している。Foundation Stats（財団統計[16]）と命名された、このサイトによると、2012 年度における大手 1000 財団による NPO への助成総額は 509 億 3157 万 4753 ドルにのぼる。では、これらの助成金のうち、どの程度が女性に関連した活動に提供されているのだろうか。

助成金を用いて NPO がサービスを提供する対象者（以下、助成金対象者）を財団統計でみると、「高齢者」や「子ども・青少年」など 18 に分類されている。女性に関連するものとしては、「女性・女児」「シングル親」「セックスワーカー」がある。「シングル親」には、父子家庭の親も含まれるが、圧倒的多数は母子家庭の親、すなわち女性が対象とみられる。

助成金対象者のうち、最も多いのは、「特定不可・一般」で、13 万 7538 件、金額が 190 億 9120 万 526 ドルである。これに対して、「女性・女児」は、3515 件、金額が 7 億 1626 万 2833 ドルと、件数で 40 分の 1 程度、金額でも 0.5% に満たない。ただし、7 億 1600 万ドル余りを 1 ドル＝ 110 円で換算すると、800 億円近い巨費である。公益財団法人助成財団センターによると、2015 年度における日本の助成財団の助成等事業費のトップは日本財団で、236 億円だ。アメリカの助成財団は、「女性・女児」への助成金だけで、この 3 倍以上になる。なお、「シングル親」と「セックスワーカー」向けの助成金は、件数、金額とも開示され

ていない。

　とはいえ、助成財団の助成金全体から「女性・女児」をみると、それほど大きいように感じられないかもしれない。しかし、「特定不可・一般」に加え、「高齢者」「子ども」「低所得者」などの多くは、女性・女児が主な受益者と推察される。また、「男性・男児」は、件数で1243、金額で1億6507万7781ドルにすぎない。こうした点も加味すると、アメリカの助成財団は、女性と女性が抱える問題への対応に優先順位を高く置いているといえるだろう。

　では、アメリカ女性関係のNPOと女性の助成財団の関係は、これで十分と考えているのだろうか。答えは、「ノー」である。このため、前述のアトランタ女性財団のように女性関係のNPOの事業や運営を支援する女性財団が数多く設立されてきた。

　全米最初の女性財団として、女性のためのミズ財団が設立されたのは1972年。そして、フォード財団の助成金などにより、1985年に首都ワシントンに全米各地から20の女性財団の関係者が集まり、女性財団に関する会議が開催され、女性財団関係者のネットワークづくりが進んだ。1990年には、女性ファンディング・ネットワーク（WFN）として連邦政府から税制優遇措置を受けるNPOとして創立された。WFNは、2000年に94の女性財団のネットワークへと成長。これらの助成財団の資産総額は2億ドル、年間の助成額は3000万ドルに及んだ。女性による助成活動の拡大を反映し、WFNは2016年現在、全米43州の86財団、海外からも13団体が加盟するグローバルなネットワークへと発展している。

注
1　http://co-existing.com/pdf/npo_politics_research_summary.pdf,（2018年8月14日閲覧）
2　https://nccs-stg.urban.org/sites/all/nccs-archive/html//PubApps/
　　showOrgsByCategory.php?close=1&ntee=R,（2018年8月14日閲覧）
3　http://www.guidestar.org/FinDocuments/2017/136/213/2017-136213516-0e7bd923-9.pdf
　　R,（2018年8月14日閲覧）
4　http://nccs.urban.org/sites/all/nccs-archive/html/PubApps/showOrgsByCategory.
　　php?close=1&ntee=I83,（2018年8月14日閲覧）
5　http://www.guidestar.org/FinDocuments/2016/630/598/2016-630598743-0dde97b7-9.
　　pdf,（2018年8月14日閲覧）
6　https://www.documentcloud.org/documents/4450580-National-Family-Planning-amp-

Reproductive-Health.html, (2018 年 9 月 2 日閲覧)

7 http://nccs.urban.org/sites/all/nccs-archive/html/PubApps/nteeSearch. php?gQry=allMajor&codeType=NTEE, (2018 年 8 月 14 日閲覧)

8 http://nccs.urban.org/sites/all/nccs-archive/html/PubApps/showOrgsByCategory. php?close=1&ntee=R24, (2018 年 8 月 14 日閲覧)

9 Center for Responsive Politics, https://www.opensecrets.org/orgs/summary. php?id=D000000113&cycle=2016, (2018 年 8 月 14 日閲覧)

10 https://emilyslist.org/news/entry/emilys-list-announces-2017-run-to-win-training-dates, (2018 年 8 月 14 日閲覧)

11 https://www.emilyslist.org/news/entry/40000-democratic-women-want-to-run-for-office, (2018 年 8 月 14 日閲覧)

12 https://www.compasspoint.org/annualreport2015/by-the-numbers.html, (2018 年 8 月 14 日閲覧)

13 https://www.guidestar.org/FinDocuments/2017/582/389/2017-582389721-0ef8f8c5-9. pdf, (2018 年 9 月 2 日閲覧)

14 https://atlantawomen.org/wob/, (2018 年 8 月 14 日閲覧)

15 http://data.foundationcenter.org/, (2018 年 8 月 14 日閲覧)

16 http://data.foundationcenter.org/, (2018 年 8 月 14 日閲覧)

17 http://www.womensfundingnetwork.org/about/history/, (2018 年 8 月 14 日閲覧)

18 https://www.womensfundingnetwork.org/annualreport2016/factsandfigures/, (2018 年 9 月 2 日閲覧)

# おわりに

## 「女性NPO」存続の条件

　私の家族は今、介護保険制度の恩恵を受けている。24時間、いつでも駆けつける訪問看護やデイケアでの風呂、豊富な食事メニュー、散髪やひげそり、ショートステイでのセンスのよい壁紙やこまめな洗濯などなど…。こんな待遇は、30年前は想像だにできなかった。ほうってはおけないと乗り出した、女性NPOの情熱が福祉分野のサービスを確立したのである。

　それに比べて、私が30年間担ってきたNPOの事業経営は、今も同じように逼迫している。ミッションか人件費かと、せっぱ詰った、切り刻まれるような痛みを毎年、毎月味わってきた。何が違うのか。それは介護保険で事業費や人件費がまかなわれるのと、そうでないのとの違いである。

　介護保険制度にも、問題はある。また、「なぜ、女性NPOに、なのか?」という声も出るかもしれない。しかし、介護保険制度による資金が女性NPOに循環することにより、必要な介護サービスが継続的に提供されるようになった。この「成功事例」を踏まえれば、助成金や補助金、委託金などの形で、行政が女性NPOに事業費や人件費を提供することで、高齢者をはじめとした人々が必要とするサービスが充実していくことだろう。

　そもそも行政や企業に、柔軟で迅速、それでいて小回りのきく専門性の高いサービスの提供ができるのだろうか。このままの状態では、政府は「女性の社会進出を応援」し、「男女平等を達成する」などと、いえないはずである。

　世間を賑わせた「保育園落ちた、日本死ね!!」から2年。その後も同じようにやりきれない思いの女性たちは増え続けている。

　理念とこころざしをもったNPOが、身近な人々に、共感をもち、寄り添いながらサービスを提供することが最も近道である。「女性による」サービス提供は、女性の置かれた状況、そこから生まれる不安や躊躇や課題が、同じ女性によってもっともよく理解でき、それだからこそ適切な支援の手を差しのべられる、という信念に基づいている。

そのために NPO の情熱が実を結ぶように、ほうってはおけないと身を乗り出している NPO の存続条件の整備が急がれる。寄付行為が社会のなかに根付くことも NPO 存続の大きな条件である。今すぐに！、である。

## 変革を担う、女性であろう

日本では伝統的な性別分業観に塗込められた権力構造・利潤追求型の社会が根を張っている。そこから訣別し、柔軟な生き方や働き方をつくりだすには、女性自らの自覚と自立、そしてともに手を取りあうことが必要である。ともに「変革を担う、女性になる」ということである。

女性たちが、これまでよりさらに、手を取りあい、ともに歩めば、より強くなれる。女性たちがともに立ち、ともに働きかけ、互いの違いを尊重しあえば、よりよい明日を築いていける。もう一歩だけ「人のためになる道を、ともに歩こう」。

ヒラリー・クリントンは、2016 年大統領選挙の敗北宣言で、最後に特に若者へ、呼びかけた。「決して、信じることを諦めないでください。正しいことのために闘い続けることは価値のあることなのです。だからこそ、あなた方はこの価値ある戦いを、今から、あなた自身の生涯にわたって戦い続けていくことが必要なのです。堅牢なガラスの天井はいまだ打ち破ることができていない。それでも、いつか、誰かがこの障壁を打ち砕く時が訪れることでしょう。その日は、私たちが今思っているよりもずっと早く来るかもしれません。私はそう願っています」と。

## 職場としての NPO で働こう

NPO は、元気でやる気に充ちた女性たちで運営される。スタッフは、事務職員としてまた専門家として NPO で働く。その NPO は経験を共有している人を職場に迎える。また権力や金力とできるだけ遠いところで仕事をしたいという人々にとって、また自分が信奉する理念や価値観を実現しようとしている場所で生活の糧をえたいと思っている人々にとって、NPO は適切な職場である。理事会とスタッフの関係は、経営者と労働者のように、待遇改善を巡って緊張をはらむこともある。保険や年金までには理事会との交渉も必要だろう。

専門的教育を受けた人や知識や技能をもった専門家が、働きやすい職場として積極的にNPOを選ぶからこそ、必ずしも報酬の多くない社会活動が維持できるのである。

女性たちがその理念を実現するために設立し、時に理事として運営に参加し（女性の）、女性スタッフや女性ボランティアによってサービス提供が行われ（女性による）、女性を対象としている（女性のための）のが女性NPOの職場である。

NPOの職場では、自分が働く権利をもっていることを本当に理解し、その実現をめざす。それは人間として生きる意欲になり、働き続けるための原動力にもなる。

またNPOの職場は、自分の力を見出し、主体的に問題解決する過程を親身になって支える仕事をすることになる。このような女性のエンパワメントに献身する仕事は、やりがいがある。充実感ももたらす。使命感もある。女性たちは、このためにNPOを立ち上げ、運営し、そこで働き、時間やお金や専門的知識・技能を寄付してきた。女性たちの手で、NPOが数多く生みだされ、存続することで成熟した市民社会に変えていくことができる。

金谷 千慧子

### 「彼我の差」を乗り越えるために

「彼我の差を感じる」ということばを、何度耳にしたことだろう。

アメリカのNPOに関する法律などのシステムや助成財団、行政の補助金制度などの財源について紹介していた、四半世紀前のことである。

本書のアメリカのNPOと女性に関する記述を読み終えた読者の多くが、同じように感じるのではないか、と懸念している。セクターとしてのNPOが政策力と経営力を強化することの重要性は、NPOに関わる多くの人が認識されていることだろう。しかし、第7章で詳述した、リーガル・アドボカシーや公共政策系のNPO、政治的な影響力をつくり出すエミリーズ・リストのような政治活動委員会、そしてこれらの団体に資金を提供する人々や助成財団の姿。そこに日米の大きな差を感じても不思議はない。

だが、第4章で触れたように、憲法に男女同権を盛り込むことを求める、い

わゆる ERA は、初めて議会に法案が提出されてから1世紀になろうとしているにもかかわらず、成立のメドは立っていない。ERA の議論でも明らかなように、すべての女性が同じ考えをもち、活動してきたわけではない。第6章では、政治やビジネスの世界だけでなく、「女性産業」といわれる NPO においても、理事長や CEO の割合に加えて、賃金の面でも男女格差が存在している事実を示している。

　さらに、第5章でみたように、トランプ政権下で女性に敵対的な政策が進められつつある。「男女同権」の実現は、道半ばなのではない。連邦最高裁判所の判事に、ニール・ゴーサッチに続き、ブレッド・カバノーの指名が承認されたことで、司法府で保守派優位の体制が誕生した。これにより、女性の権利をはじめとした人権政策が大きな後退を強いられる事態を迎えているのである。

　第7章で紹介したリーガル・アドボカシーや公共政策系の NPO、政治活動団体、助成財団などは、一朝一夕にできたのではない。女性が直面した困難な状況を打ち破るために必要なツールとして考え、試行錯誤的につくられてきたものだ。行政、議会、司法の保守化に対して、これらの NPO は、厳しく対峙していくことだろう。

　アメリカの女性と NPO による、こうした経験は、意識しているか否かは別として、第1章と第2章で紹介した1970年代以降のに日本の女性の活動と重なるところがあるのではないか。第3章で登場した女性の NPO を通じた女性の権利の擁護と社会変革への強い意思と活動につながるものがあるといえないだろうか。

　「彼我の差」ではなく、日米の女性と NPO が同様な状況に対して、同じような活動を、同じ思いをもって取り組んできた事実。この事実に目を向けながら本書を一読してほしいというのが、筆者の願いである。


柏　木　　宏

［参考資料］アメリカにおける女性関連の政策と権利擁護運動の年表

| 年 | 内　　　容 |
|---|---|
| 1848 | 「女性の権利会議」、ニューヨーク州セネカフォールズで開催、所感宣言（Declaration of Sentiments）採択 |
| 1850 | 第1回「全米女性権利会議」、マサチューセッツ州ウースターで開催 |
| 1868 | 憲法修正第14条成立、すべての男性への参政権承認 |
| 1869 | 5月　全米婦人参政権協会（NWSA）設立<br>11月　アメリカ婦人参政権協会（AWSA）設立<br>12月　ワイオミング準州で全米最初の婦人参政権法成立 |
| 1890 | NWSAとAWSAが合併、全国アメリカ婦人参政権協会（NAWSA）発足 |
| 1893 | コロラド州、女性の参政権認める全米最初の州に。1896年にユタ州とアイダホ州、1910年にワシントン州、1911年にカリフォルニア州など、相次いで成立 |
| 1896 | 全米有色人種婦人協会（NACW）設立 |
| 1900 | 国際婦人繊維労働者組合（ILGWU）設立 |
| 1903 | 婦人労働組合同盟（WTUL）設立 |
| 1912 | ガールスカウト設立 |
| 1913 | NAWSAと協力関係にあった活動家、議会連合（CU）を設立。1916年、CUは女性党（WP）を創設し、1917年に両組織は統合し、全米女性党（NWP）に |
| 1916 | ニューヨーク州ブルックリンに全米最初の産児制限クリニック開設、産児制限運動のさきがけに |
| 1919 | 連邦議会、婦人参政権憲法改正案を可決、州の批准へ |
| 1920 | 労働省に婦人局（WB）設置<br>8月26日　婦人参政権を認める憲法修正第19条成立 |
| 1921 | ニューヨーク市で、全米最初の産児制限会議が開催され、アメリカ産児制限同盟（ABCL）設立。1942年に、アメリカ・プランド・ペアレントフッド連盟（PPFA）に改称 |
| 1923 | 男女同権憲法修正案（ERA）、連邦議会に初めて上程<br>全米女性カレッジ協会（NACW）設立、1974年に全米大学女性協会（NAUW）に改称に改称 |
| 1935 | 全米黒人女性評議会（NCNW）設立<br>社会保障法（SSA）成立。シングルマザーとその児童などへの補助金制度、要扶養児童家族扶助（AFDC）導入 |
| 1955 | 全米最初のレズビアン団体、ビリタスの娘たち（DOB）、設立 |

| 年 | 内　　容 |
|---|---|
| 1960 | 連邦食品薬品局（FDA）ピルを承認 |
| 1961 | ケネディ大統領、女性の地位委員会（CSW）設置 |
| 1962 | カタリスト設立 |
| 1963 | ベティ・フリーダン、『新しい女性の創造』出版<br>同一賃金法成立 |
| 1964 | 公民権法成立。同法第7編に基づく雇用差別を取り締まるため雇用機会均等委員会（EEOC）設立 |
| 1966 | 全米女性機構（NOW）設立 |
| 1967 | ジョンソン大統領、アファーマティブ・アクションに女性を含めるため大統領行政命令11375に署名、 |
| 1968 | EEOC、男女別の求人広告を違法と判断 |
| 1969 | カリフォルニア州、全米最初の無過失離婚法制定 |
| 1971 | ニューヨークの雑誌にサンプルをつける形で *Ms. Magazine* 発行。1972年7月からスタンド販売開始 |
| 1972 | 5月22日　連邦議会、男女同権を規定する憲法修正案（ERA）を可決。州の批准投票に付されたが、1982年までに改憲に必要な38州の批准がえられず、不成立に<br>7月23日　教育機関における男女差別を禁止する教育法第9編成立<br>法律と社会政策センター（CLASP）のプロジェクトとして、全米女性法律センター（NWLC）発足。1981年に独立 |
| 1973 | 連邦最高裁、ロー対ウェイド裁判で女性の妊娠中絶の権利承認<br>同性愛者のリーガル・アドボカシー団体、ラムダ・リーガル（LL）設立 |
| 1974 | 性別や人種などを理由にした金融機関の融資差別を禁止する平等信用機会法（ECOA）成立 |
| 1975 | 女性経営者の協議会、全米女性経営者協会（NAWBO）設立 |
| 1976 | 婚姻関係にある男性から女性へのレイプを禁止する法律、全米で初めてネブラスカ州で成立<br>個人責任・就労機会調停法（PRWORA）成立。翌年、AFDCは一時的貧困家庭扶助（TANF）となり、ワークフェア全米に導入 |
| 1978 | 職場で妊婦への差別を禁じた、妊娠差別禁止法成立 |
| 1980 | EEOC、セクハラのガイドライン発表 |
| 1984 | 女性の政策に積極的な候補者を連邦議会に送るために政治献金を行う政治活動委員会（PAC）、エミリーズ・リスト設立<br>NPOによる女性関連事業に助成を提供する、シカゴ女性財団（CWF）設立 |

| 年 | 内　容 |
|---|---|
| 1986 | 連邦最高裁、メリター・セービングス銀行対ビンソン裁判で、環境型のセクハラを違法と判断 |
| 1994 | 女性暴力禁止法（VAWA）成立。性暴力への罰則強化 |
| 1996 | 合衆国対バージニア裁判で、連邦最高裁、バージニア陸軍士官学校（VMS）に女性の入学を認めるべきと判決 |
| 2002 | ガイドスター、「2002年ガイドスターNPO報酬報告書」でNPOの男女の賃金格差指摘 |
| 2005 | 赤字削減包括調整法案（DRORB）の一環として、健全な結婚イニシアチブ（HMI）導入。健全な結婚促進事業に補助金支給開始 |
| 2007 | 専門職の女性のネットワーク組織、全米プロフェッショナル女性協会（NAPW）設立 |
| | ナンシー・ペロシ、全米初の女性下院議長に就任 |
| 2009 | ホワイトハウス、女性と女児委員会（CWG）設置 |
| | ヘイトクライム防止法（HCPA）成立 |
| 2013 | 米軍、女性の戦闘要員の採用禁止措置を解除 |
| 2015 | 連邦最高裁、州政府による同姓婚禁止措置に違憲判決 |

（出典）各種の資料より筆者が作成

# 【索　引】

## 〈あ行〉

アーカンソー児童家族アドボケイト（AACF）148

アーバン・インスティテュート（UI）206, 219

アイビー・リーグ　144

アダムス　141, 145-148, 153（ジェーン・アダムスの項も参照）

アドボカシー　11, 13, 46, 86, 90-91, 101-104, 126, 146, 154-156, 158, 217-223, 231-232, 234

アトランタ助成財団　227

アファーマティブ・アクション　54, 153, 222, 234

安倍首相　3, 78, 170（安倍晋三の項も参照）

安倍晋三　3, 88（安倍首相の項も参照）

安倍政権　3-4, 17, 58, 83

アベノミクス　10, 58, 78-80, 83, 88, 139

アメリカ・インディアン運動　166

アメリカ教職員連盟（AFT）185, 188

アメリカ自由人権協会（ACLU）146, 165（ACLUの項も参照）

アメリカ女性と政治センター（CAWP）178（CAWPの項も参照）

アメリカ大学女性協会（AAUW）186, 199

アメリカの所得と貧困　199

アメリカのトップ寄付者10人：2015年　169

アメリカの有権者とドナルド・トランプの契約　167, 174-176

アメリカ・フェレーラ　185

アメリカ婦人参政権協会（AWSA）143, 151, 233

アラモの救世主　150

アンダーソン・クーパー　181

アンディ・パズダー　179, 185（パズダーの項も参照）

アントニン・スカリア　187（スカリアの項も参照）

アンドリュー・カーネギー　168

威圧的フィランソロピー　149

イーグル・フォーラム（EF）154, 221（EFの項も参照）

イコール・ライツ・アドボケイツ（ERA）180

イザベル・グラハム　143（グラハムの項も参照）

イシュー・アドボカシー　223

意思をもった導き　205-206

イレイン・チャオ　178（チャオの項も参照）

インディビジブル（分断されない）189

インディペンデント・セクター　173

ウィラード　144-145

ウイリアム・オニール　153

ウーマノミクス　79

ウォーレン・バフェット　169

ウォルター・モンデール　196（モンデールの項も参照）

ウゾ・アドゥバ　185

エイブラハム・リンカーン　196

エミリーズ・リスト　161, 166, 184, 187, 189-190, 223-224, 231

エラ・グロッソ　197

エリザベス・スタントン　142（スタントンの項も参照）

エリザベス・ハミルトン　143

エリザベス・ブラックウェル　144（ブラックウェルの項も参照）

エレン・ゲイツ・スター　145

エレン・マルコム　184

エンパワメント（Empowerment）17

エンマ・ウィラード学校（EWS）145

エンマ・ハート・ウィラード　144

オートン　212（ペギー・オートンの項も参照）

オックスファム　166

オバマ大統領　170（バラク・オバマの項も参照）

オリジナリスト　188

オルタナティブ・ライト　176

オルトライト　3, 12, 174, 176-177

## 〈か行〉

カーネギー財団　168

ガーランド　187, 189（メリック・ガーランド

の項も参照）
ガールズインク 156-158
ガールスカウト 156-158
ガールズ・クラブ・オブ・アメリカ 156
カールズジュニア 186
介護保険制度 96, 229
改正均等法 32
ガイドスター 209-210
ガイドスターNPO報酬調査 209
ガイドスターの調査 209
海兵隊警察財団（MCLEF） 168
賢い投票プロジェクト（PVS） 222
家族医療休暇法 180
カタリスト 9, 15, 49-50, 64, 200, 205, 209
議会連合（Congressional Union） 152
ギャレット 148-150
キャンプファイヤー 156-158
キャンプファイヤー・ガールズ 157
990書式 144, 156, 168, 170, 219-220, 225
休眠貯金等活用法 219（民間公益活動を促進
　するための休眠預金等に係る資金の活用に
　関する法律の項も参照）
教育における個人の権利財団（FIRE） 185
行政命令 54, 153, 174-175, 179-180, 234
協同組合 47, 114, 142, 207
「共同参画」は「平等」ではない 42
キリスト教福音派 172-173
グラスシーリング 12, 197-198, 200-201, 224
グラハム 143（イザベル・グラハムの項も参
　照）
グラハム・ウィンダム 143
クララ・ドリスコル 148, 150（ドリスコルの
　項も参照）
クラレンス・トーマス 187
グリーンピース 188
グローバル・ギャグ・ルール（口封じの世界
　ルール） 180
軍人の家へのケア（CMF） 168
現行均等法 33
憲法修正第19条 143, 152, 194, 233
憲法修正第14条 152, 233
公益財団法人助成財団センター 226

公共政策 13, 217, 221-222, 231-232（公共政策
　団体の項も参照）
公共政策団体 221（公共政策の項も参照）
公正賃金安全職場法 180
公正労働基準法 180
501c3団体 207, 210
公民権運動 153, 160, 190, 220
公民権人権指導者会議（LCCHR） 185
公民権法 142, 153, 234
公民権法第7編 153
国際開発局（USAID） 180
国際サービス労働者組合（SEIU） 187
国際女性年 19, 23
国際婦人繊維労働者組合（ILGWU） 146, 233
国際平和自由連盟 146
黒人少女デイトナ文学産業訓練学校
　（DLITSNG） 145
国民の声署名サイト 170-172
国連女性の10年 8, 19, 23
個人的なことは政治的である 18
子づれシングル 9, 68-69, 104-106, 139
コミック救済（CR） 168
コミュニティカレッジ 9, 29, 72, 76-77
雇用機会均等委員会（EEOC） 153

〈さ行〉
サードセクター・ニューイングランド 208
財政均等に向けた青写真：2017年の連邦政
　府予算 171
財団センター 168, 226
財団データ 168
再チャレンジ調査 94-96
サミュエル・アリート 187
ジェーン・アダムス 141, 145, 147（アダムス
　の項も参照）
シエラクラブ 166, 187
ジェラルディーン・フェラーロ 196
ジェンダー平等 8, 10, 16, 19, 32, 34, 38, 41, 46,
　54, 58, 60-62, 89-90, 101, 103-104, 129, 132-133,
　215
シカゴ隣保館連盟（CFS） 146
実行委員会 160, 163-166, 187

指定管理者 11, 91, 96, 104, 119-120, 122, 124, 126, 131

自分のことはさておき 10, 97, 98

ジミー・カーター 196

シャーロット 157

ジャネット・ランキン 195（ランキンの項も参照）

自由人権協会財団（ACLUF）219, 220

柔軟貯蓄口座（FSA）175

銃暴力に反対するニューヨーク市民の会 166

ジュリエット・ゴードン・ロー 157

勝利に向けた立候補 223-224

ジョージ・W・ブッシュ 160, 196（ブッシュの項も参照）

所感宣言（Declaration of Sentiments）143

女性NPO 47, 86, 90-91, 97, 99, 101, 103-104, 229, 231

女性学 4, 8, 16, 35-38, 41, 54, 132

女性キリスト教徒協会 155

助成財団 91, 148, 168, 173, 184, 205, 224-227, 231, 232（助成財団資料センター、助成財団センターの項も参照）

女性財団 61, 138, 225, 227

助成財団資料センター 168（助成財団の項も参照）

助成財団センター 226（助成財団の項も参照）

女性差別撤廃条約 8, 19, 20, 23-25, 28, 43, 54, 58, 60, 127-128

女性産業 4, 6, 201, 209, 211, 224, 232

女性史月間 180

女性市民 21, 152

女性センター 8-9, 35, 38, 40-41, 47, 58, 76-77, 122, 131

女性大行進 11, 160-166, 181, 187, 189

女性大行進実行委員会 160, 187

女性代表NPO 91, 93-96

女性党（WP）152

女性取締役2020 204

女性の権利会議 142, 152, 233

女性の権利に関するゴーサッチ判事の実績 188

女性の権利は人権！ 8, 37

女性の再チャレンジとNPOについての調査 94, 140

女性の、女性のによる、女性のためのNPO 90

女性の財政的関心 198

女性の貧困 9, 12, 66-68, 70, 73, 88, 134, 197, 200

女性ファンディング・ネットワーク（WFN）227（WFNの項も参照）

女性平和党 146

女性有権者連盟（LWV）153

「女性理事」プロジェクト 225-226

ジョン・F・ケネディ 173

ジョン・ギャレット 149（ギャレットの項も参照）

ジョンズ・ホプキンス大学 148-149, 206

ジョンソン修正 12, 172-173

ジョン・マケイン 196

ジョン・ロックフェラー 168

スウェットショップ（搾取工場）146

スカリア 187-188（アントニン・スカリアの項も参照）

スクール・チョイス連盟（ASC）185

スタントン 142-143, 145（エリザベス・スタントンの項も参照）

スティーブ・バノン 177（バノンの項も参照）

ステファニー・シロオック 190

スミス 149-150（ソフィア・スミスの項も参照）

スミス大学 148-149

生活者ネットワーク 21

政策関連活動 13, 218-219

セイジ 148, 150（ラッセル・セイジの項も参照）

政治活動委員会 179, 183-184, 223, 234

政治献金 12, 178, 182-184, 223, 234

政治上の主義 218

性暴力意識向上予防月間 180

セイラ・ペイン 196

赤十字 169

セクシュアル・ハラスメント 33-34, 112, 129, 142

積極的平等政策（ポジティブ・アクション）33

セツルメントハウス 146
セブン・シスターズ 144, 149
選挙資金 179, 182-184
全国アメリカ婦人参政権協会 143, 151, 233
全米移民プロジェクト 165
全米命の権利委員会（NRLC）222
全米家族計画リプロダクティブ・ヘルス協会
　（NFPRHA）220
全米癌協会 170
全米教育協会（NAE）153
全米芸術基金（NEA）171（NEA の項も参照）
全米資源保護評議会（NRDC）166（NRDC
　の項も参照）
全米児童虐待防止月間 180
全米自動車労組（UAW）153
全米女性機構（NOW）153, 166, 186, 188, 234
　（NOW の項も参照）
全米女性機構法律擁護教育基金（NOW-
　LDEF）221
全米女性党（NWP）152（NWP の項も参照）
全米女性法律センター（NWLC）186, 221
全米人文科学基金（NEH）171（NEH の項も
　参照）
全米人文科学連盟（NHA）172
全米婦人参政権協会（NWSA）143, 151, 233
全米免税団体（NTEE）219（NTEE の項も
　参照）
全米有色人種地位向上協会（NAACP）145,
　188, 220（NAACP の項も参照）
全米隣保館連盟の設立 146
全米レズビアン権利センター（NCLR）221
全米労働総同盟（AFL）147, 153
全米労働総同盟産業別会議（AFL-CIO）154,
　166, 186
ソーシャル・フェミニズム 153
ソフィア・スミス 148（スミスの項も参照）

〈た行〉
大統領行政命令 174-175, 179-180, 234
大統領宣言 179-180
大統領メモ 179-180
タイトルX 220

ダニエル・カーディナリ 173
男女共同参画 NPO 91, 93-94, 96
男女共同参画社会基本法 5, 8, 16, 41-44, 60-61,
　111, 128
男女共同参画センター 40, 76-77, 131
男女雇用機会均等法 5, 8, 28, 31-32, 111, 128
男女同権 11, 142, 151-154, 190, 221, 231-234
男女同権憲法修正案（ERA）152, 233（ERA の
　項も参照）
男性市民 152
男性代表 NPO 93-96
チャオ 178-179（イレイン・チャオの項も参
　照）
津田梅子 126, 144
ディーセント・ワーク 45-46, 54
テキサス共和国の娘たち（DTR）150
テキサス婦人会連合（TFWC）150
デグリーミル（学位製造所）149
デヴォス 178-179, 185-186（ベッツィ・デヴォ
　スの項も参照）
デヴォス家族財団 185
テレサ 162-163（テレサ・シュークの項も参
　照）
テレサ・シューク 161（テレサの項も参照）
トインビーハウス 145
特定非営利活動促進法 5, 16, 46, 97
独立宣言 152
ドナルド・トランプ 3, 160, 167, 175-176（ト
　ランプ、トランプ大統領の項も参照）
トヨタ財団 168
トランプ 3, 7, 12, 159, 160-163, 166-168, 170-
　185, 187-190, 194（ドナルド・トランプ、ト
　ランプ大統領の項も参照）
トランプ・オーガナイゼーション 170
トランプ財団 12, 167-170
トランプ政権 4, 6, 7, 11-12, 159-160, 162, 166,
　170, 174, 181, 188, 220, 232
トランプ大統領 3, 62（ドナルド・トランプ、
　トランプの項も参照）
ドリスコル 150（クララ・ドリスコルの項も
　参照）
ドリスコル子ども病院 151

索　引　239

ドリス・マツイ 195

奴隷解放宣言 179

トロイ女性神学校（TFS）144（TFS の項も参照）

〈な行〉

内国歳入庁 168, 219

内国歳入法 207, 173

内国歳入法第 501 条 c 項 3 号 207

内国歳入法第 501 条 c 項 4 号 207

南部貧困法律センター（SPLC）220

二〇三〇（にいまる、さんまる）25

ニール・ゴーサッチ 12, 181, 187, 232

2012 年版 NPO ガバナンス指標 210, 211

2014 年度 NPO の給与とベネフィット報告書 208

2014 年度マサチューセッツとロードアイランド及びその周辺地域における NPO の給与とベネフィット調査 208

2016 年カタリスト統計：女性と男性の取締役 200

ニッキー・ヘイリー 178（ヘイリーの項も参照）

日本型雇用慣行 10, 80, 81

日本財団 226

日本政策金融公庫総合研究所 92

2 万人の決起 147

ニューヨーク市孤児避難協会（OASCNY）143

ニューヨーク長老派ロアーマンハッタン病院（NYPLMH）144

ニューヨーク女性・子ども病院（NYIWC）144

ニューヨーク貧しい女性と子どものための診療所（NYDPWC）144

ネイバーフッド・ギルド 145

ネイバーフッドハウス 146

ネクスト・ソサエティ 51

ネットワーキング 9, 46, 48-49, 102

ネリー・ロス 197

ノリーン・ファーレル 180

〈は行〉

バークシャー・ハサウェイ 169（ハサウェイの項も参照）

ハーディーズ 186

バーナード・マルカス家族財団 184

バーニー・サンダース 169, 174

バーバラ・リー家族財団 184

ハーマン・グロスマン 146

ハサウェイ 169（バークシャー・ハサウェイの項も参照）

パズダー 179, 185-186（アンディ・パズダーの項も参照）

バックラッシュ 9, 36, 43, 57-60, 62, 64, 88, 127

白血病協会 170

ハッティ・キャラウェイ 196

バノン 177（スティーブ・バノンの項も参照）

パブリック・シチズン 166

バラク・オバマ 196, 160, 167（オバマ大統領の項も参照）

ハリー・トルーマン 178

ハル・ハウス 145-146

パンツスーツ・ネイション 162

パンツスーツ・ネイション・ファクト・シート 162

反応する政治センター（CRP）179, 182（CRP の項も参照）

BMO 富研究所 197

ピープルズ・ディフェンス 187-188

ピュー調査センター 173, 176

ヒューマンライツ・ウォッチ 181

ヒューマンライツ・キャンペーン 166

ヒラリー・クリントン 3, 39, 40, 144, 160, 162, 169, 174-175, 194, 223, 230

ビル・クリントン 196, 160

ビル・ゲイツ 168-169

ビル・ゲイツ財団 168

フィリス・シャラフィー 154

フェミニスト・カウンセリング 108, 109-113, 140

フェミニスト・マジョリティ財団 186

フェルトン 196（レベッカ・フェルトンの項も参照）

フェローシップ財団 172
フォード財団 227
藤井辰紀 92
婦人参政権 11, 141, 143, 146-148, 151-152, 154,
　194-195, 233
婦人労働組合同盟（WTUL）147, 233（WTUL
　の項も参照）
ブッシュ 160, 178, 196（ジョージ・W・ブッシュ
　の項も参照）
被扶養者ケア口座 175
ブライトバート・ニュース 177
ブラウン判決 220
ブラックウェル 144（エリザベス・ブラック
　ウェルの項も参照）
フランクリン・ルーズベルト 150, 178
フランシス・ペーキンス 178
プランド・ペアレントフッド 166, 181
プロチョイス 184, 187, 222
文化的・社会的に作られた性別 19
米国YWCA 166, 186（YWCAの項も参照）
平成29年度特定非営利活動法人に関する実
　態調査 92
ヘイリー 178-179（ニッキー・ヘイリー の項
　も参照）
平和部隊 180
ベーデン・パウエル 157
ペギー・オートン 212（オートンの項も参照）
ベスーン・クックマン大学（BCU）145
ベッツィ・デヴォス 178, 185（デヴォスの項
　も参照）
ベティ・フリーダン 19, 153
ヘリテージ財団 171, 174
変革のためのブループリント 167
ボーイスカウト 156-157
ボードソース 205-206, 210-211
ボストンクラブ 206

〈ま行〉
マー・ア・ラゴ 170
マー・ア・ラゴ・クラブ 170
マーガレット 148-149（マーガレット・オリ
　バー・セイジの項も参照）

マーガレット・オリバー・セイジ 148
マーガレット・サンガー 166
マーチン・ルーサー・キング・ジュニア
　155, 157
巻き込み力 97, 102-103
マクマホン 178-179（リンダ・マクマホンの
　項も参照）
マサチューセッツの大規模NPOの女性理事
　とCEOの調査 206
魔女狩り 9, 62, 88
ミギンティ・ケイティ 223
ミズ財団（MFW）221
未亡人継承 195
民間公益活動を促進するための休眠預金等に
　係る資金の活用に関する法律（通称、休眠
　貯金等活用法）217（休眠貯金等活用法の
　項も参照）
ムーブオン・ドットオルグ 187
ムスリム・コミュニティ・ネットワーク 166
メイ・エラ・ノラン 195
メキシコシティ政策 180
メリー・アンダーソン 148
メリー・エリザベス・ギャレット 148-149
メリー・ケリー・オサリバン 147
メリー・マックレオ・ベスーン 145
メリック・ガーランド 187（ガーランドの項
　も参照）
メリンダ 169
モンデール 196（ウォルター・モンデールの
　項も参照）

〈や行〉
山の動く日来る 28
幼児をもつ貧しい未亡人救済協会（SPWSC）
　143（SPWSCの項も参照）

〈ら行〉
ラッセル・セイジ 148（セイジの項も参照）
ラッセル・セイジ財団（RSF）148（RSFの項
　も参照）
ラムダ・リーガル 187, 221
ラルフ・ネーダー 166

索引 241

ランキン 195（ジャネット・ランキンの項も
　参照）
ランフォアサムシング 189
リーガル・アドボカシー 13, 219-221
リチャード・スペンサー 176
リチャード・ニクソン 178
リプロダクティブ・ヘルス／ライツ 220-222
リンダ・マクマホン 178（マクマホンの項も
　参照）
リンドン・ジョンソン 153, 173
隣保館 11, 145-146
隣保館運動 141, 145-146
ルーサー・グリック 157
ルーシー・ストーン 143
レイバー・フェミニズム 153
レーガン 196, 180（ロナルド・レーガンの項
　も参照）
歴史芸術アーカイブス 195
レベッカ・フェルトン 196（フェルトンの項
　も参照）
連邦議会の女性：1917年から2015年 195
労働運動 11, 20, 23, 145-147
労働組合 8, 16, 19, 20-21, 23, 25, 32, 83, 87, 128-
　129, 142, 146-147, 153, 207, 166, 186, 233
労働法 30, 34, 149, 180
ロー対ウェイド判決 181, 188-189
ローレル財団 184
ロックフェラー財団 168
ロナルド・レーガン 196（レーガンの項も参
　照）
ロバート・モリス大学のバイエルNPOマネ
　ジメント・センター 212

〈わ行〉
ワークライフバランス政策 45, 76, 81
ワイズギビング・アライアンス 204
ワシントン女性大行進 160-161
ワシントン女性大行進実行委員会 160

〈A～Z〉
AAUW 186, 199-200（アメリカ大学女性協会
　（AAUW）
ACLU 146, 165, 219（アメリカ自由人権協会
　（ACLU）の項も参照）
Board Fair 193
CAWP 178, 194, 196-197（アメリカ女性と政
　治センター（CAWP）の項も参照）
CEDAW 127-130
Children's Hospital Foundation 169
Children Mind Institute 169
CKEレストラン 186
CRP 179, 182-184（反応する政治センター
　（CRP）の項も参照）
Early Money Is Like Yeast 184, 234
EF 154, 221（イーグル・フォーラム（EF）の
　項も参照）
EMILY 184, 234
ERA（Equal Rights Amendment）151 男女同権
　憲法修正案（ERA）の項も参照）
Foundation Stats（財団統計）226
*Handbook of Settlements* 146
Ladies Christian Association 155
M字型カーブ 21
Make a Wish Foundation 169
#MeToo 142
NAACP 145-146, 166, 188, 220（全米有色人種
　地位向上協会（NAACP）の項も参照）
NAACP法律擁護基金 220
NARALプロチョイス・アメリカ 187, 222
NEA 171-172（全米芸術基金（NEA）の項も
　参照）
NEH 171-172（全米人文科学基金（NEH）の
　項も参照）
Nicklaus Children's Health Care Foundation 169
N女 9, 57, 84-86, 89
NOW 153-154, 166, 186, 188, 234（全米女性機
　構（NOW）の項も参照）
NPO調査データ 207
NPO法 4-5, 15-16, 36, 40, 46, 84-85, 89-100, 103-
　104, 106-108, 110, 119-120, 122, 124, 131, 133,
　142, 204, 218-219

NRDC 166（全米資源保護評議会（NRDC）の項も参照）

NTEE 191, 219, 220-221, 227-228（全米免税団体（NTEE）の項も参照）

NWP 152（全米女性党（National Women's Party: NWP）の項も参照）

NYIWC 144

Resources for Children with Special Needs 169

Ronald MacDonald House of New York 169

RSF 148（ラッセル・セイジ財団（RSF）の項も参照）

SPWSC 143（幼児をもつ貧しい未亡人救済協会（SPWSC）の項も参照）

STOP 154

STOP ERA 154

Suzan Komen Breast Cancer Foundation 169

Tanzanian Children's Fund 169

TFS 144（トロイ女性神学校（TFS）の項も参照）

*Trump: the Art of the Deal* 168

WFN 227（女性ファンディング・ネットワーク（WFN）の項も参照）

#WhyImWithHer 185

#WomenCanStopTrump 184

Women in Need 169

WTUL 147-148, 233（婦人労働組合同盟（WTUL）の項も参照）

Young Women's Christian Association 155

YWCA 155-156, 158, 166, 186（米国 YWCA の項も参照）

［著者略歴］

## 金谷 千慧子 （かなたに　ちえこ）

NPO法人女性と仕事研究所 前代表理事。大阪市立大学法学部卒、同大学院法学部・経済学部前期博士課程修了。1980年金谷研究室の設置（研究会と調査活動の実施）、1986 年主婦の再就職センター設立。再就職講座・相談事業開始。1993年女性と仕事研究所設立、2000年女性と仕事研究所 NPO法人化、代表理事。関わった審議会などの委員に、京都府女性政策推進専門家会議（委員）、三重県生活部女性活躍推進委員会委員（会長）、大阪府大東市男女協働社会懇話会（会長）、兵庫県少子化対策総合推進計画策定委員会（委員）、大阪府吹田市女性政策推進懇談会（会長）など、多数。東大阪市立男女共同参画センターディレクター、中央大学研究開発機構教授を歴任。関西大学、同志社大学、中央大学などの非常勤講師。2014年女性と仕事研究所代表を退職。

著書に、『わかりやすい日本民衆と女性の歴史——女たちの三代を語りついで』（明石書店、1991年）、『わたし・仕事・みらい』（嵯峨野書院、1995年）、『21世紀の女性と仕事—対訳』（啓文社、1997年）、『企業を変える女性のキャリアマネージメント』（中央大学出版部、2003年）、『未来社会をつくる女性の経営マネージメント』（中央大学出版部、2003年）、『「働くこと」とジェンダー——ビジネスの変容とキャリアの創造』（明石書店、2011年）など、著書・共著書多数。現在油絵に没頭中。


## 柏 木　宏 （かしわぎ　ひろし）

大阪市立大学大学院教授・法政大学大学院教授。同志社大学卒業後、渡米。移民、労働、福祉などの NPOの理事やスタッフに従事。1982年、カリフォルニアで日米の市民活動の交流や NPOの人材育成を進める NPO、日本太平洋資料ネットワーク（JPRN）設立。2003年まで、理事長兼事務局長。2003年に大阪市立大学大学院、2017年に法政大学大学院に赴任。大阪ボランティア協会評議員、関西ＮＧＯ協議会代表理事。

編著書に、「企業経営と人権——アメリカに学ぶ社会貢献と NPO」（解放出版社、1993年）、「アメリカのなかの日本企業——グラスルーツとジャパンバッシング」（日本評論社、1994年）、「災害ボランティアと NPO——アメリカ最前線レポート」（朝日新聞社、1995年）、「ボランティア活動を考える——アメリカの事例から」（岩波書店、1996年）、「アメリカで仕事体験——NPOインターンシップの魅力」（アルク、1998年）、「NPO時代の幕開け——アメリカの経験に学ぶ労働運動と NPO」（第一書林、1998年）、「アメリカ労働運動の挑戦：労働組合とNPOの世直し作戦」（労働大学、1999年）、「アメリカのNPO——日本社会へのメッセージ」（第一書林、2000年）、「共生社会の創造と NPO」（明石書店、2003年）、「NPOマネジメントハンドブック——組織と事業の戦略的発想と手法」（明石書店、2004年）、「指定管理者制度とNPO——事例研究と指定獲得へのマネジメント」（明石書店、2007年）、「NPOと政治——アドボカシーと社会変革の新たな担い手のために」（明石書店、2008年）、「高齢者が動けば社会が変わる——NPO法人大阪府高齢者大学校の挑戦」（ミネルヴァ書房、2017年）など、多数。

未来を切り拓く

# 女性たちの NPO 活動

——日米の実践から考える

2019 年 1 月 15 日　初版第 1 刷発行

著　者　　金谷 千慧子
　　　　　柏　木　　宏

発行者　　大 江 道 雅

発行所　　株式会社　明石書店
　　　　　〒 101-0021　東京都千代田区外神田 6-9-5
　　　　　電　話 03（5818）1171
　　　　　Ｆ Ａ Ｘ 03（5818）1174
　　　　　振　替　00100-7-24505
　　　　　http://www.akashi.co.jp

編集／組版　本郷書房
装　丁　明石書店デザイン室
印刷／製本　モリモト印刷株式会社

（定価はカバーに表示してあります）　　　　ISBN978-4-7503-4778-3

JCOPY 〈(社)出版者著作権管理機構　委託出版物〉
本書の無断複写は著作権法上での例外を除き禁じられています。複写される場合
は、そのつど事前に、(社)出版者著作権管理機構（電話 03-3513-6969、FAX
03-3513-6979、e-mail: info@jcopy.or.jp）の許諾を得てください。

# わかりやすい 日本民衆と女性の歴史
女たちの三代を語りついで――近・現代編
金谷千慧子編著　◎1600円

# 女性学教育の挑戦 理論と実践
渡辺和子、金谷千慧子、女性学教育ネットワーク編著　◎2800円

# 家族・地域のなかの女性と労働
共稼ぎ労働文化のもとで
木本喜美子編著　◎3800円

# 進化する国際協力NPO アジア・市民・エンパワーメント
シャプラニール＝市民による海外協力の会編　◎2600円

# NPO新時代 市民性創造のために
田中弥生著　◎2000円

# 市民社会政策論
3・11後の政府NPOボランティアを考えるために
田中弥生著　◎2300円

# 世界と日本のフェアトレード市場
長坂寿久編著　◎2000円

# フェアトレードビジネスモデルの新たな展開 SDGs時代に向けて
長坂寿久編著　◎2600円

---

# 人々の資源論 開発と環境の統合に向けて
佐藤仁編著　◎2500円

# 教育開発国際協力研究の展開
EFA（万人のための教育）達成に向けた実践と課題
澤村信英編著　◎5000円

# 住民主体の地域子育て支援
全国調査にみる「子育てネットワーク」
山縣文治監修　中谷奈津子編　◎2400円

# 「社会的弱者」の支援にむけて
地域における権利擁護実践講座
福島大学権利擁護システム研究所編著　◎3000円

# 共助システムの構築 新たなる公共性の創造
鷲尾悦也著　◎3600円

# コミュニティカフェと地域社会
支え合う関係を構築するソーシャルワーク実践
倉持香苗著　◎4000円

# NGO・NPOの地理学
埴淵知哉著　◎5000円

# NGO・NPOと「企業協働力」 CSR経営論の本質
長坂寿久著　◎2800円

〈価格は本体価格です〉

新版 グローバル・ガバナンスにおける開発と政治
文化・国家政治・グローバリゼーション
笹岡雄一著
◎3000円

国際開発と協働 NGOの役割とジェンダーの視点
鈴木紀・滝村卓司編著
みんぱく実践人類学シリーズ 8
◎5000円

社会を変えるリーダーになる 「超・利己主義」的社会参加のすすめ
田中尚輝著
◎1800円

ジェンダー白書9 アクティブシニアが日本を変える
北九州市立男女共同参画センター・ムーブ編
ムーブ叢書
◎1600円

まんがで学ぶ開発教育 世界と地球の困った現実
みなみななみ まんが
◎1200円

飢餓・貧困・環境破壊
日本国際飢餓対策機構編
◎1800円

越境するNGOネットワーク 紛争地域における人道支援・平和構築
金敬黙著
◎5400円

国際協力NGOのフロンティア 次世代の研究と実践のために
金敬黙、福武慎太郎、多田透、山田裕史編著
◎2600円

参加型開発による地域づくりの方法 PRA実践ハンドブック
ソメシュ・クマール著
田中治彦監訳
（特活）開発教育協会企画協力
◎3800円

参加型ワークショップ入門
ロバート・チェンバース著 野田直人監訳
◎2800円

国際協力と開発教育 「援助」の近未来を探る
田中治彦著
◎2000円

NGO発、「市民社会力」 新しい世界モデルへ
長坂寿久著
◎2800円

地方発国際NGOの挑戦 グローバルな市民社会に向けて
新潟国際ボランティアセンター編
◎3000円

NPOと政治 アドボカシーと社会変革の新たな担い手のために
多賀秀敏、福田忠弘編著
◎2300円

スモールマート革命 持続可能な地域経済活性化への挑戦
柏木宏著
マイケル・シューマン著 毛受敏浩監訳
◎2800円

貧困克服への挑戦 構想 グラミン日本
グラミン・アメリカの実践から学ぶ先進型マイクロファイナンス
菅正広著
◎2400円

マイクロファイナンス事典
ベアトリス・アルメンダリズ、マルク・ラビー編
笠原清志監訳 立木勝訳
◎5000円

〈価格は本体価格です〉

# 「働くこと」とジェンダー
## ビジネスの変容とキャリアの創造

金谷千慧子 著

■A5判／並製／216頁 ◎2200円

性別役割分業が未だに支配的な日本社会において、仕事におけるジェンダー平等はいかに可能となるか？ 本書は、現代日本における派遣・パートタイム労働の問題点、ワーク・ライフ・バランスや社会保障制度などを検討し、女性のキャリア形成について提言する。

発刊によせて——21世紀を生きる若い世代へ〔竹中恵美子〕
はじめに

● 内容構成 ●

I 「働くこと」の歴史的位置づけ
II 「働くこと」の選択肢
III 「働くこと」と家族やセクシュアリティ
IV 「働くこと」への挑戦——一人ひとりのハッピーキャリア
おわりに——山笑い、山滴る頃に向けて

---

# NPOマネジメント ハンドブック
## 組織と事業の戦略的発想と手法

柏木宏 著

■四六判／並製／246頁 ◎2200円

NPO法成立以降増え続ける団体数。本書はNPO運営に必須の要素である非営利法人制度、税制優遇措置、特殊なマネジメント、ボランティアとの関係、理事会の役割、プログラムプランニング、リスクマネジメントなどわかりにくいポイントを明快に提示する。

● 内容構成 ●

第1章　NPO概論
第2章　NPOマネジメント概論
第3章　ボランティア・マネジメント
第4章　理事会のマネジメント
第5章　ファンドレイジング
第6章　プログラム・プランニングとNPOの予算
第7章　戦略計画
第8章　リスク・マネジメント

〈価格は本体価格です〉